DIEDERICHS GELBE REIHE

herausgegeben von Michael Günther

Amun-Re im Alten Ägypten, der Geist der Vier Richtungen

Franz Carl Endres
Annemarie Schimmel

Das Mysterium der Zahl

Zahlensymbolik im Kulturvergleich

Eugen Diederichs Verlag

Mit 8 Kunstdrucktafeln und 101 Abbildungen im Text

Die Deutsche Bibliothek – CIP-Einheitsaufnahme
Endres, Franz Carl:
Das Mysterium der Zahl : Zahlensymbolik im Kulturvergleich /
Franz Carl Endres; Annemarie Schimmel. – 10. Aufl. –
München: Diederichs, 1997
(Diederichs Gelbe Reihe ; 52 : Weltkulturen)
ISBN 3-424-00792-7
NE: Schimmel, Annemarie:; GT

10. Auflage 1997

Umschlaggestaltung: Zembsch' Werkstatt, München
Produktion: Tillmann Roeder
Satz: Lichtsatz Heinrich Fanslau, Düsseldorf
Druck und Bindung: Ebner Ulm
Printed in Germany

ISBN 3-424-00792-7

Inhalt

Kleines Lexikon der Zahlen

Anhang

Vorwort

Das Buch von Franz Carl Endres »Die Zahl in Mystik und Glauben der Kulturvölker« ist für Jahrzehnte das beliebteste Werk seiner Art gewesen und hat drei Auflagen erlebt. Zuletzt erschien es 1951 unter dem abgewandelten Titel »Mystik und Magie der Zahlen« bei Rascher in Zürich. Eine Neubearbeitung empfahl sich aus drei Gründen: zum einen ist das Interesse an zahlenmystischen Zusammenhängen deutlich wieder im Wachsen, zum anderen waren in dem Originalwerk gewisse Gebiete, wie der Islam, unterrepräsentiert, wie das ja bei den meisten vergleichenden Werken der Fall ist. Auch ist sehr viel neues Material, vor allem über die mittelalterliche Zahlenallegorese, in den letzten Jahren erschienen, wobei V. C. Hoppers klassische Studie ebenso wie die umfassende Arbeit von Heinz Meyer besonders hervorgehoben zu werden verdienen. Die Geschichte von »Zahlwort und Ziffer« ist von Karl Menninger in einem schönen Werk geschildert worden, ebenso wie Willi Hartner den verschiedenen Zahlsystemen der Welt einen außerordentlich kenntnisreichen Artikel in *Paideuma* gewidmet hat. Einige der von Endres vertretenen Theorien sind, wie so viele religionswissenschaftliche Ansätze, überlebt oder sind zumindest modifiziert worden. Aus diesem Grunde war eine völlige Neubearbeitung erforderlich, die sich weitgehend auf das von Endres mitgeteilte Material stützt und dieses so weit wie möglich ergänzt, auch hin und wieder Abschnitte ausläßt (so das erst in seiner letzten Auflage eingefügte Kapitel über die Templer). Daß bei einem solchen Unterfangen keine Vollständigkeit erreicht werden kann, versteht sich von selbst, und jeder Leser wird wohl aus seiner eigenen Erfahrung noch Verwendungen dieser oder jener Zahl, oder Anwendungen der einen oder anderen magischen Formel hinzufügen können. Wir hoffen, daß die Bibliographie dem an speziellen Fragen interessierten Leser weiterhilft.

Daß uns Freunde mit Beiträgen aus ihrem eigenen Fachgebiet weitergeholfen haben, sei hier dankbar vermerkt.

Das Gebiet der Zahlenmystik und -magie hat die Menschen seit Jahrtausenden fasziniert: Sonne und Mond, die Erscheinungen im großen Buch der Natur haben ihn spüren lassen, daß den Zahlen etwas Geheimnisvolles innewohnt, daß sie nicht nur Raum und Zeit in abstrakten Formen einzufangen suchen, sondern auch in mysteriöser Verbindung mit Sternen und Naturerscheinungen stehen – mit Erscheinungen, die frühere Kulturen gern als Geister und Dämonen ansahen. Eine Zahl und die ihr innewohnenden Kräfte zu kennen, ermöglichte es dem Menschen, sich der mit ihr zusammengehörigen Macht zu bedienen, zu zaubern, oder seinen Gebeten stärkere Wirkungskraft zu verleihen. Die Kenntnis geheimer Bedeutungen der Zahlen spiegelt sich im Volksglauben ebenso wider wie in der hohen Literatur und kann in der mittelalterlichen Architektur ebenso entdeckt werden wie in der Musik, in der die Harmonie der Welt hörbar eingefangen ist.

Daß sich unser Buch auf den Kulturkreis der Antike, des Judentums, Christentums und Islams konzentriert, liegt an dem zugänglichen Material; doch haben wir uns bemüht, auch die indische und chinesische Tradition so weit wie möglich einzubeziehen, und hin und wieder einen Blick auf die Maya zu werfen. Es wäre faszinierend, wenn man die Zahlensymbolik der präkolumbischen Amerikaner, die so großartige astronomische Systeme entwickelt haben, im Detail darlegen würde, oder den Zahlen bei amerikanischen Indianern oder afrikanischen Stämmen im einzelnen nachgehen könnte.

Trotz der Beschränkung auf mehr oder minder bekanntes Gebiet ist die Zahlensymbolik höchst mannigfaltig, zeigt aber durch die Kulturen eine erstaunliche Ähnlichkeit. Wir hoffen, daß der Leser nicht, wie man im Englischen sagt, *at sixes and sevens,* nämlich »ganz konfus« wird, sondern daß er ein wenig über die Hintergründe der Zahlensymbolik und -magie erfährt und dann besser versteht, warum er dreimal toi toi toi sagt oder für seine Autonummer eine bestimmte Zahl (oft mit einer Sieben) wählt.

Bonn/Cambridge, Mass. 28.7.84 Annemarie Schimmel

Einleitung

Zahl und Zahlsysteme

»Der mathematische Geist ist Urbesitz der Menschheit; er offenbart sich überall, wo Menschen leben, oder wo noch materielle Belege für einstmaliges Leben erhalten sind.«

So schreibt Willi Hartner in einer grundlegenden Studie über Zahlen und Zahlsysteme, in der er als erstes Beispiel für die Richtigkeit seines eben zitierten Satzes die Kunstwerke steinzeitlicher Menschen anführt: »Der steinzeitliche Künstler ›zählt‹ nicht und weiß nichts von mathematischen Beziehungen, sondern gehorcht ausschließlich seinem ihm innewohnenden mathematischen Trieb ...«.

Dieser Trieb wird später abstrahiert, in geometrische Formen gebannt, und hilft im Laufe der Zeit, Zahlbegriffe und Zahlen zu entwickeln, die vielfältigen Erscheinungen in Raum und Zeit unter der abstrakten »Zahl« zu ordnen. Hier nun liegt – wie Karl Menninger in seinem schönen Buch zeigt – eine bunte Mannigfaltigkeit des Ausdrucks vor uns, die wir gewohnt sind, alles im Rahmen unseres altgewohnten Dezimalsystems und der »arabischen« Zahlen zu sehen und zu verstehen (was uns schon den Übergang zum angelsächsischen Maß- und Wertsystem erschweren kann). Doch Zahlsysteme sind in verschiedenen Rhythmen aufgebaut (wie man erfährt, wenn man sich auf das binäre System des Computers einstellt, dessen Vorstufe schon Leibniz im Jahre 1697 entwickelt hatte), und wenn auch das Dezimalsystem bei weitem das verbreitetste zu sein scheint, muß man anderen Systemen doch die gleiche Wichtigkeit zugestehen – vor allem dem Sexagesimalsystem des alten Babylon, das nach der Einheit »Zehn« eine höhere Einheit »Sechzig« kannte, deren Nachleben wir noch in den 360 Grad der Kreiseinteilung, in Stunden und Minuten und Sekunden erfahren.

In vielen Fällen mögen die Rechensysteme und Ziffern von der einfachen Größe der fünf bzw. zehn Finger abgeleitet sein; die römischen Zahlen erinnern in ihrer Form noch an ihre Herkunft von den Fingern. Doch zeigt schon der Bruch nach der Vier, daß hier, bei Ausschluß des Daumens, noch eine andere Zählmöglichkeit vorlag, die in manchen Kulturen weitergelebt hat: nach Vier beginnt ein neuer Abschnitt im Zählen. Anderseits wurden nicht nur die zehn Finger, sondern mit ihnen auch die Zehen zusammengenommen, um eine Basis zu bilden: im westlichen und nördlichen Europa dürfte bei Kelten, Basken und anderen Völkern ein Zwanzigersystem geherrscht haben, von dem noch heute z. B. das französische *quatrevingt*, 4 × 20, für »achtzig« Zeugnis ablegt. Auch das englische *score* erinnert an die Zwanzigereinteilung alter Zeiten.

Nicht zu verwechseln mit diesen fundamentalen Fingerzahlen ist die in früheren Zeiten hochentwickelte Technik, mittels der Finger bis 100 zu zählen, wobei die Einer und Zehner mit den Fingern der linken Hand gebildet wurden, die Hunderter mit der rechten Hand. Selbst mittelalterliche Bibelexegeten, vor allem Beda Venerabilis, haben sich in ihren Auslegungen auf diese weitverbreitete Zählweise bezogen, die ihnen sehr sinnvoll erschien; denn Daumen und Zeigefinger der rechten Hand, zum Kreis geschlossen, bedeuteten 100, und wurden gewissermaßen zum Sinnbild der geschlossenen Ewigkeit. Orientalische Händler beherrschen noch heute das Fingersystem in unübertroffener Weise. Sie benutzen auch oft den Abacus, das Rechenbrett mit Kugeln (oder einen seiner Verwandten), und sind imstande, mit dessen Hilfe blitzschnell die kompliziertesten Rechenoperationen zu vollziehen, wie es auch die Kaufleute im mittelalterlichen Europa taten.

Jede Kultur hatte ihre eigenen, typischen Zahl-Zeichen, ob wir an die geknüpften Quipus der Inkas denken oder ob uns der Ausdruck »etwas auf dem Kerbholz haben« an die Sitte erinnert, mit verschieden starken Schnitten die Schulden in ein Holz einzukerben. Es gibt die bildhaften ägyptischen Zahlen, die phönizischen und die noch verhältnismäßig primitiven römischen Zahlen; das Durchführen größerer Rechenoperationen wurde erleichtert, wo man die Buchstaben mit Zahlen gleichsetzte, wie es früher im Griechischen und bis heute im Hebräischen und Arabischen der Fall ist: jeder Buchstabe des Alphabetes hat einen Zahlwert (wobei das arabische Alphabet nach der alten semitischen Buchstabenfolge angeordnet wird), und aus dieser Doppelbedeutung ließen sich leicht Entsprechungen zwischen Namen, sinnvollen Worten und Zahlen entwickeln – die Zahl 666 in der Apokalypse und ihre mannigfachen Auflösungen sind ein Beispiel für diese Kunst, die in der jüdischen Kabbala wie in der islamischen Tradition aufs höchste entwickelt ist. Man kann z. B. sinnreiche Sprüche zur Datierung verwenden: der Buchtitel *Bāgh u bahār*, »Garten und Lenz« zeigt mit seinem Zahlwert an, daß dieses unterhaltende Werk im Jahre 1216 der islamischen Zeitrechnung, das ist 1801-2 unserer Ära, verfaßt worden ist. Und mit einem passenden Wort oder Spruch

konnte das Todesdatum einer Persönlichkeit angegeben und der Verstorbene treffend charakterisiert werden.
Höher als diese vielseitigen, und in der Mystik und Magie weit verbreiteten Buchstaben-Zahlen stuft Hartner die chinesischen Zahlen ein, und noch höher das schon sehr abstrahierte sumerisch-babylonische Ziffernsystem, wie ja das Zweistromland ohnehin eine Heimat der Astronomie und Mathematik ist, der wir viele der heute noch gültigen »religiösen« Bedeutungen von Zahlen verdanken. Zum höchsten Typ der Ziffernsysteme gehören, dem gleichen Gelehrten zufolge, die äußerst verfeinerten Zahlen der Maya, deren astronomisches Weltbild mit seinen enormen Zahlen von bewundernswerter Genauigkeit ist: ihr uralter Kalender, der sich auf 65 synodische Venusumläufe bezieht, ist genauer als alle anderen Kalendersysteme. Dazu kommen schließlich unsere »arabischen«, eigentlich aber indischen Zahlen. Ihre indische Herkunft ist noch daran zu erkennen, daß sie nicht, wie das arabische Alphabet, von rechts nach links, sondern auch innerhalb von Texten in arabischer Schrift von links nach rechts geschrieben werden.
Diese Zahlen, die von den Arabern nicht lange nach dem Aufkommen des Islams übernommen wurden, haben als Besonderheit die Verwendung der Null, die komplizierte Rechenoperationen erleichtert. Indische Quellen sprechen von dieser, *schunya,* »Leere«, genannten »Zahl« spätestens im 6. nachchristlichen Jahrhundert; die neun »indischen« Ziffern sind erstmals in einem syrischen Werk des Jahres 662 nachgewiesen. Lange bevor das Abendland die praktischen arabischen Ziffern kannte, verfaßten arabische Gelehrte mathematische Werke. Das Buch des Muhammad ibn Musa al-Khwarizmi, *Ḥisāb al-dschabr wa'l-muqābala* (»Das Buch der Ergän-

zung und Ausgleichung«, wie Julius Ruska übersetzt), das bald nach 800 geschrieben wurde, wurde von Robert von Chester im 12. Jahrhundert ins Lateinische übertragen und gab uns nicht nur den Begriff der »Algebra« (aus *al-dschabr* bzw. *al-gabr*), sondern auch, aus dem verballhornten Namen des Verfassers, den »Algorithmus«. Recht langsam wurden die arabischen Zahlen in Westeuropa heimisch. Gelehrte wie Leonardo Fibonacci von Pisa (st. 1250) und Johannes de Sacrobosco machten die neuen Zahlen und Rechenoperationen bekannt. Ja, um 1240 schrieb ein französischer Franziskaner, Alexander de Villa Dei, sogar ein *Carmen de Algorismo,* ein 244 Verse langes Gedicht über die neue Rechnungsart, die, wie er glaubte, der indische König Algor erfunden hatte (Menninger, S. B 227).
Die Null, die man in den älteren Zahlsystemen ja nicht kannte, stiftete zunächst viel Verwirrung, wie schon ihre sprachliche Geschichte zeigt: aus ihrem arabischen Namen, *ṣifr,* wurde einerseits *cifra, chiffre* und *Ziffer,* andererseits *zéro.* Die Null, die nichts bedeutet, aber dem Folgenden und Vorausgehenden seinen Rang gibt, wurde noch im 15. Jahrhundert als *umbre et encombre,* »dunkel und unklar« angesehen, und ihr Name *Null* kommt daher, daß sie *nulla figura,* »kein Zeichen« ist. Hier muß jedoch hervorgehoben werden, daß völlig unabhängig von der indischen Erfindung der Null – und offenbar sogar einige Jahrhunderte eher als bei den Indern – den Maya, vielleicht schon den Olmeken, die Null bekannt war, die in ihrem Zwanzigersystem der Neunzehn folgte. Zur Notierung dieses Systems diente entweder eine Punkt-Strich-Kombination oder Glyphen in Form von Kopf-Varianten.
Ebensowenig wie sich Zahlen- und Ziffernsysteme glei-

Das Maya-Zeichen für Null ist die leere Muschel, *xok* (linke Abb.). Das Wort *xok* bedeutet zunächst einmal jede runde, gebogene Sache und dann präziser »hohl«; *xok' ol*. Damit ist der Gegenstand und zugleich sein Wesen definiert. Die geniale Erfindung der Maya war, daß die Null auch zur Bestimmung des Positionswertes einer Zahl Verwendung fand. »Zwanzig« beispielsweise schreibt sich so, wie es die rechte Abb. zeigt.

chen, dürfen wir voraussetzen, daß alle Kulturen den Rechenoperationen in gleicher Weise gegenüberstehen. F. C. Endres erzählt in der Einleitung unseres Buches, wie er zu Anfang dieses Jahrhunderts in einem weit abgelegenen türkischen Dorf ein mathematisches Experiment unternahm: »Bei dieser Gelegenheit ließ ich einen jungen Burschen einige Äpfel, die ich auf den Boden legte, zählen. Er vermochte es mit Hilfe seiner Finger, aber er kam nicht über fünf hinaus. Zwischen fünf und zehn irrte er häufig, und als ich mehr als zehn Äpfel auf den Boden legte und ihm sagte, er möge sie zählen, erklärte er lediglich, daß es viele seien. Aber eine bestimmte Zahl konnte er nicht nennen ...«. Bei dem Versuch, Steinchen zu zählen, die der Verfasser ins Wasser warf, reichte die Sequenz des Jungen nur bis drei oder vier. Denn beim Zählen im Raum konnte er sich immerhin noch der Finger bedienen und sah, was vor ihm lag; doch Zählen in der Zeit ist viel problematischer, denn man muß ja herausfinden, wie oft sich ein Vorgang in gleicher oder ähnlicher Weise wiederholt. Es scheint, daß eine zwei- und

5 15 8 18 0

Die sog. Kopfvarianten der Maya-Zahlen sind Glyphen, die 1 bis 19 und Null mit dem Profil von Götterhäuptern wiedergeben. Für 1 bis 13 sind es 13 verschiedene Götter, von 14 bis 19 wieder dieselben wie von 4 bis 9, doch haben ihre Köpfe als Kennzeichen einen knöchernen Unterkiefer (Todesattribut); vgl. 5 gegenüber 15, 8 gegenüber 18. Bei den Kopfvarianten für Null liegt eine Hand auf dem Unterkiefer.

dreifache Wiederholung von Schreien, Lauten, Takteinheiten allgemein geläufig ist, aber andere Gruppierungen und Sequenzen erscheinen zumindest uns schwierig. Wenn wir versuchen, die komplizierten Rhythmen einer armenischen oder gar indischen Musik zu zählen oder nachzuvollziehen, werden wir bald aus dem Takt geraten und nicht mehr weiterzählen können.
Man darf daher andere Kulturen, die ein von dem unsrigen abweichendes Zählsystem haben, nicht abwerten: obgleich manche afrikanischen Stämme kaum »zählen« in unserem Sinne können, haben sie doch eine für uns unbegreifliche Fähigkeit zum Erfassen von bestimmten, sogar sehr großen Mengen und erkennen z. B. sofort, wenn auch nur ein Stück Vieh in ihrer Herde fehlt.
In vielen Kulturen werden Zahlworte auf das Gezählte abgestimmt: man hat andere Begriffe für »sechs lange Dinge« als für »sechs Kühe« oder »sechs Menschen«. Solche Klassifizierungen gibt es überall; die Papua unterscheiden bis zu zwanzig solcher objektbezogener Zahlwortgruppen. Doch auch in höheren Kulturen finden

sich noch Reste solcher Zählweisen – man mißt, oder maß, Stoff nach der Elle, Höhen nach Fuß, Tiefen nach Klafter oder, im Wasser, nach Faden (englisch *fathom*), Geschwindigkeit im Wasser nach Knoten, und man wendet vor allem bei Tieren gattungsbestimmte Zahlworte an wie Meute, Koppel oder Herde. Es heißt »ein Rudel Wölfe«, aber »eine Kette Rebhühner«. Gerade in der Jägersprache sind solcherlei Begriffe lebendig geblieben, wie das amüsante Büchlein *An Exaltation of Larks* für das Englische zeigt. Aber auch wir kennen noch spezielle Zahlbegriffe außerhalb unserer normalen Zahlworte und sprechen vom Dutzend, dem Schock (60), der Stiege (20) oder Mandel (15), und wir teilen die Armee ein in Zug, Kompanie, Schwadron usw. – Worte, die einen echten Zahlwert haben. Und wenn wir sagen »zwei Stück Vieh«, so gleichen wir dem Perser, der eine ganze Gruppe von Zählwörtern kennt, die, unübersetzbar, die einzelnen Gattungen kennzeichnet: *yak zindschīr fil* ist »ein Elefant«, nicht »eine Kette Elefanten«.

Nichts von all diesen Dingen ist mystisch oder magisch, und doch findet sich schon bei frühen Völkern das Gefühl, daß Zahlen eine Realität sind, ein Kraftfeld um sich haben und wirken können, wie Levy-Bruhl festgestellt hat. Ist nicht die Zahl, wie es im alten Indien hieß, »brahma-geartet«, dem Göttlichen ähnlich? Und in gewissen Texten des alten Indiens wird der Zahl regelrechte Anbetung erwiesen: »Dem Einen Heil! Der Zwei Heil ... Der Hundert Heil«, usw. Solche Gefühle gegenüber der Zahl haben sich weitervererbt, und selbst unser scheinbar so nüchternes Zahlsystem, das wir auf die zehn Finger, auf vier Mondphasen und zwölf Sonnenmonate zurückführen können, hat seit jeher geheimnisvolle Obertöne gehabt, die dazu geführt haben, den Zahlen besondere geheime Kräfte zuzuschreiben, sie für magische Beschwörungen zu verwenden und vor allem mit astrologischen Voraussagen zu verwenden. Selbst die großen Hochreligionen der Welt kennen die religiöse und mystische Verwendung der Zahlen bis zum heutigen Tage. Und in der Magie, in der der Ausführende versucht, Ereignisse durch Verwendung bestimmter Formeln zu seinem eigenen Vorteil oder zum Nachteil eines anderen zu beeinflussen, spielt die Verwendung von Zahlen eine gewaltige Rolle, denn jede Zahl wird in ihrem »Kraftfeld«, in ihren kosmischen Zusammenhängen gesehen, und die Anwendung der rechten Zahl ebenso wie der richtigen Anzahl der Wiederholung von Formeln und Beschwörungen, von Reinigungen und Umkreisungen wird als entscheidend für den Erfolg einer magischen Handlung angesehen.

Das Erbe der Pythagoräer

In unserem Kulturbereich, d. h. dem jüdisch-christlich-islamischen, baut die Beschäftigung mit den Zahlen und ihren Eigenheiten weitgehend auf den von den Pythagoräern geschaffenen Grundlagen auf, wobei auch zahlreiche altorientalische Gedanken übernommen wurden. Pythagoras war im 6. vorchristlichen Jahrhundert in Samos geboren und wanderte auf der Flucht vor dem Tyrannen Polykrates 532 nach Kroton in Süditalien aus. Es mag sein, daß er im Laufe seines Lebens eine Zeitlang im Osten, vor allem in Ägypten gelebt hat, wo er einiges über die altorientalischen mathematischen Kenntnisse erfahren haben könnte.

Wie jedes Schulkind den pythagoräischen Lehrsatz (»Das Hypothenusenquadrat ist gleich der Summe der Kathetenquadrate«) gelernt hat, so haben die Gedanken des Meisters bzw. seiner Schüler durch die Jahrhunderte hin religiöse, literarische und auch magische Werke beeinflußt.

Pythagoras hat, wie Röd hervorhebt, in den Mittelpunkt seiner Gedanken die Idee der Ordnung gestellt: die musikalische Ordnung, die mathematische Ordnung, die Ordnung des Kosmos und schließlich die ethische und soziale Ordnung. Er entdeckte, daß die Intervalle der Tonleiter den Verhältnissen der Längen schwingender Saiten entsprechen und durch Zahlverhältnisse ausgedrückt werden können. Die so entstehenden Zahlverhältnisse waren 1:2, 2:3 und 3:4, und damit sind die vier ersten natürlichen Zahlen gegeben, deren zentrale Bedeutung die Pythagoräer immer wieder hervorgehoben haben. Aus solchen Überlegungen kamen die Pythagoräer zu der Überzeugung, daß »der Kosmos mit reiner Mathematik isomorph ist« (Bell) und daß alles im Universum durch ganze Zahlen meßbar sei. Es gab im System keinen Raum für irrationale Zahlen, und die Entdeckung des Hippasus, daß die quantitative Beziehung zwischen der Seite und der Diagonale eines Rechtecks nicht durch ganze Zahlen ausgedrückt werden kann, erschütterte das Weltbild der Pythagoräer, ebenso wie es die Entdeckung eines fünften soliden Körpers, des Pentagondodekaeders, getan haben soll.

Über den Sinn der Zahlen und die Eigentümlichkeiten, die der Dekade innewohnen, philosophierte Philolaos um 475 v. Chr., und er scheint viele der Gedanken entwickelt zu haben, die in späterer Zahlenmystik lebendig blieben.

Pythagoras entdeckt die Beziehungen zwischen Zahlenord
nung und Geräuschfrequenz. Er experimentiert mit Glocken, Wassergläsern, Saiten und verschieden langen Pfeifen. Sein hebräisches Gegenüber, Jubal, hämmert auf einem Amboß. Holzschnitte aus F. Gaffurio, Theoria musica, Mailand 1492

Wie sich die Harmonie an Saitenrelationen mathematisch ausdrücken ließ, so schien die Wesensform aller Dinge zahlenmäßig ausdrückbar zu sein, und die Betrachtung der regelmäßigen Himmelsbewegungen ließ den Gedanken von der wunderbar geordneten Sphärenharmonie aufkommen, ließ es aber auch so erscheinen, daß das Werden der Welt mit dem Werden der Zahl parallel ging. »Die Einheit entsteht aus dem Leeren und der Grenze, aus dem Einen werden Zahlen, aus den Zahlen entsteht (bzw. besteht) der ganze Himmel, das Universum« (Röd).

Der Unterschied zwischen graden und ungraden Zahlen zog die Aufmerksamkeit der Pythagoräer besonders auf sich, und es ist spekuliert worden, daß die in allen einfachen Harmonien auftretenden Relationen zwischen einer graden und einer ungraden Zahl dafür verantwortlich sei (Vascorides). Denn alle geschaffenen Dinge sind, nach pythagoräischer Auffassung, in zwei Kategorien eingeteilt: die ungraden Zahlen sind der rechten Seite, der Grenze, dem Männlichen, Ruhenden, Geraden, dem Licht, dem Guten und, geometrisch ausgedrückt, dem Quadrat zugeordnet, während die graden Zahlen dem Unbegrenzten (da sie unbegrenzt teilbar sind), der Vielheit, der linken Seite, dem Weiblichen, Bewegten, Gekrümmten, der Finsternis, ja dem Bösen und, in geometrischer Form, dem Rechteck entsprechen.

Dieser Kontrast zwischen dem Einen und dem Vielen, wie er in der ungraden und graden Zahl ausgedrückt wird, ist später besonders in der Mystik mit ihrem Streben, die absolute, ungeteilte Einheit wieder zu erreichen, betont worden.

Die ungrade Zahl spielt seither eine wichtige Rolle im Volksglauben, ja in der Theologie. Für Plato hatten alle graden Zahlen üble Vorbedeutung, und bei Vergil heißt es *Numero deus impare gaudet,* »An der ungraden Zahl erfreut sich der Gott«, ein Gedanke, der aufgenommen ist in dem islamischen Traditionsspruch: »Wahrlich, Gott ist eine ungrade Zahl, *witr* (nämlich Einer), und liebt die ungrade Zahl.« Und auch Shakespeare stellt fest: *There is luck in odd numbers«* – die ungrade Zahl bringt Glück.

Die Vorliebe für ungrade Zahlen führte dazu, daß rituelle Handlungen, Gebete, Beschwörungen in ungraden Zahlen vorgenommen wurden und oft noch werden: man vollzieht einen Zauber dreimal oder siebenmal und wiederholt ein Gebet oder das Amen dreimal. Der Arzt oder Medizinmann pflegte früher mit Vorliebe Pillen in ungrader Zahl zu geben, und Zauberknoten mußten in ungrader Zahl geknüpft sein. Wie der Talmud zahlreiche Beispiele für die Verwendung ungrader und Ablehnung grader Zahlen bietet, so heißt es im Islam, daß der Prophet Muhammad das Fasten mit einer ungraden Zahl von Datteln gebrochen habe. Auch soll immer eine ungrade Zahl von Personen anwesend sein, wenn Magie getrieben wird. Und schenken wir nicht noch heute vorzugsweise eine ungrade Anzahl von Blumen?

Wie wir den Pythagoräern die Einteilung und Bestimmung der graden und ungraden Zahlen verdanken, so haben sie auch andere Begriffe in die Mathematik eingeführt, so den der Vollkommenen Zahl, das ist eine Zahl, deren Divisoren, zusammengezählt, die Zahl selbst ergeben. Die erste Vollkommene Zahl ist Sechs, denn $1+2+3=6$; die zweite solche Zahl ist 28: $1+2+4+7+14=28$. Bis 1971 hatte man 23 solcher Vollkommenen Zahlen entdeckt. Jüngst ist versucht worden, den rätselhaften Titel von Hofmannsthals »Geschichte der 672.

Nacht« als einen Hinweis auf die »doppelt Vollkommene Zahl« 672 zu entschlüsseln.[1]
Die Pythagoräer ordneten die Zahlen auch geometrischen Formen zu: 1, 3, 6, 10, 15 usw. sind Dreieckszahlen, 1, 4, 9, 16, 25 sind als Quadratzahlen darstellbar. Der Punkt ist der Eins zugeordnet, die Linie der Zwei, die Fläche, die ja im Dreieck erstmals erscheint, der Drei, und der von vier Flächen umschriebene Körper der Vier. Die Zehn war den Pythagoräern die vollkommenste Zahl, da sie die Summe der ersten vier ganzen Zahlen darstellt: 1 + 2 + 3 + 4 = 10; sie konnte als gleichseitiges Dreieck dargestellt werden:

•
• •
• • •
• • • •

und in ihr wurde die Vielheit wieder zur Einheit. Daher bemühten sich die Pythagoräer auch, in ihrem System der kosmischen Ordnung zehn Himmelskörper zu entdecken, und konstruierten, als die vorhandenen nicht ausreichten, um ihre Theorie zu stützen, daher einen zehnten. Aristoteles (384–322 v. Chr.) schreibt im ersten Buch seiner *Metaphysik* einigermaßen kritisch über die Zahlenmystik der Pythagoräer: »Ganz in die Mathematik hineingelebt, meinten sie, daß ihre Zahlenprinzipien die Prinzipien alles Seienden wären. Da aber in der Mathematik die Zahlen von Natur aus das Erste sind und die Pythagoräer in den Zahlen viele Ähnlichkeiten mit dem, was ist und dem, was wird, zu sehen glaubten, und zwar mehr als in den Elementen Feuer, Luft, Erde und Wasser, und indem sie ferner die Eigenschaften und Verhält-

1 Siehe Heinz Rölleke, »Nochmals zum Rätsel der 672. Nacht bei Hofmannsthal«. *GRM*, NF 33, Heft 4, 1983.

nisse der musikalischen Töne in Zahlen fanden, so hielten sie, da das andere seiner ganzen Natur nach den Zahlen nachgebildet schien, die Zahlen aber als das Erste in der ganzen Natur galten, die Elemente der Zahlen für die Elemente alles Seienden und das ganze Himmelsgewölbe für Harmonie und Zahl. Die eine Erscheinungsform der Zahl sollte die Gerechtigkeit sein, eine andere die Seele oder der Verstand; andere Erscheinungsformen sollten Zeit und Gelegenheit sein und damit alles und jedes, was es sonst noch gibt. Und was sie nun alles an Übereinstimmungen zwischen den Zahlen und Harmonien einerseits und den Eigenschaften und den Teilen des Himmels und der ganzen Welt andererseits aufzuzeigen hatten, das sammelten sie und stellten es einander vergleichend gegenüber. Und wenn es dann irgendwo fehlte, mußte ein künstlicher Kitt helfen, um überall Zusammenhang in das System zu bringen. Ich meine z. B. dieses: da die Zehnzahl das Vollkommene zu sein scheint, und es ferner scheint, als umfasse sie das ganze Gebiet der Zahlen, so müssen demzufolge auch zehn der am Himmel kreisenden Sternkörper existieren. Da es aber nur neun gibt, die man sehen kann, so konstruierten sie eigens einen zehnten Körper, die (unsichtbare) Gegenerde.«

Wenn Aristoteles bemerkt, daß eine bestimmte Zahl Ausdruck der Gerechtigkeit sei, so ist das in der Tat für die Pythagoräer die Vier, da sie ein Produkt gleicher Faktoren, d. h. die erste Quadratzahl ist – die Suche nach objektiven Maßen von Schönheit und Harmonie erschien diesen Denkern in derartigen Gleichungen am klarsten ausgedrückt.

Gnosis und Kabbala

Die Suche nach den Maßstäben des Lebens und der allumfassenden Harmonie ging weiter, und auch Plato, sonst den Pythagoräern gegenüber etwas kritisch, sah in den Zahlerscheinungen Schlüssel zum Mysterium der Natur. Pythagoräische und platonische Gedanken wurden dann im Neuplatonismus und der Gnosis weitergeführt, und es entwickelte sich eine Zahlenmystik, die man kurz so kennzeichnen kann:

1. Die Zahl beeinflußt das Wesen der Dinge, die in ihr irgendwie angeordnet sind.
2. Die Zahl wird dadurch zum Mittler zwischen Göttlichem und Irdischem.
3. Wenn man also Operationen irgendwelcher Art mit Zahlen ausführt, so wirken diese Operationen auch auf die Dinge, die mit den entsprechenden Zahlen zusammenhängen.

Damit erhielt jede Zahl ihr besonderes Wesen, ihren Zauber, ihre metaphysische Bedeutung.

Plotin, dessen neuplatonisches System weit in die Mystik der drei »abrahamitischen« Religionen (Judentum, Christentum und Islam) hineingewirkt hat, bemerkt: »Zahlen bestehen vor den Objekten, die durch sie beschrieben werden. Die zahlreichen Sinnesobjekte erinnern die Seele an den Begriff der Zahl.« Es war besonders Philo von Alexandrien, der in seinem Werk alttestamentliche und pythagoräische Ideen verschmolz und so die Grundlage für eine stark von der Zahlenmystik geprägte Bibelauslegung schuf. Pythagoräische Zahlenspekulationen gelangten in die Mystik des Mittelalters, und ihr bedeutendster Ausdruck in der jüdischen Tradition ist die Kabbala, die auf einer höchst komplizierten Zahlenmystik aufgebaut ist. Man stellte fest, daß sich das Ur-Eine in zehn *Sefiroth* (von *safar,* »Zahl«) aufteilt, die untereinander in geheimnisvoller Weise verbunden sind und miteinander wirken, wobei die 22 Buchstaben des hebräischen Alphabets gleichfalls als Brücken zwischen den einzelnen Sefiroth dienen. Die oberste *sefira* ist *Kether* (Krone), aus der sich *Hokma* (Weisheit) und *Binah* (Intelligenz) abzweigen. Die vierte *sefira* ist *Chesed* (Liebe) oder *Gedulla* (Größe), die fünfte *Gebura* (Gerechtigkeit), die sechste *Tipheret* (Schönheit) und die siebente *Nezach* (Triumph), wozu dann als achte *Hod* (Pracht), als neunte *Yessod* (Fundament) und als zehnte *Malkuth* (Reich oder Wirklichkeit) kommen, von denen die letztere auch mit der Schechina gleichgesetzt wird, die im Exil dieser Welt lebt. Aus den zehn Sefiroth, die man vielleicht als Logoi oder Ur-Ideen bezeichnen kann, ist die Welt der ersten göttlichen Emanation, *Aziluth,* gebildet. Daneben gibt es noch drei andere Welten, die ebenfalls von den zehn Sefiroth abhängen, nämlich die Welt der Schöpfung und der himmlischen Sphären, *Beriah,* dann die Welt der Ausgestaltung der Wesen, die die Sphären beleben (wie Geister und Engel), und schließlich die Welt des Materiellen, *Asiyah* genannt.

Da die hebräischen Buchstaben gleichzeitig Zahlzeichen sind, ließen sich aus dieser Figur und ihren Ableitungen die interessantesten Zusammenhänge erkennen, und das weite Feld der kabbalistischen Bibelinterpretationen, das Gershom Scholem meisterhaft erschlossen hat, ist von Zahlenmystik durchwoben.

Islamische Mystik

In der islamischen Tradition war es wohl zunächst die proto-ismailitische Gruppe der *Ikhwān aṣ-Ṣafā*, der »Lauteren Brüder« von Basra im 10. Jahrhundert, die sich weitgehend auf neuplatonische und pythagoräische Gedanken stützte, welche sie in ihrer großen Enzyklopädie niederlegte. Für die Lauteren Brüder ist Pythagoras ein Weiser aus Harran, und sie glaubten, daß der Prophet der Sabäer in Harran Enoch, das ist Hermes Trismegistos, sei, der sich besonders in den Zahlenmysterien auskannte. Numerologie ist für sie der Weg, der zum Erfassen der allem unterliegenden Einheit führt; sie ist eine Wissenschaft, die über der Natur steht und die Wurzel aller anderen Wissenschaften ist. So wird die Beziehung Gottes zur Welt, oder des Seins zur Existenz, der Beziehung der Eins zu den anderen Zahlen gleichgesetzt. Wenn sie auch kein der Kabbala vergleichbares kompliziertes zahlenmystisches System geschaffen haben, sehen die Lauteren Brüder doch die Wichtigkeit der Zahlen, die von der Musik zur Ordnung des Kosmos geht. Besonders die Sieben und die Zwölf spielen eine wichtige Rolle: Sieben, die Zahl der Planeten, ist die erste vollständige Zahl, denn sie kann aus 3 + 4, 2 + 5 und 1 + 6 zusammengesetzt werden (gibt also immer die Summe der sich auf dem Würfel gegenüberliegenden Zahlen); Neun, die Zahl der Sphären, ist die erste ungrade Zahl, aus der man die Quadratwurzel ziehen kann; Zwölf, die Zahl der Tierkreiszeichen, wird entweder aus 3 × 4 zusammengesetzt oder aus 5 + 7, während 28 die Vollkommene Zahl ist: die Zahl der Mondstationen, in besonderer Weise mit dem Islam verbunden.

I

II

NODIS
ARCANIS
CONNEXA
ATHANASII KIRCHERI
SOCIETATIS IESU
MAGNES
SIVE DE MAGNETICA ARTE
LIBRI TRES
ROMÆ MDCLIV
Sumptibus Blasij Deuersini et Zenobij Masotti
AD FERDINANDVM IV. ROMANORVM REGEM SEMPER AVGVSTVM

M·HOMINĒ·AD·YMAGINĒ·Z SIMILITUDINĒ·NRAM
AVIT·I·FACIE·EI·SPIRAC
LUM·VITE

IV

V

VI

LETUR ME OSCULO

VIII

In mystischen Kreisen im Islam hat die Vertauschbarkeit von Zahl und Buchstabe zu immer ausgeklügelteren Operationen geführt, die in der Koranauslegung, in der Zukunftsvoraussage und in vielerlei anderen Aktivitäten erscheinen – einschließlich ihrer Verwendung in der Poesie.

Mittelalterliche und barocke Zahlensymbolik

Ähnliches gilt für die gnostischen Sekten und für das mittelalterliche Christentum. *Tolle numerum omnibus rebus et omnia pereunt,* »Nimm die Zahl von allen Dingen, und sie alle werden verderben«, sagt Isidor von Sevilla um 600. Zahlensymbolik, verbunden mit astrologischen Vorstellungen, erfüllte das mittelalterliche Denken, und die Kirche machte reichen Gebrauch davon – sagt doch die Bibel, daß alle Dinge in Maß, Zahl und Gewicht geordnet seien (Weish. 11, 21). Nichts im Universum konnte ungeordnet sein – die Zahlen sind, wie Augustin meinte, die »in der Welt selbst präsente Form der Weisheit Gottes, die vom menschlichen Geist erkannt werden kann.« (Meyer, S. 31), und biblische Zahlenallegorie hat sich zumindest bis ins 19. Jahrhundert gehalten.
In den ersten nachchristlichen Jahrhunderten entwikkelte sich die Arithmologie, in der die Charakteristika bestimmter ganzer Zahlen innerhalb der Dekade, ihre kosmologische Funktion und ihr tieferer Sinn diskutiert wurden.
Unter den mathematischen Werken war es besonders die Einführung in die Arithmetik des Nicomachus von Gerasa (um 100 n. Chr.), die vor allem durch Boethius im

Mittelalter weitgehend populär gemacht wurde. Neben dieser nützlichen Einführung schrieb der Verfasser auch eine (nur fragmentarisch erhaltene) Theologie der Zahlen. Ein anderer wichtiger mittelalterlicher Text war die *Mathesis* des Firmicus Maternus (um 346), das besonders der Astrologie gewidmet war. Doch noch größer war der Einfluß des Karthagers Martianus Capella aus dem 5. Jahrhundert. In seinem Werk *De Nuptiis Philologiae et Mercurii* gibt er der Braut sieben Mägde bei, die die sieben freien Künste symbolisieren, und vor allem das Siebente Buch, Arithmetik (das weitgehend auf Nicomachus beruht) zeigt, wie die ersten zehn ganzen Zahlen in Beziehung zu den griechischen Göttern stehen: ausgehend von der Eins, der Monade, die Jupiter entspricht, geht Capella über die Zwei der Juno (weiblich, Zahl von Trennung und Verbindung) bis zur Zehn, der Zahl des doppelköpfigen Gottes Janus. – Werke wie *De Numero* des Hrabanus Maurus und Isidor von Sevillas *Liber numerorum qui in sanctis scripturis occurunt,* waren weitere Standardwerke mittelalterlicher Zahlenmystik.

Das Gefühl der Wichtigkeit und Wirksamkeit der Zahlen durchdrang die mittelalterliche Gelehrten so sehr, daß sie auch ihre Schriften in sinnvolle Zahlengruppen einteilten: Augustins *Gottesstaat* ist ein gutes Beispiel hierfür. Die 22 Sektionen entsprechen den 22 hebräischen Buchstaben und sind eingeteilt in 2 × 5 *refutationes* , nämlich das zehnfache »Du sollst nicht ...!« des Gesetzes und die 3 × 4 positiven Lehren des Evangeliums, die ebenso mit den zwölf Aposteln zusammenhängen wie mit der Trinität und den vier Evangelien (3 × 4 = 12). Eine noch mehr verfeinerte Zahlensymbolik durchdringt Dantes *Göttliche Komödie.* Doch auch im islamischen Bereich war eine solche sinnvolle Einteilung von theologischen

Der 33. Gesang Purgatorio und der 33. Gesang Paradiso von Dantes Divina Commedia (Göttliche Komödie, 1311–21). Holzschnitte aus der Ausgabe Mailand 1864, a cura di Carlo Witte. Die Göttliche Komödie baut sich auf drei Hauptteile zu 33 Gesängen auf; ein einleitender Canto rundet die Summe auf 100 auf: die »vollkommene« Zahl (= Hundert).

Werken bekannt. Hier ist das beste Beispiel Ghazzalis *Wiederbelebung der Wissenschaften von der Religion* mit seinen vierzig Kapiteln; denn die Vierzig ist die Zahl der Vorbereitung und leitet hier über die Vorbereitungen des Menschen durch gesetzliche Werke und Handlungen der mystischen Liebe zum 40. Kapitel, das der Begegnung des Menschen mit Gott im Tode gewidmet ist. Typischerweise wird die Zentralgestalt des Islam, der Prophet Muhammad, im zentralen, das ist dem zwanzigsten, Kapitel behandelt.

Im 12. Jahrhundert – zur gleichen Zeit, da Ghazzali schrieb – scheint auch im Christentum die Zahlenallegorese besonders geblüht zu haben. Hugo von St. Victor und sein Kreis ist in diesem Zusammenhang besonders wichtig, wie Meyer (S. 49 ff.) gezeigt hat. Hugo spricht von den verschiedenen Wegen, mit denen die Heilige Schrift zahlenmystisch ausgelegt werden kann. Es gibt,

so sagt er, neun verschiedene Wege, in denen man Zahlen als sinnvoll erkennen kann: einmal durch ihre Stellung: die Eins hängt mit der Einheit zusammen und ist die erste Zahl, das Prinzip der Dinge; ferner durch ihre Zusammensetzung: die Zwei kann geteilt werden und, wie grade Zahlen generell, das Vergängliche bedeuten. Man findet den Sinn weiterhin durch Ausdehnung: da die Sieben nach der Sechs kommt, bedeutet sie Ruhe nach dem Werk. Die Zahlen können auch ihrer Disposition nach einen Sinn haben: Zehn hat *eine* Dimension und deutet auf rechten Glauben hin, während die Hundert sich der Breite nach ausdehnt und auf die Weite der Nächstenliebe hinweist und die aus ihr in die Höhe steigende Tausend die Höhe der Hoffnung andeutet. Man kann die Zahlen ferner nach ihrer Verwendung im Dezimalsystem sehen – hier zeigt die Zehn die Vollkommenheit an. Auch durch Multiplikation kann man der Zahl einen Sinn abgewinnen: Zwölf ist universal, weil sie das Produkt der körperhaften Vier und der geistigen Drei ist. Die Anzahl der Teile spielt gleichfalls eine Rolle: Sechs ist, wie bekannt, eine Vollkommene Zahl. Ferner kann man die Teile einer Zahl in Rechnung stellen, wobei Drei auf die Trinität hinweist; schließlich findet man auch Steigerungen, so, wenn Sieben zu Siebenundsiebzig wird.
Dazu kommt, daß man die Stellung der Zahl im Dezimalsystem in die Deutung einbezieht: Elf kann im Positiven eine Steigerung über die Zehn bedeuten, im Negativen eine unerlaubte Überschreitung der geschlossenen Dezimalzahl.
Wie Meyer (dem wir hier weitgehend folgen) sehr überzeugend gezeigt hat, werden aus den in der Bibel gezählten Dingen Symbole, die dann in der Liturgie wiederum ihren eigenen Wert gewinnen: Kirchenjahr und Gottes-

dienst werden von solchen allegorisch ausgelegten Zahlen gestaltet. Selbst die Ordnungszahlen der Psalmen werden numerologisch erklärt und so in der Exegese verwendet. Ein besonderes Kapitel sind die zahlenmystischen Grundlagen mittelalterlicher Bauten, wie sie – zusammen mit bewundernswerter mathematischer und technischer Kenntnis – in den Bauhütten weitergegeben wurden.

Der Aufbau mittelalterlicher literarischer Werke nach zahlensymbolischen Grundsätzen ist in jüngster Zeit vielfach, und mit widerstreitenden Ergebnissen, untersucht worden; Meyers Studie ist hier der beste Leitfaden. Die Zahlenmystik hat sicherlich im Mittelalter und in der Renaissance eine ganz bedeutende Rolle gespielt, sonst wären die zahlreichen gelehrten Werke über dieses Gebiet nicht zu erklären, die im 16. und 17. Jahrhundert erscheinen – ob Giorgio in seiner *Harmonia Mundi* 1525 die Numerologie als eine Art Super-Disziplin benutzt, mit deren Hilfe alle anderen Disziplinen vereinigt werden können, oder ob Petrus Bungus ein knappes Jahrhundert später noch einmal in seiner gewaltigen Enzyklopädie *De Numerorum Mysteriis* (1583, 1618) behauptet, daß man ohne den Gebrauch der Numerologie gar nicht verstehen kann, warum es eigentlich vier Elemente und sieben Planeten gibt. Bungus' Werk, das kürzlich mit einer sehr willkommenen Einleitung von Ulrich Ernst nachgedruckt worden ist, gibt in der Tat einen ausgezeichneten Überblick über die Verwendung der Zahlen und enthält eine Unmenge von Zitaten klassischer, christlicher, aber auch arabischer Denker und Astronomen. Plato, der für Bongus an der Spitze der Zahlenmystik steht, erscheint als »attizierter Moses«; denn die gesamte ägyptische, d. i. altorientalische numerologische

Weisheit war, wie man glaubte, schon dem Moses bekannt gewesen und erst dann nach Griechenland gelangt. Im deutschen Raum war es zunächst Agrippa von Nettesheim, dessen Werk *De Occulta Philosophia* 1533 publiziert wurde und ein Kompendium der Zahlenmystik ist; ein Jahrhundert später verfaßte Athanasius Kircher die wohl umfassendste Darstellung der *Arithmologie: sive de abditis numerorum mysteria*, die 1665 in Rom erschien und weite Verbreitung fand.
Denn auch Renaissance-Werke sind, wie religiös getönte Werke des frühen Mittelalters oder die Schriften der sehr zahlenbewußten Rosenkreuzer, oft nach numerologischen Prinzipien aufgebaut – man denke an Miltons *Doctrina Christiana*, das im ersten Buch 33 Kapitel entsprechend dem Alter Jesu bei der Kreuzigung und im zweiten Buch siebzehn Kapitel enthält; diese sind auf die zehn Gebote und die sieben Gaben des Heiligen Geistes abgestimmt, und so wird die runde Zahl Fünfzig mühelos erreicht. Und wenn John Donne in seiner *Valediction: Forbidding mourning* sich dem Zirkel vergleicht, der »endet, wo er begann«, so hat das Gedicht sinnvollerweise 36 Zeilen, entsprechend den 360 Graden des Kreises.
Man mag hier von gelehrten Spielereien sprechen, doch man sollte nicht vergessen, daß der Glaube an eine mathematisch geordnete Welt, an die *Harmonia Mundi*, auch einen bahnbrechenden Astronomen wie Kepler zu einigen seiner Entdeckungen geführt hat: er hatte die »unerschütterliche, selbstverständliche Überzeugung einer von der Zahl regierten Harmonie von Mensch, Erde, All – die Gewißheit der mystischen Bedeutung der Zahl« (Hartner).
Daß sich diese *Harmonia Mundi* auch in der hörbaren

Harmonie, in der Musik, ausdrückt, ist selbstverständlich. Die mittelalterliche Musiktheorie kannte seit dem 3. Jahrhundert die *musica coelestis,* und schon Cassiodor hatte im 6. Jahrhundert im echt pythagoräischen Sinne gesagt: *Musica est disciplina, quae de numeris loquitur.* So kommt es, daß die mittelalterliche, noch mehr aber die Renaissance-Musik sich den heiligen und geheimnisvollen Zahlen zuwandte und diese in der Kanontechnik, in der Anzahl der verwendeten Stimmen, in den Noten des Kontinuo verwendete, wobei die Drei – als Dreiklang oder als dreistimmiger Chor – natürlich besonders auf die Trinität bezogen war, während die Sieben (siebenstimmiger Satz) gern bei Kompositionen zu Ehren der Jungfrau Maria verwendet wurde. Solche Zahlenallegorik, die im 17. und frühen 18. Jahrhundert ganz verbreitet war, wurde in besonderem Maße von J. S. Bach verwendet, dessen späte Repräsentationswerke man als »weitgehend musikalische Mathematik« bezeichnet hat, wobei die verschiedensten Möglichkeiten, bedeutungsvolle Zahlen zu verwenden, voll ausgeschöpft wurden. Ein Beispiel ist das siebenmal siebenfache Credo in der h-Moll-Messe.

Daß die Kenntnis der zahlenmystischen Zusammenhänge auch in der deutschen Klassik und Romantik ganz verbreitet war, sieht man an Goethes vielfachen Hinweisen auf das Geheimnis einzelner Zahlen, die überall in seinem Werk erscheinen, vielleicht am deutlichsten in seinem frühen Gedicht »Die Geheimnisse«, in dem die Zahlensymbolik der Rosenkreuzer widergespiegelt ist. Auch Schiller bringt Anspielungen auf die tiefere Bedeutung der Zahlen, und Novalis war davon überzeugt, »daß in der Natur eine wunderbare Mystik der Zahlen am Werk ist, und ebenso auch in der Geschichte«.

Zahlenaberglaube

Nicht immer freilich führt der alte Glaube an die Ordnung der Zahlen zu wissenschaftlichen Entdeckungen; weit häufiger wird er zu magischen Zwecken verwendet, und der Glaube an solche magischen Manipulationen hat sich bis heute gehalten, ja scheint sich auf der populären Ebene noch zu verstärken. Gerade vor wenigen Wochen im Frühjahr 1984 flog mir ein amerikanischer Prospekt von Büchern und Zeitschriften ins Haus, die ausschließlich der Numerologie, Zahlenvibrationen, Auffindung von Glückszahlen u. ä. gewidmet waren. Diese Praktiken haben offensichtlich seit der Antike nichts an Anziehungskraft verloren. Bells Buch *Numerology* ist wohl die schärfste Zurückweisung solcher abergläubischen Spielereien, gegen die ja auch Endres sich immer wieder deutlich ausgesprochen hat. Denn hier kann allzu viel manipuliert werden: jeder Name, jedes Datum kann, geschickt zerlegt und wieder zusammengesetzt, vor allem mit der Quersumme operierend, zu dem gewünschten Resultat führen. Man muß hier auch an in ganz »wissenschaftlicher Weise« erzielte Ergebnisse erinnern, wie gegen Ende des ersten Weltkrieges die Bücher Oskar Fischers (z. B. *Auferstehungshoffnung in Zahlen*) versuchten, mit statistischen Mitteln bestimmte Zahlkonstellationen im Alten Testament zu deuten und daraus weitgehende Schlüsse auf die Geschichte Israels und des frühen Christentums zu ziehen. Man kann auch an das faszinierende Buch McClains denken, der die Rekonstruktion des mythischen Weltberges und seine Beziehung zur Kaaba in Mekka zahlenspekulativ versucht und dabei außerhalb der Zahlensymbolik interessante Bemerkungen über gewisse Erscheinungen im Islam macht, oder an

den von einem frommen Muslim mit Hilfe des Computers unternommenen Versuch, zu zeigen, daß der Koran ganz und gar auf der Zahl 19 beruhe ...
Solche sicherlich gutgemeinten, aber wenig sinnvollen Versuche, historische und mythische Fakten zahlenmäßig zu ordnen, berühren jedoch nicht die ganz natürliche Freude an der Harmonie der Zahlen und, für manche Menschen, auch das eingeborene Gefühl, daß sich bestimmte Zahlkonstellationen in ihrem Leben immer wiederholen. Doch hier liegt ein Grenzgebiet, in dem die Tradition einerseits, die Psychologie andererseits eine wichtige Rolle spielen – sind wir uns doch kaum bewußt, wie viele unserer täglichen Handlungen oder unserer Ausdrücke von einem zahlenmäßigen Rhythmus geprägt sind, in dem vor allem die Drei vorherrscht, die selbst in trivialen Kleinigkeiten des Alltagslebens wie den drei Phasen der Verkehrsampel oder dem »Dreimal Hoch!« der Geburtstagsfeier zu finden sind. Auch sind gewisse Zahlen immer wieder benutzt worden, um einem literarischen Werk eine besondere Atmosphäre zu geben, und oft mögen Worte und Ausdrücke dem Dichter, ja auch dem Wissenschaftler, unbewußt in die Feder geflossen sein, wenn er seine Diktion in triadischen Schritten oder in viergegliederten Rhythmen fortführte, wenn er ganz bestimmte metrische Gliederungen dem Inhalt seiner Verse zuordnete, eine »Trilogie der Leidenschaft« schuf oder, wie in der islamischen Welt, seine romantischen Epen in einem Quintett zusammenstellte. Das gleiche gilt für den Künstler, der sich bemüht, dem Goldenen Schnitt so nahe wie möglich zu kommen. Hier liegen unbewußte Strukturen vor, die es späteren Interpreten ermöglichen, an beabsichtigte Zahlenmystik zu denken, die der Verfasser vielleicht gar nicht im Sinne hatte.

Und sollen wir die Pythagoräer dafür tadeln, daß sie die Zwei, und alle graden Zahlen, dem Weiblichen zuordneten, wenn die Biologie uns zeigt, daß die geschlechtsbestimmende Form der Chromosomen beim männlichen Tier die Form *xy* hat, beim weiblichen aber *xx*, d. h. eine grade Zahl?

Zahlenspielereien und magische Quadrate

Es gibt unendlich viele und dabei sehr amüsante Zahlenspielereien, die aber rein arithmetisch sind und nur selten magische oder mystische Verwendung fanden. Viele von ihnen zeigen ihren ganzen Charme erst dank den arabischen Zahlen, und eine besondere Rolle kommt dabei der Neun zu. Schon früh war es den Mathematikern aufgefallen, daß alle Produkte der Neun wiederum 9 als Quersumme haben ($4 \times 9 = 36$, Quersumme 9, $7 \times 9 = 63$, Quersumme 9); und man stellte auch fest, daß 5 und 6, in ihre Potenzen erhoben, immer wieder mit 5 bzw. 6 endeten: $5^2 = 25$, $5^3 = 125$ usw. Man kann auch hübsche Zahlenbäume errichten, wenn man bestimmte Zahlen multipliziert:

$$
\begin{aligned}
1 \times 9 + 2 &= 11\\
12 \times 9 + 3 &= 111\\
123 \times 9 + 4 &= 1111\\
1234 \times 9 + 5 &= 11111\\
12345 \times 9 + 6 &= 111111\\
123456 \times 9 + 7 &= 1111111\\
1234567 \times 9 + 8 &= 11111111\\
12345678 \times 9 + 9 &= 111111111\\
123456789 \times 9 + 10 &= 1111111111
\end{aligned}
$$

Es gibt einen sich noch merkwürdiger gestaltenden Baum, wenn man mit $1 \times 8 + 1 = 9$ anfängt und die folgenden Zeilen ebenso wie im ersten Zahlenbaum behandelt. Dann sieht die letzte Zeile so aus:

$$123456789 \times 8 + 9 = 987654321$$

Oder ist es nicht überraschend, wenn man die Zahl 142 857 mit 2, 3, 4 oder 6 multipliziert, daß das Resultat immer eine Zahl ist, die aus den gleichen Ziffern, wenn auch in anderer Reihenfolge, besteht?

Zahlenspielereien sind noch heute beliebt, und obgleich sie ins Mittelalter zurückgehen und in der Renaissance weiter entwickelt wurden, scheinen sie in den letzten Jahrzehnten immer verbreiteter zu werden. Allein zwischen 1925 und 1970 sind über 300 neue Werke über alle Arten von Zahlenspielereien erschienen, wozu auch Paradoxe, Logeleien und Alphamatics (wo Buchstaben die Zahlen ersetzen) gehören. Man findet sie heute nicht nur in Spezialzeitschriften, sondern in den Sonntagsbeilagen zahlreicher Zeitungen.

Ein mittelalterliches Zahlenspiel führte zur Entdeckung einer wichtigen Zahlensequenz, die als Fibonaccische Reihe bekannt ist. Der berühmte Leonardo Fibonacci von Pisa fragte, wie sich ein Kaninchenpaar vermehrt, wenn es jeden Monat ein Paar Junge bekommt, und jedesmal die jungen Kaninchen vom zweiten Monat an wieder ein Paar Junge werfen, und so weiter – jeden Monat ein neuer Wurf von immer mehr Elternpaaren:

Monat	1	2	3	4	5	6	7	8	9	10	11	12
Anzahl von Paaren	1	1	2	3	5	8	13	21	34	55	89	144

Die dabei entstehende Serie 1, 1, 2, 3, 5, 8, 13, 21 ..., in der jede Zahl die Summe der beiden ihr vorausgehenden Zahlen ist, unterliegt zahlreichen Gebilden in der Natur,

die – wie etwa bestimmte Blütenblätter oder Tannenzapfen – dieser Sequenz entsprechend angeordnet sind (Phyllotaxis).
Zu den Zahlenspielereien gehören auch die sogenannten »magischen Quadrate«. Es gibt eine Anekdote über die Entdeckung des ersten magischen Quadrates: Im alten China regierte von 2205 bis 2198 v. Chr. ein gerechter und weiser Herrscher, der Kaiser Yü, der sein Reich mit großer Umsicht verwaltete. Konfuzius berichtet, der Kaiser sei einmal damit beschäftigt gewesen, Dämme zu bauen, um den Überschwemmungen des Gelben Flusses Einhalt zu tun. Als er in Gedanken versunken war, erschien ihm eine göttliche Schildkröte, die den Namen Hi trug. Auf dem Rücken der Schildkröte war eine Figur gezeichnet, die mit Zahlzeichen versehen war. In moderne Schriftzeichen umschrieben, sah das Quadrat so aus:

4	9	2
3	5	7
8	1	6

Man sieht sofort, daß das Quadrat um die in China besonders hochgeschätzte Zahl Fünf gruppiert ist. Alle waagerechten und senkrechten Reihen bilden die Summe 15, ebenso wie die Diagonalen. In den Ecken stehen die graden Zahlen, in der Mitte die ungraden.
Dieses Quadrat ist besonders beliebt im Islam, wo man glaubt, daß es die neun Buchstaben enthält, die Adam offenbart wurden, d. h., die ersten neun Buchstaben des arabischen Alphabetes in der alten semitischen Reihenfolge. Die graden Zahlen aber, die in den Ecken stehen, wurden ihrem Buchstabenwert entsprechend als *budūḥ* gelesen, und dieses Wort, das man manchmal als Name eines Geistes auslegte, erscheint dann auch oft allein auf

Mauern und Wällen, um ein Gebäude zu schützen. Das um die Fünf gruppierte Quadrat wurde in der arabischen Überlieferung auch in verschiedener Weise angeordnet, und je der Veränderungen einem der vier Elemente zugeschrieben. So ist das Original das Feuer-Quadrat;

6	1	8
7	5	3
2	9	4

dem Wasser zugeordnet,

2	7	6
9	5	1
4	3	8

der Erde.

Entsprechend werden diese Quadrate dann in der Magie verwendet.
Derartige Quadrate kann man mit jeder arithmetischen Reihe erster Ordnung auf $(k)^2$ Feldern herstellen, also beispielsweise auf 16, 25, 36, 49 usw. Feldern. Solche Quadrate, jeweils mit einer bestimmten Konstante, wurden dann im Mittelalter den verschiedenen Planeten zugeeignet: das Jupiterquadrat besteht aus 16 Feldern, das Marsquadrat aus 25, das Sonnenquadrat aus 36, das Venusquadrat aus 49, das Merkurquadrat aus 64 und das Mondquadrat aus 81 Feldern, während das Saturnquadrat nur 9 Felder hatte, deren Gesamtsumme 45 ist, was interessanterweise dem Zahlwert des arabischen Namens des Saturn, *zuḥal* (7 + 8 + 30) entspricht. Diese in der islamischen Tradition ganz geläufigen Quadrate scheinen im Westen erst im 16. Jahrhundert aufgekommen zu sein, und eines der berühmtesten Beispiele ist das Quadrat, das sich auf Dürers Kupferstich *Melencolia* (Melancholie) findet. Hinter dem ein Symbol darstellenden Engel oder geflügelten Genius, und inmitten verschiedener symbolischer Geräte bemerkt man das Quadrat, das aus 16 Feldern besteht, also ein echtes Jupiterquadrat ist. Die mittleren Zahlen der unteren Reihe ge-

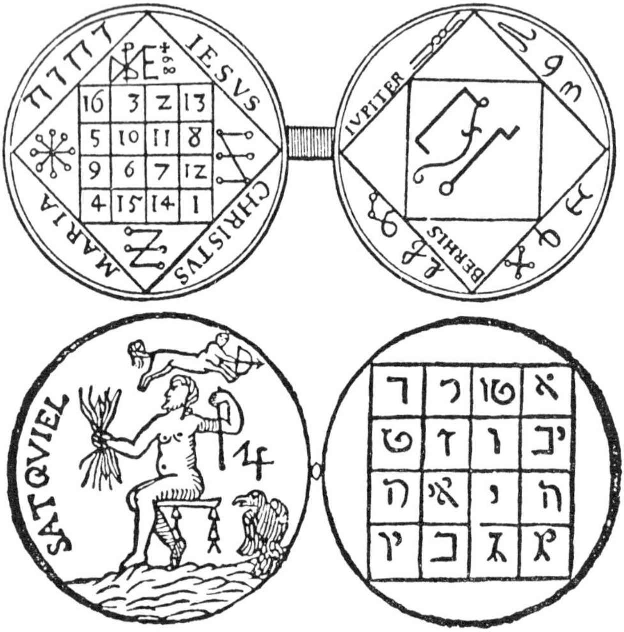

Jupiteramulette. Das Jupiter-Quadrat addiert sich, in Reihen zu 34, zur Gesamtsumme 136. Wenn man diese Tafel zur Zeit der Jupiterdominanz in seiner Planetenstunde auf eine silberne Platte graviert, soll sie Reichtum, Friede und Eintracht bewirken.

ben, zusammen gelesen, das Jahr der Herstellung des Kupferstiches, nämlich 1514. Außerdem hat das Quadrat in allen horizontalen und vertikalen Linien und in den Diagonalen die Jupiter-Summe 34; dies ist ebenfalls die Summe der Eckzahlen des großen Quadrates und die Summe der mittleren Zahlen des von ihm umschlossenen kleineren Quadrates.

Die Araber schrieben den magischen Quadraten beson-

Marsamulette. Die Tafel besteht aus dem Quadrat der Fünf; pro Reihe ergibt sich die Zahl 65, als Gesamtsumme 325. Bei günstigem Stand des Mars auf eine eiserne Platte oder ein Schwert graviert, bringt dieses Amulett angeblich Erfolg bei Rechtsstreitigkeiten und verschafft dem Besitzer den Sieg über seine Feinde.

dere Kraft zu: schon früh ist bezeugt, daß man bestimmte Quadrate einer Entbindenden zeigte und sie ihr dann zur Erleichterung der Geburt auf den Leib legte. Sie finden sich auch auf Schutzhemden für Glaubenskämpfer, vor allem aus türkischem und indischem Bereich; ein solches Hemd mußte von vierzig reinen Jungfrauen hergestellt sein, um wirksam zu sein. Besonders formte man Quadrate aus Gottesnamen oder aus geheimnisvollen

Buchstaben, wie etwa den fünf zu Beginn der 19. Sura vorkommenden isolierten Buchstaben *k-h-y-ʿ-ṣ.* (Zahlenwert 20-5-10-70-80). In manchen Fällen sind es keine ganz echten magischen Quadrate, weil die Summen der Waagerechten und Senkrechten nicht gleich sind, aber oft gelang es doch, ein vollendetes Quadrat aus einem schützenden Gottesnamen zu bilden. So verwendete man z. B. den Namen *matīn,* »Der Feste« als Schutz- und Hilfswort für lahme Kinder: m = 40, t = 400, y = 10, n = 50:

50	10	400	40
40	50	10	400
400	40	50	10
10	400	40	50

Und der Gottesname *ḥafīz,* »Der Bewahrende« wurde zu einem unregelmäßigen Quadrat umgeformt: ḥ = 8, f = 80, y = 10, ẓ = 900, um die Liniensumme 998 zu erhalten.

900	10	80	8
7	81	9	901
12	902	6	78
79	5	903	11

Die Herstellung solcher Quadrate ist von zahlreichen mittelalterlichen arabischen Autoritäten beschrieben worden, unter denen das Kompendium der Geheimwissenschaften, al-Bunis *Schams al-maʿārif* aus dem 13. Jahrhundert besonders herausragt. Man bediente sich der Quadrate und kabbalistischer Zahlen- und Buchstabenverbindungen auch für die Wahrsagung: aus den Zahlwerten eines Namens, eines Datums, eines Ortes, aus denen man die Quersumme zog, die man mit bedeutungsvollen Zahlen wie Sieben multiplizierte oder von denen man gewisse Zahlen subtrahierte, konnte man erfahren, ob eine Ehe glücklich sein würde, ob ein Kranker genesen, ein Reisender unversehrt nach Hause kommen würde.

Die Kunst der Buchstabenausdeutung durch Zahlen, *gematria,* ist schon aus babylonischen Inschriften der Zeit Sargons II (723–705 v. Chr.) bekannt und konnte ins Ungemessene entwickelt werden, wenn man dann noch Worte von gleichem Zahlwert austauschte, innerhalb der Worte Permutationen vornahm, oder aus jedem einzelnen Buchstaben eines Wortes bzw. Namens ein neues Wort ableitete. In der Antike liebte man solche Spielereien, wie der Alexanderroman des Pseudo-Kallisthenes zeigt, und sie wurden ganz besonders gepflegt in der jüdischen Überlieferung, wo Teile der Kabbala aus solchen gematrischen Formeln bestehen, und ebenso in der islamischen Mystik und Magie. Schon Rabbi Eliezer erklärte bald nach der Zeitenwende die Gematria zum 29. der 32 Wege der Interpretation eines Textes und gab ihr damit einen festen Platz im jüdischen Geistesleben. Aber auch im Abendland neigten selbst große Geister zu gematrischen Spielen; die Gleichungen Bonaparte = 82 = Bourbon oder Haeckel = 43 = Kant sind bekannt, und, wie Franz Dornseiff in seinem reichhaltigen Buch sagt, »es stimmt lächerlich oft.« So hat man auch Goethe, Shakespeare und andere Dichter und Denker kabbalistisch ausgedeutet. Diese Art Buchstabenmagie wird in Voraussagungen und in der Traumdeutung verwendet: eine arabische Anekdote erzählt, daß eine Frau geträumt hatte, eine Katze, *sinnaur*, habe ihren Kopf in ihres Mannes Leib gesteckt und etwas mitgenommen. Der Traumdeuter legte das richtig dahingehend aus, daß ihrem Mann 316 Dirhem gestohlen worden seien, denn, so sagte er, der Zahlwert von *sinnaur* ist 316.

Diese Anwendung von Zahlenzauber und Quadraten hat bis zum heutigen Tage nichts an Beliebtheit eingebüßt, wie man z. B. an Erich Bischoffs Buch *Mystik und Magie der Zahlen* sieht, das Anleitungen zur Herstellung von Quadraten und Beispiele von Geburtsquadraten (z. B. von Napoleon, Kaiser Wilhelm II. u. a.) bietet. Doch ist dies ein besonderer Zweig der mathematischen Spielereien, der mehr als alle anderen zu magischen Zwecken gebraucht – oder soll man sagen: mißbraucht worden ist. Eine umfangreiche Literatur besteht über die traditionellen Ausprägungen dieser Künste im islamischen Orient, aber eine wachsende Literatur befaßt sich auch mit der modernen Anwendung solcher magischer Zahlen.

Uns aber geht es hier um die Freude am Spiel mit Zahlen, wie wir sie zum Beispiel im Volkslied und im Kinderlied finden, wo die ersten zehn Zahlen oftmals verwendet werden (natürlich auch in Abzählreimen). Das jiddische Liedchen:

Zehn Brider sennen mir gewesen,
Hobn mir gehandelt mit Wein –
Einer is fun uns geschtorben,
Sennen mir geblibn nain.
... usw.

und sein Gegenstück, unsere »Zehn kleine Negerlein« sind Beispiele für solche Bildung von Zahlenketten, wie sie auch gern im Rätsel und im Kettenmärchen in aller Welt verwendet werden. In der höheren Literatur finden sich ebenfalls solche Spiele, wie etwa in dem persischen

Vers, der die Einmaligkeit des geliebten Wesens besingt:

> Die *zehn* Freunde von den *neun* Sphären und den *acht* Paradiesen, und
> Die *sieben* Sterne von den *sechs* Richtungen schreiben diesen Brief:
> Unter den *fünf* Sinnen und *vier* Elementen und *drei* Seelen hat Gott
> In *beiden* Welten kein *einziges* Idol wie dich geschaffen!

(zu den einzelnen Begriffen s. die entsprechenden Kapitel). Bücher werden in auf- oder absteigender Länge der Kapitel angeordnet: das buddhistische *Angutara-nikāya* bringt die Worte Buddhas in aufsteigender Länge, während der Koran die Suren nach absteigender Länge ordnet, nur eingeschlossen von der kurzen *Fātiḥa* und den beiden Schutzgebeten. Und das gesamte religiöse Wissen konnte in einer solche Zahlenreihe eingeschlossen sein, wie es die Rezitation der Passah Haggada zeigt:
Wer kennt Eins? Ich, spricht Israel, kenne Eins: Eins ist der Ewige, der im Himmel und auf Erde ist.
Wer kennt Zwei? Ich, spricht Israel, kenne Zwei: Zwei sind die Tafeln des Gesetzes, aber Eins ist der Ewige, der im Himmel und auf Erden ist.
Wer kennt Drei? Ich, spricht Israel, kenne Drei. Drei sind die drei Erzväter, die beiden Tafeln des Bundes, aber Eins ist der Ewige, der im Himmel und auf Erden ist.
Wer kennt Vier? Ich, spricht Israel, kenne Vier. Vier sind die vier Urmütter, drei Erzväter, zwei Tafeln des Bundes, aber Eins ist der Ewige, der im Himmel und auf Erden ist.
Wer kennt Fünf? Ich, spricht Israel, kenne Fünf. Fünf sind die Bücher des Gesetzes, vier Urmütter, drei Erzvä-

ter, zwei Tafeln des Gesetzes, aber Eins ist der Ewige, der im Himmel und auf Erden ist.
Wer kennt Sechs? Ich, spricht Israel, kenne Sechs. Sechs sind die Bücher der Mischna, fünf Bücher des Gesetzes, vier Urmütter, drei Erzväter, zwei Tafeln des Gesetzes, aber Eins ist der Ewige, der im Himmel und auf Erden ist.
Wer kennt Sieben? Ich, spricht Israel, kenne Sieben. Sieben sind die Tage der Woche, sechs die Bücher der Mischna, fünf Bücher des Gesetzes, vier Urmütter, drei Erzväter, zwei Tafeln des Gesetzes, aber Eins ist der Ewige, der im Himmel und auf Erden ist.
So geht es weiter bis zur letzten Frage:
Wer kennt Dreizehn? Ich, spricht Israel, kenne dreizehn: da sind dreizehn göttliche Attribute, zwölf Stämme, elf Sterne, zehn Gebote, neun Monate vor der Geburt, acht Tage vor der Beschneidung, sieben Tage in der Woche, sechs Bücher der Mischna, fünf Bücher des Gesetzes, vier Urmütter, drei Erzväter, zwei Tafeln des Gesetzes, aber Eins ist der Ewige, der im Himmel und auf Erden ist.

Kleines Lexikon der Zahlen

Eins
Zahl des Urgrundes

I »Die Einheit durchdringt jede Zahl. Sie ist allen Zahlen gemeinsames Maß. Sie enthält alle Zahlen in sich vereint, schließt aber jede Vielfalt aus. Die ›Eins‹ ist sich immer selbst gleich und unveränderlich, daher sie auch, mit sich selbst multipliziert, sich selbst wieder zum Produkt hat. Sie ist, wenngleich ohne Teile, teilbar. Sie wird aber durch Teilung nicht nur in Teile zerlegt, vielmehr in neue Einheiten. Keine dieser Einheiten ist indessen größer oder kleiner als die ganze Einheit, und jeder kleinste Teil ist wieder sie selbst in ihrer Ganzheit.«

So schreibt der mittelalterliche Mystiker Agrippa von Nettesheim, und wenn seine Beschreibung der Qualitäten der mystischen Eins auch mathematisch nicht standhält, so zeigt sie doch, wie wichtig die Eins im religiösen Weltbild war und noch ist.

Die Eins, geometrisch darstellbar im Punkt, wurde von den Pythagoräern und den von ihnen beeinflußten Denkern nicht als Zahl angesehen. Köbel schreibt 1537: »Darauss verstehstu, das 1 kein Zal ist/ sonder es ist ein gebererin/ anfang/ und fundament aller anderer zalen.« Aus diesem Grunde galt die Eins, obschon eine ungerade »Zahl«, doch als gleichzeitig männlich und weiblich, wenn auch, nach mittelalterlicher Auffassung, dem Männlichen näherstehend. Wenn man sie zu einer männlichen Zahl addierte, ergab sich eine weibliche, und umgekehrt.

Die Eins wurde zum Symbol des Ur-Einen, Nicht-Polaren, Göttlichen; sie umfaßt Zusammenhang, Gesamtheit und Einheit und ruht in sich selbst, doch steht sie hinter allem Geschehen.
Wahre Einheit ist jedoch gar nicht vorstellbar; denn selbst wenn ein Selbst über sich nachdenkt, dann ist schon eine Zweiheit gegeben, nämlich die von Betrachter und Betrachtendem. Was wir mit Eigenschaften belegen, können wir nur deshalb erkennen, weil es polar angelegt ist – groß und klein, hoch und tief, sauer und süß: alle diese sind relativ zu einem Bezugssystem. Die Gottheit aber steht über allem Polaren, sie hat keine Beziehung zu einem Bezugssystem, sie hat absolutes Sein. Das führte die Mystiker dazu, der umfassenden Einen göttlichen Macht mit Negationen zu nahen, wie die indischen Upanischaden den Urgrund nur mit *nēti nēti,* »nicht nicht«, umschreiben, oder die Kabbala das *Ēn Sōf,* das absolut Ur-Eine, kennt, das sich dann in absteigenden Graden manifestiert.
Und für die islamischen Mystiker ist es immer das zentrale Problem gewesen, ob man das Glaubensbekenntnis »Es gibt keinen Gott außer Gott« überhaupt aussprechen könne, ohne die Sünde der »Beigesellung« zu begehen. Erst nach dem völligen Entwerden des Suchers im Göttlichen spricht, wie einige von ihnen formulieren, Gott selbst durch den Menschen das Bekenntnis Seiner Einheit.[2] Eins als das Symbol der Gottheit erscheint in der altindischen Mystik als »der Eine ohne den Zweiten« ebenso wie in der so einflußreichen neuplatonischen

2 S. vor allem Richard Gramlich, »Mystische Dimensionen des islamischen Monotheismus«, in Falaturi-Strolz, hrsg., *Wir glauben an Einen Gott,* Freiburg 1976.

Lehre Plotins (205–270). Gott ist ihm über allen Formen, die stets eine Mehrzahl bilden. Er sagt: »Jede Vielheit ist eine Vielheit von Einheiten, setzt also die Einheit an sich voraus.« Gott als Voraussetzung von allem ist daher der Einheit im absoluten Sinne gleichzusetzen.

Ähnliche Auffassungen finden sich in der altchinesischen Religion, in der die Eins das All, das Vollkommene, das Absolute darstellt, das über allem Polaren steht.

Die Eins ist ein ideales Symbol der Gottheit, weil das Göttliche Geist ist, der mit materiellen Eigenschaften, die immer in der Mehrzahl erscheinen, nichts zu tun hat. Eine solche Eins hat auch keinen Gegensatz; selbst das der Gottheit widerstrebende negative Prinzip wird aufgehoben bzw. in die Einheit integriert. Gott ist als Eins sowohl das absolute Eine wie das in seiner Wesenheit Einzige.

Die indischen Denker der Upanischaden suchten die Einheit hinter der Fülle der Erscheinungen, die nur Emanationen, Wirkungsarten, ja nur Trugbilder vor dem Einen sind, wie es die Mystik immer wieder formuliert hat: »›Vielfach‹ nennen die Dichter, was nur Eines ist. Eins ist das Feuer, das so vielfach aufflammt – eins ist die Sonne, strahlend auf das Weltall«, sagt ein früher indischer Weiser. Rückert hat solchen Gedanken in der »Weisheit der Brahmanen« poetisch Ausdruck verliehen (wobei die letzte Zeile die Formulierung der 112. Sure des Korans aufnimmt):

> So wahr als aus der Eins die Zahlenreihe fließt,
> So wahr aus *einem* Keim des Baumes Krone sprießt,
> So wahr erkennest du, daß der ist einzig einer,
> Aus welchem alles ist, und gleich ihm ewig keiner.

Eine solche, hinter der Mannigfaltigkeit der Erscheinungen liegende Einheit zu erreichen, zur Identität mit dem Einen Prinzip zu gelangen, ist immer das Ziel der Mystik gewesen, wie es in klassischer Form in der altindischen Einheitsformel der Upanischaden, *aham brahmāsmi,* »Ich bin Brahma«, ausgesprochen ist.
Doch steht diesem »mystischen Monotheismus« eine andere Form des Monotheismus gegenüber, die sich gleichfalls der Eins bedient: der sogenannte prophetische Monotheismus, von dem Judentum und Islam am deutlichsten Zeugnis ablegen (das Christentum mit seiner Trinitätslehre wird von den konsequenten Monotheisten hier nicht eingerechnet). Der prophetische, exklusive Monotheismus dürfte sich aus dem Henotheismus entwickelt haben, in dem *ein* hoher Gott über anderen Gottheiten steht – aber der biblische Jahweh lehrt seine Propheten, daß Er, der eine, ein einziger, eifersüchtiger Gott ist, der niemanden neben sich duldet. »Es gibt keine Gottheit außer Gott«, sagt das islamische Glaubensbekenntnis mit aller Schärfe, wobei unter »Gottheiten« alle jene Dinge verstanden werden können, die den Menschen von der absoluten Hingabe *(islām)* an den *einen* Schöpfer, Erhalter und Richter ablenken. Daß sich sowohl im Judentum als auch im Islam später eine mystische, »inklusive« Gottesvorstellung gebildet hat, die sich in den Spekulationen der Kabbala einerseits, dem Sufismus, und hier vor allem der Lehre von der »Einheit alles Seienden« in der Schule des andalusisch-gebürtigen Ibn'Arabi (st. 1240), in mannigfachen Formen ausgeprägt hat, ist bekannt. Aus der prophetisch-nüchternen Feststellung, daß es »keine Gottheit neben dem einen Gott« gibt, wird in diesen Bewegungen schließlich die Formel, daß es »Nichts Existierendes außer Gott« gibt,

und die Schöpfung aus dem Nichts verwandelt sich in eine geheimnisvolle, vielschichtige Emanationslehre, wie in der Kabbala.

Prophetisch-monotheistische Religionsformen sind nicht auf die semitischen Völker beschränkt; der ägyptische König Amenhotep IV. hatte im 14. vorchristlichen Jahrhundert schon eine monotheistische Religion verkündet. Die eine Zeitlang in der Religionsgeschichte vertretene Ansicht, daß es einen »Urmonotheismus« vor allen anderen religiösen Formen gegeben habe (Pater Wilhelm Schmidt), ist nicht haltbar.

Das Christentum, obgleich von den strengen Einheitsreligionen wie Judentum und Islam mit Argwohn betrachtet, legt der Eins dennoch größten Wert bei; heißt es doch im Epheserbrief (4, 5-6): »Ein Herr, ein Glaube, eine Taufe, ein Gott und Vater aller«. Und der *eine* Tempel in Jerusalem deutet auf die *eine* ewige Heimat der Gläubigen hin (Beda Venerabilis). Sehr schön hat der evangelische Mystiker Valentin Weigel das Geheimnis der Eins als Gottheitszahl ausgedrückt: »Das Eine ist ein Beschluß und Begriff aller Zahlen, 2, 3, 5, 10 100, 1 000. Darum kannst du sprechen, daß Eins ist alle Zahlen complicite zusammengewickelt, aber 2, 3, 5, 10, 100, 1 000 ist nichts anderes als eine Auswicklung. Gott will ich vergleichen der ersten und die Kreatur den anderen Zahlen, darum daß Gott einig ist ..., und darum, daß die Kreatur an ihr selbst zweifach ist oder zwei Ansehen hat, als auf sich selbst und auf Gott«. Und Angelus Silesius singt:

> Gleichwie die Einheit ist in einer jeden Zahl,
> So ist auch Gott der Ein' in Dingen überall.

Für die islamischen Mystiker ergab sich durch den Zahlenwert 1 des *alif*, des ersten Buchstabens des arabischen

Alphabets und des Wortes *Allah*, eine wunderbare Möglichkeit zu Sprach- und Zahlenkombinationen: ist es nicht genug, wenn man diesen ersten Buchstaben und seinen Zahlenwert kennt, da er ja alle Weisheit und Kenntnis in sich schließt? Denn wer den Einen Gott erkennt, braucht nichts anderes mehr.

Zwei
Polarität oder Entzweiung

2 Die Zwei ist Zweifel, Zwist, ist Zwietracht, Zwiespalt, Zwitter,
Die Zwei ist Zwillingsfrucht am Zweige; süß und bitter.

So sagt Rückert mit einem genialen Wortspiel in der »Weisheit der Brahmanen« und deutet damit vieles von der »negativen« Seite der Zwei an. Denn die Zwei ist das Auseinanderfallen der absoluten göttlichen Einheit; sie ist die mit der geschöpflichen Welt verbundene Zahl, – »daß die Kreatur an ihr selbst zweifach ist«, wie Weigel sagt.

Überall im Leben zeigt sich die zentrale Stellung solcher Zweispaltung (die jedoch nicht unbedingt ein negativer Zwiespalt sein muß): schon die Möglichkeit des Gesprächs, meiner Anrede an jemanden außer mir, verkörpert die Spannung zwischen dem Ich und Du, die fruchtbar, aber auch verheerend sein kann. Denn die Linie – geometrisches Symbol der Zwei – trennt und verbindet. Sehr typisch ist, daß viele Sprachen den Dual kennen, dessen Eigenarten schon Wilhelm von Humboldt 1828 dargelegt hatte. Man findet diesen Dual, der die Beziehung zwischen zwei Wesen, aber noch nicht zwischen dem Ich und der Vielfalt, ausdrückt, in zahlreichen antiken Sprachen, und Spuren davon sind in gewissen deutschen Dialekten, wie im Westfälischen und Oberbayrisch-Österreichischen, erhalten. Besonders bei persönlichen Fürwörtern sind solche Reste noch erkennbar, auch in den slawischen Sprachen. Das Arabische, um ein Beispiel zu nennen, hat den Dual voll bewahrt.

Eine solche Gegenüberstellung von Ich und Du trägt in sich auch den Gegensatz, und dieser Gegensatz wird besonders sichtbar, wenn sich das menschliche Ich dem absolut gedachten Einen göttlichen Du gegenüber sieht. Denn zu diesem Einen kann ja eigentlich kein Gegensatz gedacht werden. Die Zwei wird so natürlicherweise zur Zahl des Widerspruchs, des Nicht-Göttlichen, und wird als Zwiespalt-Zahl auch kaum je in der Magie angewandt.

Man darf hier nicht an die mathematische Gleichung $1 + 1 = 2$ denken, denn esoterisch und mystisch gesehen gibt es nur das Eine, Unwiederholbare. Ein Gott und noch ein Gott sind zwei Götter, die dem Ideal des Ewigen Einen nicht mehr entsprechen. Deshalb ist in der religiösen und magischen Sprache die Zwei stets das Symbol der Gegenüberstellung zweier nicht göttlicher, sondern relativer Einheiten.

Wiederum gibt Agrippa von Nettesheim eine gute Beschreibung der mystisch-magischen Qualitäten der Zwei: sie ist ... »die Zahl des Menschen, der ›anderer‹ genannt wird, und die Zahl der niederen Welt«. Sie ist die Zahl des Geschlechtes, und des Bösen (denn, wie alle mittelalterlichen Exegeten betonen, fehlt bei der Schöpfungsgeschichte am zweiten Tag die Formel »Und es war gut«). Üble Geister, die die Reisenden belästigen, sollen ebenfalls der Zwei unterstehen. Daß »der zweite« in den skandinavischen Sprachen »andra« heißt, paßt zu Agrippas Formulierung, die freilich den Menschen als »anderen« Gott gegenüberstellt.

Die Zwei ist eine mit der Schöpfung entstehende Zahl. Denn ohne die Polarität, die sie ausdrückt, könnte das

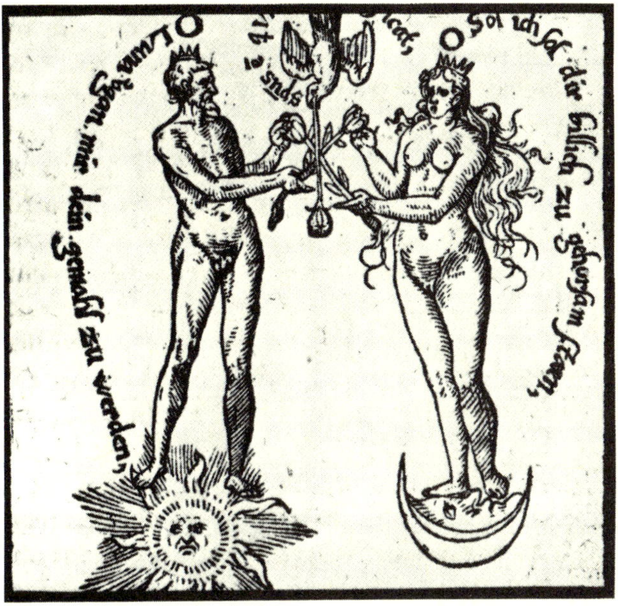

Adam und Eva oder die Vereinigung des männlichen und des weiblichen Prinzips im Zeichen von Sonne und Mond. Holzschnitt, 16. Jahrhundert

Leben nicht bestehen. Wie der elektrische Strom positive und negative Polung braucht, wie das Leben durch Ein- und Ausatmen, durch die Systole und Diastole des Herzschlags weiterbesteht, so ist Zwei mit allen geschöpflichen Erscheinungen verbunden. Goethe, der das Geheimnis der Polarität sehr genau kannte, sagt daher mit islamischer Diktion:

> Im Atemholen sind zweierlei Gnaden ...
> Du danke Gott, wenn er dich preßt
> Und danke ihm, wenn er dich wieder entläßt.

Gott manifestiert sich als *mysterium tremendum* und *mysterium fascinans*, wie Rudolf Otto in seinem Buch *Das Heilige* darlegt, wie aber die islamische Tradition seit alters weiß: Gott zeigt seine Schönheit *(dschamāl)* und Majestät *(dschalāl)*, seine Huld und seinen Zorn, die beide auf seine unerreichbare Vollkommenheit deuten. Die islamische Mystik sieht, ähnlich der kabbalistischen, im zweiten Buchstaben des Alphabets, *b*, mit dem Zahlwert Zwei, den Hinweis auf die geschöpfliche Welt. Und wie die Bibel mit dem *b* des *be reschīth*, »Im Anfang ...«, beginnt, so beginnt der Koran mit dem *Bismillāh*, »Im Namen Gottes«, – beide Male wird das heilige Buch durch diesen Buchstaben der Welt mitgeteilt.
Ein besonders schönes Symbol für diese geschöpfliche Zweiung bringt der persische mystische Dichter Dschelaluddin Rumi, der Gottes schöpferisches Wort *kun*, »Sei!« (geschrieben *kn*) mit einer Schnur aus zwei Fäden (also im wahrsten Sinne einem »Zwirn«) vergleicht, die in allen Erscheinungen sich zeigt, aber dem Wissenden den Weg zu der hinter der Welt der Gegensätze verborgenen einen Wahrheit weist.
Wohl die umfassendste Darstellung der Polarität, aus der sich das Leben aufbaut, hat die chinesische Religion im Symbol des *yin* und *yang* gefunden. Die beiden Kräfte symbolisieren Aktives und Passives, Männliches und Weibliches, Befruchtendes und Befruchtetes, Feuer und Wasser. Die Beziehungen zwischen ihnen sind aufs Feinste ausgewogen, und wenn der oberste Gott, in einer späteren Entwicklung, ebenso wie der oberste Herrscher mit dem *yang*-Prinzip verbunden wurde, so war das *yin* im Mond, dem Wasser und der Kaiserin verwirklicht. Es gibt nichts in der Welt, in dem sich das Zusammenwirken von *yang* und *yin* nicht zeigt, und die zwei Arten der

Links: Yin und Yang, in China die Naturkräfte des Weiblichen (des Dunklen) und des Männlichen (des Hellen), beide aus dem Ur-Einen (T'ai-chi) entstanden. Aus der Vereinigung dieser polaren Kräfte entstehen die fünf Wandelkräfte und aus ihnen wiederum die »zehntausend Dinge«.
Rechts: Darstellung der dyadischen Zahlenfolge, des von Leibniz entdeckten binären Systems. Rückseite einer Gedenkmünze (im Entwurf), deren Sinnbildlichkeit Leibniz so beschreibt: »Habe darauf entworfen Licht und Finsternis, oder nach menschlicher Abbildung den Geist Gottes über dem Wasser... Und kommt solches um so mehr zu passe, weilen die leere Tiefe und wüste Finsternis zu Null und Nichts, doch der Geist Gottes mit seinem Licht zum allmächtigen Eins gehöret« (Brief vom 2. 1. 1697 an Herzog Rudolf August von Braunschweig)

Stäbchen im I-Ging-Orakel legen von der hochentwikkelten Kunst einer psychologisch durchdrungenen Wahrsagung Zeugnis ab.
Die Erfahrung, wie stark das böse Prinzip in der Welt wirkt, hat in manchen Religionen einen reinen Dualismus entstehen lassen – das bekannteste Beispiel ist die Zweiheit von Ahura Mazda, dem lichten Gott, und Ahriman, dem Finsteren, in der altpersischen Religion – ein Gegensatz, der sich durch die ganze Schöpfung erstreckt, wo jedes Wesen einer dieser beiden Kräfte zugeordnet war. Doch erst in den gnostischen Systemen, vor

allem im Manichäismus, wurde das Gute ausschließlich mit dem Geistigen, das Böse mit dem Materiellen verbunden.

Wenn die mystischen Religionen in der Zwei den negativen Charakter, die Spaltung der ursprünglichen Einheit des Seienden in getrennte Kategorien betonen, haben die prophetischen Religionen doch eben in dieser Spannung einen positiven Wert gefunden. Nicht das Verschmelzen der Kreatur mit dem göttlichen Urgrund ist das Ziel, sondern der Dialog, die Erfahrung des Ich-und-Du im Gebet. Es ist gerade die ständige Sehnsucht, das Wissen um die zumindest in diesem Leben unaufhebbare Trennung zwischen Gott und Geschöpf, das die Dichter beredt macht:

> Ich möchte Dir nimmer so nah sein,
> Daß ich mich nach Dir nicht sehnte,

singt Rudolf Alexander Schröder, und unter den muslimischen Denkern hat Muhammad Iqbal (st. 1938 in Lahore) in immer neuen Bildern die Fruchtbarkeit der Sehnsucht und die Gefahr unfruchtbarer Ruhe der mystischen All-Einheit besungen.[3] Doch die Sehnsucht nach einer Einigung der in der Schöpfung getrennten Prinzipien durchdringt die meisten Religionen.

> Und ein zweites Wort, ›Es werde!‹
> Trennt uns nicht zum zweitenmal,

heißt es bei Goethe in einem alte Symbolik verwendenden Bild. Und ist »Trennen« nicht »Teilen«, Zweiteilen, nämlich *dividere?*

In vielen Kulturen wurde der polare Gegensatz des Männlichen und Weiblichen (wie etwa das Zusammenwirken von *yang* und *yin*) unter dem Bild der geschlecht-

---

3 S. Annemarie Schimmel, *Gabriel's Wing*. Leiden 1963.

Gottes Hand reicht Moses auf dem Berge Sinai die beiden Bundestafeln. Miniatur aus dem Machsor Parma, dem jüdischen Festgebetbuch, von 1450

lichen Einigung gesehen, und im Tantrismus wird versucht, die Ur-Einheit des Übergeschlechtlichen durch den Geschlechtsakt wieder zu erreichen.

Der Hinduismus bietet die besten Beispiele dafür, daß der Gott seine *schakti*, seine weibliche »Kraft«, benötigt. Selbst die tiefsten mystischen Texte, wie die Upanischaden, vergleichen die Erfahrung der Ureinheit mit dem Liebesakt: »Wie einer, von einem geliebten Weibe umschlungen, nicht mehr weiß, was innen und außen ist ...«, so weiß auch der Mystiker am Ende nichts mehr von der Zweiheit von Gottheit und Geschöpf. Die Kabbala kennt den *hieros gamos*, die heilige Verbindung der männlichen und weiblichen Gewalten, in den Paaren zeugender und empfangender Potenzen in Gott, am

deutlichsten in der Verbindung der neunten, *yessod,* mit der zehnten Sefira, der Schechina (Scholem, S. 40).
Es ist kein Wunder, daß in vielen Religionen der Urmensch als androgyn, als »Zwitter«, dargestellt wird und daß in manchen indischen Standbildern die Gottheit als zweigeschlechtig erscheint. Selbst in der germanischen Religion gab es, laut Tacitus, ein ursprüngliches Androgyn, Twisto, den Vater des Manno, des »männlichen« Menschen, obwohl sonst die Zwei im Germanischen kaum eine Rolle spielt. Die Wiederherstellung dieser ursprünglichen Einheit als eines Zustandes höherer Vollkommenheit wird in einem Agraphon Jesu angedeutet, das von Clemens von Alexandrien außerhalb der Evangelien überliefert wird: »Da fragte ihn (Jesum) Salome: ›Wann wird Dein Reich kommen?‹ Und der Herr sprach: ›Wenn zwei eins, wenn das Männliche weiblich geworden ist und es nichts Weibliches mehr gibt‹.«
Denn die Zweiheit soll überwunden werden. Sie ist ja, wie die Bibel und ihr folgend die Kabbala, weiß, entstanden, als der Mensch vom Baum der Erkenntnis aß, als er gewahr wurde, daß es Gut und Böse, Leben und Tod gibt. »Und so bringt ihr euch ja selbst in Gefahr, weil, was vom Baume der Erkenntnis stammt, die Zweiheit in sich trägt«, schreibt der Sohar.
Die Kirche kannte solche negative Interpretation der Zwei ebenfalls – sie ist ein Abweichen von der Einheit, vom »Ersten Guten«. Heißt es nicht, daß je zwei unreine Tiere in die Arche genommen worden seien? Es ist die Zahl der Häretiker, jener, die nach Gregor dem Großen *duplex cor* sind, »zwei Herzen« haben und sich nicht ganz dem Evangelium beugen.
Die Verwendung der Zwei für Unzuverlässigkeit ist auch sonst häufig; persisch »zweifarbig« ist »heuchlerisch«,

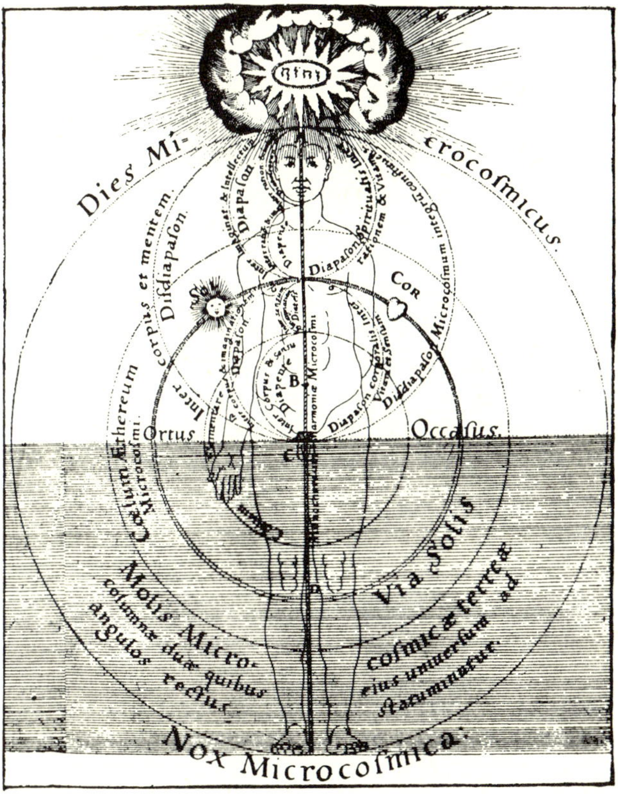

Die Tages- und die Nachthälfte des Menschen. Diagramm aus dem Werk des geistigen Vaters der Freimaurerei, Robert Fludd, »Utriusque cosmi, majoris et minoris, metaphysica, physica atque technica historia« (1617). Gott habe die Gegensätzlichkeit der Dinge in die Welt hineingebracht, Licht und Dunkel, Form und Materie; daher sei die Welt – so Fludds Lehre – als Mischung der gegensätzlichen Prinzipien zu erklären, der Mensch als Teil des Mikrokosmos darin eingeschlossen.

und der Araber nennt den Heuchler »Vater zweier Zungen« – unser »doppelzüngig«. Gleichfalls gehört das *Ambi*valente in den Bereich des Unklaren.
Allerdings kann die Zwei in der christlichen Exegese auch auf die beiden Gebote der Gottes- und Nächstenliebe deuten, die sich wiederum in die je zwei Gebote des Glaubens und Handelns und der Geduld und Güte aufspalten lassen. Auch die *vita activa* und *vita contemplativa,* wie sie in Rachel und Lea, Martha und Maria symbolisiert war, gehört zu dieser polaren Zwei. Die Urmütter Lea und Rachel wurden im Kreis des Kabbalisten Isaak Luria als Aspekte der im Exil klagenden und doch mit dem Herrn vereinigten Schechina angesehen, zu deren Ehre die zweifache Mitternachtsklage ertönt. Die zwei Gesetzestafeln, die Moses erhielt, weisen gleichfalls auf die Doppelheit menschlicher Pflichten hin.
Die Furcht vor der Zwei ist im Volksglauben, vor allem des Orients, weit verbreitet. Man sollte nicht zwei Dinge gleichzeitig tun, zwei Paare am gleichen Tag verheiraten und Doppelverbindungen zwischen Familien – zwei Brüder heiraten zwei Schwestern – vermeiden. Auch sollten nicht zwei verwandte Familien in einem Raum wohnen. Das jüdische Gesetz warnt den Mann auch, »nicht zwischen zwei Frauen, zwei Hunden oder zwei Schweinen hindurchzugehen«, ebenso wie zwei Männer nicht eines dieser Geschöpfe zwischen sich vorbeilaufen lassen sollten. Die christlichen Fellachen Ägyptens lassen nie zwei Kinder am gleichen Tag in der gleichen Kirche taufen, weil man fürchtet, eines davon könne sterben. Dieser Glaube findet sich ebenfalls in Teilen des Balkans, wo auch zwei Menschen nicht gleichzeitig aus derselben Quelle trinken sollen.
Besonders Zwillinge sind mit einer Aura des Geheimnis-

vollen umgeben. In Britisch Columbien werden den Eltern von Zwillingen gewisse Tabus auferlegt, denn man glaubt, daß Zwillinge Wasser, Regen und Wind beherrschen und ihre Wünsche von überirdischen Mächten erfüllt werden. Als Regenbringer erscheinen Zwillinge auch bei einigen Bantustämmen. Und in gewissen Kulturkreisen wurden Zwillinge, oder einer von ihnen, getötet.

Die Sonderstellung der Zwei läßt sich auch sprachlich – nicht nur beim Dual – erkennen: zahlreiche Zweiergruppen haben Sondernamen: die Zwillinge gehören hierher, ein Joch Ochsen, ein Paar Schuhe u. a. Man spricht vom Duett, und im Englischen sind zwei Rebhühner *a brace of partridge*.

Ebenso wie unser Wort Zweifel die Wurzel zwei in sich trägt, so auch das lateinische *du-bius* mit seinen Ableitungen (*doubt* im Englischen), und die zahlreichen Komposita mit *dis-*, – wie Englisch *discord* – weisen auf die gleiche trennende Eigenschaft der Zwei hin. Und wie unerfreulich ist das Zwielicht, oder eine zwielichtige Gestalt!

Trotz der Notwendigkeit der Polarität für den Fluß des Lebens steht doch im zahlenmystischen Weltbild die Zwei auf der Seite des Negativen, der Zwietracht und Entzweiung und bedarf einer überhöhenden Macht, um die Spaltung der Welt zu überwinden. Und so gelangen wir von der heiligen Einfalt über den Zweifel *(zwifal)* zur Dreifaltigkeit ...

Drei
Die umfassende Synthese

3 Dreimal dürfen Sie raten: warum heißt es in unserem Sprichwort: »Aller guten Dinge sind drei«? Und warum meint der Psychologe: »Drei macht wieder gut, was die Zwei angerichtet hat«? Der Grund ist, daß »die Dreiung zur neuen Integration führt, welche die vorhergegangene Zweiung nicht verneint, sondern überwindet,« (Paneth), wie das Kind ja ein bindendes Drittes zwischen dem männlichen und dem weiblichen Elternteil ist.

Drei steht über dem Gegensatz der Zwei, wie es sich noch in unserer Redensart vom »Lachenden Dritten« zeigt, und wie der Reim meint:

> Wenn sich ihrer zwei
> streiten um ein Ei,
> steckt's der Dritte bei.

Das Geheimnis der Drei ist oft besungen worden, so im 16. Jahrhundert von dem französischen Denker Du Bartes, dessen *Sepmaine* (1578) Joshua Sylvester ins Englische übertrug. Hier heißt es von der Drei:

> The eldest of odds, God's Number properly ...
> Heaven's dearest number, whose inclosed center
> Doth equally from both extremes extend,
> The first that hath a beginning, midst, and end.

Wenn bald nach dem Kriege der Marburger Theologe Wolfgang Philipp seine Habilitationschrift mit dem Titel »Trinität ist unser Sein« vorlegte, deutete er auf die allem

Leben innewohnende Tendenz zur Dreierbildung hin, von der schon Cassirer in seiner *Philosophie der symbolischen Formen* (1923) geschrieben hatte: »Das Problem der Einheit, die aus sich heraustritt, die zu einem ›Anderen und Zweiten‹ wird, um sich schließlich in einer dritten Natur wieder mit sich zusammen zu schließen – dieses Problem gehört zu dem eigentlichen geistigen Gesamtbesitz der Menschheit. Wenn es in dieser rein gedanklichen Fassung erst in der spekulativen Religionsgeschichte heraustritt, so zeigt doch die allgemeine Verbreitung der Idee des ›Dreieinigen‹ Gottes, daß für diese Idee irgendwelche letzten konkreten Gefühlsgrundlagen bestehen müssen, auf die sie zurückweist und aus denen sie immer aufs Neue erwächst.«

Wolfgang Philipp aber, für den alles Sein aus tripolarer Ergriffenheit besteht und sich in Welle, Strahlung und Verdichtung manifestiert, meint: »Weil wir seinsmäßig tripolar gebaut sind, darum sind wir in korrespondierenden Dreiheiten existentiell ›zu Hause‹; darum sind Dreiheiten ›gute Dinge‹, und wir selbst sind guter Dinge, wenn wir in ihnen unser Gesetz aktivisch-medial-passivisch vollzogen und besiegelt finden.« (S. 189).

Schon rein sprachlich läßt sich vielfach der Unterschied zwischen von zwei Personen begangenen Handlungen und denen, die von mehreren begangen sind, nachweisen, nämlich durch die Verwendung von Dual und Plural.

In einem reichhaltigen Aufsatz hat Raimund Müller 1903 versucht, die Wichtigkeit der Drei in Sage, Dichtung und Kunst zu erklären, und hat darauf hingewiesen, daß sich aus der Naturbetrachtung mühelos die Dreiheit erfahren läßt: der Mensch sah Wasser, Luft und Erde, welche Erfahrung sich dann zu der Vorstellung dreier Welten erhob (so im Germanischen Midgard, Asgard und Niflheim); er sah drei Aggregatzustände (fest, flüssig, gasförmig), fand drei Gruppen geschaffener Dinge (Mineralien, Pflanzen und Tiere), und entdeckte an den Pflanzen Wurzeln, Schaft und Blüte, wie an der Frucht Schale, Fleisch und Kern; die Sonne erschien ihm in ihrer Morgen-, Mittags- und Abendgestalt. Ja, alles Erfahren spielte sich innerhalb der Raumkoordinaten lang, hoch und breit ab: die Welt unserer Wahrnehmung ist dreidimensional. Das gesamte Leben erscheint unter dem dreifachen Aspekt von Anfang, Mitte und Ende, der sich als Werden, Sein und Vergehen abstrahieren läßt, und ein vollkommenes Ganzes formt sich aus Thesis, Antithesis und Synthesis. Man darf auch an die drei Grundfarben Rot, Gelb und Blau denken, aus denen sich die ganze Farbvielfalt mischen läßt.

Die Drei ist, wie schon das zitierte, auf pythagoräischen Gedanken beruhende Gedicht zeigt, die erste Zahl, die Anfang, Mitte und Ende hat, und die einzige, die jeweils *eines* dieser Glieder besitzt.

Seit ältester Zeit haben die Denker die Entfaltung des Einen in die Vielheit mit besonderer Betonung der Drei zu erklären versucht. Wie Laotse sagt: »Das Tao erzeugt die Einheit, die Einheit erzeugt die Zweiheit, die Zweiheit erzeugt die Dreiheit – die Dreiheit erzeugt alle Dinge«, so hatten die Pythagoräer die Teilung der undifferenzierten Einheit in zwei entgegengesetzte Kräfte zur Schaffung der Welt und die endliche Drei-Einigung zur Erzeugung des Lebens postuliert. Und für Dante stellt die Drei (wie sie sich ihm in der Trinität verkörperte) das Prinzip der Liebe dar, das ist: der synthetischen Kraft. Diese Stellung der Drei hat in der Religionsgeschichte zur Annahme zahlreicher trinitarischer oder auch dreige-

Die Trinität, Vater, Sohn und Heiliger Geist, die ausschließlich Personen »in Gott« sind. Holzschnitt eines Stundenbuches, Paris 1524

staltiger Gottheiten geführt. Schon im Sumerischen finden wir Anu – Enlil – Ea (Himmel, Luft, Erde) und im Altbabylonischen die astrale Dreiheit Sin (Mond), Schamasch (Sonne) und Ischtar (Venus). Zu dieser obersten Dreiheit wurden dann noch vier weitere Planetengötter gezählt und so die heilige Sieben erreicht. Die Sonne hat ihren Thron in der Unterwelt, während der Mond, die altsemitische Zentralgottheit, als Vollmond am Höchstpunkt seines Laufes in der Ekliptik steht. (Man kann hier auch an die griechische Hekate denken, die im Himmel als Selene (Luna), auf Erden als Diana und in der Unterwelt als Hekate auftritt, dasselbe Wesen und doch dreifaltig ist). Erscheint nicht auch Maria in dreifacher Gestalt – als »Jungfrau, Mutter, Königin«?
Eine Dreiheit der Götter findet sich im Altindischen, obgleich sie im Ṛgveda noch nicht so ausgeprägt ist – dort gibt es jedoch zahlreiche Göttergruppen in Dreiheiten (Agni, Soma, Gandharva), und die drei Aspekte der Sonne sind ebenso wichtig wie die drei Schritte Vischnus, die sie symbolisieren. Es erscheinen auch häufig Gruppen von $3 \times 11 = 33$ Gottheiten, die im *Mahabhārata* auf 33 333 anwachsen. Doch kristallisiert sich dann die große Dreiheit Brahma (Schöpfer), Schiva (Zerstörer) und Vischnu (Erhalter) heraus, die später als Aspekte der einen, unerreichbaren Realität erklärt werden. Die Etrusker hatten eine Göttertrias; besser bekannt ist die homerische Trias der griechischen Götter: Zeus, Athene und Apollo, wie Homer ohnehin Triaden und Enneaden auf göttliche Dinge und Ereignisse anwendet.
Die Einführung des Zeitgottes Zurvan oder des Mithras in den strengen Dualismus der altpersischen Religion zeigt, wie man auch dort einen Mittler des Gegensatzes zwischen Ahura Mazda und Ahriman suchte.

Die Edda kennt eine alte Göttertrias, von der es in den Schöpfungsstrophen in »Der Seherin Gesicht« heißt:

Sinn gab Odin
Seele Hönir
Leben Lodur
und lichte Farbe.

Doch noch vor diesen waren es Odin, Wili und Weh, die die chaotische Materie, symbolisiert im Urriesen Ymr, überwanden und aus seinen Körperteilen die Welt schufen.

Ägypten kennt die Trias ebenfalls: in der thebanischen Staatsreligion sind Amun, Chonsu und die Mut die drei Hauptgötter, in den Mysterienreligionen Isis, Osiris und deren Sohn, der Erlöser Horus. Im Mahayana-Buddhismus gibt es Amida, Sheishi und Kwannon.

Hasen, die Symbole der Dreifaltigkeit, die allzeit wacht, alles sieht und alles hört. Die an den Ohren zu einem Dreieck geformten Hasen finden sich auf einem Fenster im Dom von Paderborn. Auch Dürers Bild »Die heilige Familie mit den drei Hasen« gibt Hinweise auf die Trinität: ein Hase legt dem anderen die Pfote auf die Schulter und zeigt auf den davoneilenden dritten (d.h. auf Gottes Sohn, der sich der Erde zuwendet).

Der christliche Trinitätsbegriff fügt sich also in die allgemeine Religionsgeschichte ein. Er ist ja erst im Laufe der ersten christlichen Jahrhunderte entwickelt worden. Hopper (S. 73) hat das Problem so dargestellt: »Die wichtigste doktrinäre Schwäche des Christentums war, wie die Arianische Häresie bezeugt, die Zweiheit der Gottheit. Der Sohn war der erste Schritt zu einer Lösung, doch die Hinzufügung der dritten Person, des Heiligen Geistes, bot dann den unangreifbaren Beweis für die Einheit ... Daß Vater und Sohn Eines waren, war sowohl aus numerischen als auch philosophischen Gründen fragwürdig. Aber Vater, Sohn und Heiliger Geist waren fraglos Eins eben dadurch, daß sie drei waren.« Und dieses Geheimnis der Drei-Einheit hat Dante meisterhaft im Aufbau seiner *Divina Commedia* symbolisiert, wobei ihm die Form der dreigliedrigen Terzine als ideales Maß diente.

Daß die Trinität bildlich kaum darzustellen ist, beweisen mittelalterliche Gemälde oder das Dreifaltigkeitsrelief zu Plau in Mecklenburg. (Ein ähnliches Gebilde auf dem Mosaikboden des Domes in Hildesheim ist von Papst Urban VIII 1628 als ketzerisch verboten worden.)

Zahlreiche niedere Gottheiten erscheinen in Dreiergruppen, wie etwa die Schicksalsmächte der Moiren und Nornen, die Werden, Sein und Vergehen beherrschen. Aber auch das Triumvirat, die Herrschaft dreier Männer, gehört hierhier, sowie die bekannte Tatsache, daß *tres faciunt collegium:* durch die Dreizahl ist die Möglichkeit einer Entscheidungsbildung gegeben.

Die Drei wurde in Philosophie und Psychologie sehr häufig als Einteilungszahl verwendet. Zeit, Raum und Kausalität sind die Typen menschlicher Wahrnehmungs- und Denkmöglichkeit, und die Kategorien Augustins: Sein,

Die Trinität im sog. Vierpaß. Teil des Titelbildes zur englischen Lothian-Bibel, um 1220. Gottvater trägt die Züge Christi; aus dem Schoß emporgewachsen sein Sohn. Zwischen ihren beiden Köpfen das Symbol des Heiligen Geistes, die Taube.

Erkennen und Wollen, sind allgemein akzeptiert, so wie das Gute, Wahre, Schöne seit Platos Tagen ein Ideal bilden.
Die indische Chandogya-Upanischad kennt Gruppen von Drei (Hören – Verstehen – Wissen: aber auch entsprechend Lehm – Gold – Eisen; weiß – schwarz – rot). Drei sind es, womit die Welt nach Lehre des Sohar erschaffen wurde: Weisheit, Vernunft und Erkenntnis,

manifestiert in den Urvätern Abraham, Isaak und Jakob; drei Wege kennt der Manichäismus, drei Pforten auch der Gralstempel: die Pforte des rechten Glaubens, der Keuschheit und der Demut.

Substanz, Form und Wirkung stehen gegenüber den Hegelschen drei Seinsarten von Ansichsein, Dasein und Fürsichsein. Die Kabbala wiederum sieht in der obersten Triade der zehn Sefiroth die Potenzen der Erkenntnis, in der mittleren die Urmächte des seelischen Lebens, und in der unteren Triade die Urmächte des vitalen Daseins.

Man kennt eine Dreigliederung geistiger Tätigkeit in Denken, Wollen und Fühlen und eine biologische Dreigliederung innerkörperlicher Prozesse. Und wenn die mittelalterliche Alchemie von drei im Menschen wirkenden Stoffsymbolen spricht, so teilt die moderne Chemie die Stoffe in Säuren, Basen und Salze, und die Physik beruht auf den Beziehungen zwischen Masse, Kraft und Beschleunigung. Die Dreigliederung in Geist, Leib und Seele ist vom Hellenismus in die westliche und islamische Kultur übergegangen, und entsprechend dem Koran teilt der Sufismus die »Seele« ein in die »zum Bösen anreizende«, die »tadelnde« und die »zur Ruhe gelangte Seele«. Drei Eigenschaften (*triguna*) hat die Materie auch nach indischer philosophischer Anschauung in der Samkhya-Erlösungslehre: das sind *tamas, radschas* und *sattva*, das Finstere, Bewegte und Seiende. Doch die grundlegenden Werte der Fülle des *einen* Göttlichen waren in den jüngeren Upanischaden *sat – čit – ananda*, Sein, Denken und Wonne.

Und eine der reizendsten Überlieferungen über die drei Aspekte des menschlichen Lebens erzählt Rückerts poetische Version der Geschichte des islamischen Philosophen und Musiktheoretikers Farabi (st. 950):

Die drei heiligen Madel. Münchner Lebkuchenfigur. Von hier läßt sich ein Weg zu den heiligen Jungfrauen der christlich volkstümlichen Verehrung und zu den keltischen Muttergottheiten zurückverfolgen. Der Kult der irischen »drei Brigitten« z. B. war so wirksam, daß das späte Christentum ihn tolerierte und die drei Brigitten nach und nach in die *heilige Brigit* verwandelte: heute noch die Schutzheilige aller irischen Frauen.

... Auf der Laute spielet er
drei verschiedne Töne so,
daß er mit dem einen Ton
alle Hörer lachen macht,
mit dem andern Tone dann
alle Hörer weinen macht,
endlich mit dem dritten Ton
alle Hörer senkt in Schlaf ...

Selbst in den absoluten Monotheismus des Islam sind Triaden eingedrungen – die schiitische Erweiterung des Glaubensbekenntnisses »Es gibt keinen Gott außer Gott, Muhammad ist der Gesandte Gottes, Ali ist der Freund Gottes« führte zu unzähligen dekorativen Verwendungen der Dreiheit Gott-Muhammad-Ali, und in einigen extrem-schiitischen Gruppen werden selbst Muhammad, Ali und der Perser Salman triadisch zusammengefaßt. Besonders in der Sekte der Ahl-i Haqq, die vor allem in Kurdistan verbreitet ist, wird die Drei weitgehend in kosmogonischen Mythen verwendet. Wenn zu der koranischen Gliederung in *islām*, »Hingebung«, und *īmān* »Glaube« in der prophetischen Tradition noch *iḥsān*, »Gut tun« trifft, so wird auch hier der dreifache Aspekt der Religion deutlich. Die Sufis, die den Pfad in »Gesetz«, »mystischer Pfad« und »Realität« einteilen, stehen ihren christlichen Kollegen gleich, die von der *via purgativa*, der *via contemplativa* und *via illuminativa* sprechen. Auch der Sufi weiß, daß Gedenken und Gottgedenkender im Objekt des Gedenkens eins werden, und daß Liebender und Geliebter in dem umfassenden Begriff der Liebe zusammenfließen. Einteilungen sufischer Sprüche in drei Glieder sind ebenso häufig wie die Gruppierung der Hörer in gewöhnliche Menschen, Elite und die »Elite der Elite«.

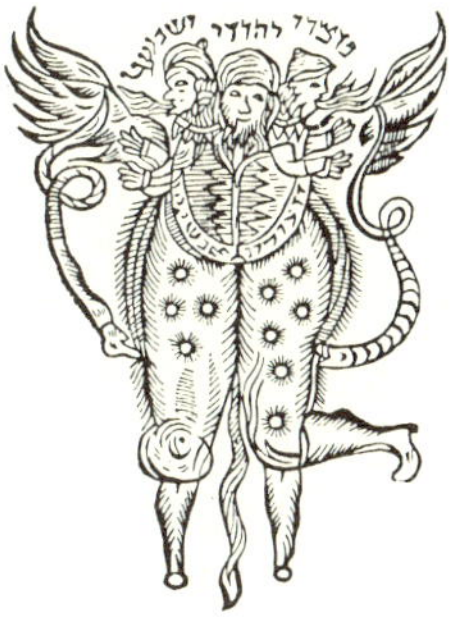

»Die drei Religionen sind eins.« Links: Die chinesischen Lehrer bzw. Religionsstifter Konfuzius, Schakyamuni-Buddha und Laotse. Steingravierung. Rechts: Christ, Jude und Muslim zu einem Bekenntnis vereint. Aus dem »Haschimmusch« des Jacob Emden.

Mit der dreifachen Einteilung von Weisheitsworten kommen wir zu Erscheinungen wie dem buddhistischen *Tripitaka*, den »drei Körben« der Lehre, wie der Buddhismus auch die doktrinale Triade der zur Rettung notwendigen Begriffe *Buddha, dharma* (Lehre), *samgha* (Gemeinde) kennt, ja, auch eine Lehre von den »drei Körpern« *(trikāya)* des Buddha entwickelt hat. Daß man drei Weltanschauungen in einer Triade zusammenfaßt, gilt nicht nur für das alte China (Konfuzianismus, Taoismus, Buddhismus), sondern auch für unsere Umgangssprache: Christen, Juden und Heiden, oder, differenzierter, Protestanten, Katholiken und Juden. (Diese Einteilung spiegelt sich in den modernen Witzen wider, in denen ein Pfarrer, ein Priester und ein Rabbi zusammen auftreten).

Bei der Betrachtung der Drei darf nicht vergessen werden, daß sie in manchen Kulturen einfach als Zeichen für

»viel« steht, nämlich als die Zweiheit überschreitend. Schon Aristoteles sagt, Drei sei die erste Zahl, auf die der Ausdruck »alle« zutrifft. Die Drei ist kumulativ: was dreimal passiert, wird Gesetz. Auch im Altägyptischen »war die Drei offenbar einmal die obere Grenze der exakten Zählung und zugleich Ausdruck der unbestimmten Vielheit« (Hartner); die ägyptische Pluraldeterminante sind drei Striche. Aus dieser Verwendung wird verständlich, daß die Drei einen Superlativ bedeutet – *terfelix*, »dreimal glücklich« oder *trismegistos*, »der Dreimalgrößte«, gehören hierher, und bei antiken Göttern dienen Dreizack und dreifacher Donnerkeil zur Betonung ihrer Macht. »Am schönsten« ist »schöner als schön.«

Die umfassende Drei wird daher oft zur Rundzahl – Jonas ist drei Tage im Bauche des Fisches; die ägyptische Finsternis währt drei Tage; es sind drei Jünglinge im feurigen Ofen; Paulus fühlt noch drei Tage nach seiner Bekehrung die Nachwirkungen der Ekstase.

Gleicherweise sind Gruppen von Dreiern, die sich überall im Alten und Neuen Testament, aber ebensogut in der allgemeinen Volksliteratur finden, häufig eher Rundzahlen denn mystische Zahlen: drei Söhne Adams, drei Söhne Noahs, drei Erzväter zählen ebenso dazu wie die drei besten Ritter, drei stärksten Riesen oder die drei besten Liebespaare.

Allerdings muß man auch, besonders im christlichen Bereich, auf die besondere Heiligkeitsfunktion der Drei achten. Es heißt, Ignatius von Loyola habe jedesmal Tränen vergossen, wenn er eine Dreizahl oder etwas Dreifaches bemerkte, da ihn das an die Dreifaltigkeit erinnerte.

Eduard Norden hat in seinem Werk *Agnostos Theos* mit

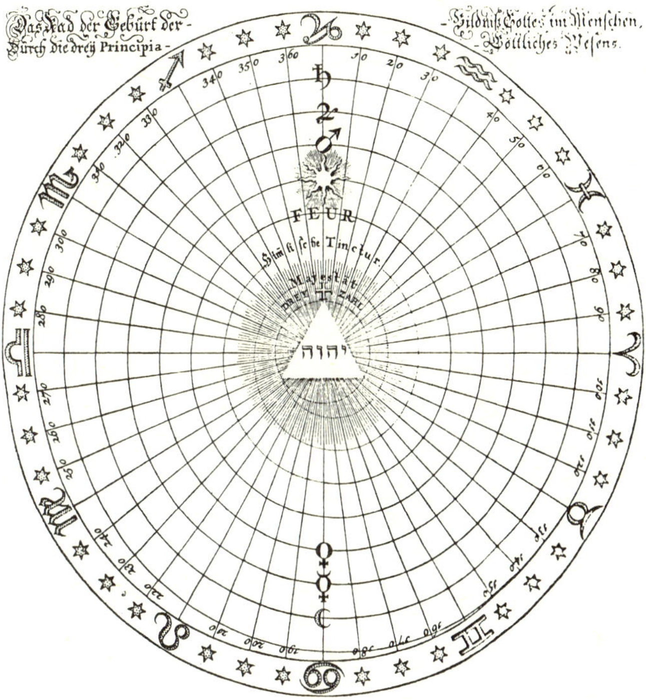

Jacob Böhme, Vom dreifachen Leben des Menschen bzw. Beschreibung der drei Prinzipien göttlichen Wesens (Schriften 1618/19). Faltblatt in der Gesamtausgabe »Alle göttliche Schriften«, 1730–31.

Recht festgestellt, »daß die mystische Kraft der heiligen Drei ... sich auch auf die Formelsprache des religiösen Denkens erstreckt hat«.

Eine Dreigliederung der Worte Jesu findet sich vor allem im Johannesevangelium. Die Auferstehung geschieht am dritten Tag, und der Auferstandene erscheint seinen Jüngern dreimal. Nicht umsonst sind es die Heiligen Drei Könige, die nach Bethlehem kommen. Doch auch die paulinischen Briefe und die Apokalypse sind erfüllt von »abrollenden Triaden«. (Philipp, S. 373)

Die Drei als religiöse Vollkommenheitszahl begegnet uns schon in Rom und in Griechenland beim Opfer, wo bei besonderen Anlässen drei Tiere (Schwein, Schaf, Stier, oder Schwein, Bock und Widder) der Gottheit dargebracht wurden. Der gleiche Gedanke erscheint im Alten Testament, wo Gott von Abraham drei dreijährige Tiere (Kuh, Ziege und Widder) verlangt.

Religiöse Gebäude sind oft dreigeteilt – das gilt vom jüdischen Tempel, der aus Vorhof, Heiligem und Allerheiligstem bestand. Diese Form wurde von der christlichen Architektur übernommen: Langschiff, Querschiff und Apsis werden nun freilich auf trinitarische Geheimnisse gedeutet. Altarbilder haben die Form des dreigliedrigen Triptychons; Dreipässe dienen der Dekoration. Sowohl Judentum wie Christentum haben drei besonders hohe Feste: das Fest des ungesäuerten Brotes (Passah), das Wochenfest und das Laubhüttenfest einerseits, Weihnachten, Ostern und Pfingsten andererseits.

Die christlichen Exegeten konnten die Dreizahl stets in Beziehung zur heiligen Trinität setzen. Hatte nicht Jesus in dreigegliederten Worten sich als »der Weg, die Wahrheit und das Leben« bezeichnet? Und zeigt nicht selbst unsere Begriffsbildung und der Satzbau (Subjekt, Objekt, Prädikat; Nomen, Adjektiv, Verb; Gegenwart, Vergangenheit und Zukunft), daß der Mensch ein Bild der Dreifaltigkeit ist *(imago trinitatis)*, wie Adamus Scotus meint? Albertus Magnus sah drei Arten und Zeiten der Gottesanbetung, und fand, daß »die Drei in allen Dingen erscheint und die Trinität der Naturphänomene bedeutet.« Die Dreizahl menschlicher Akte – Gedanken, Worte und Werke – ist ambivalent und kann zum Guten

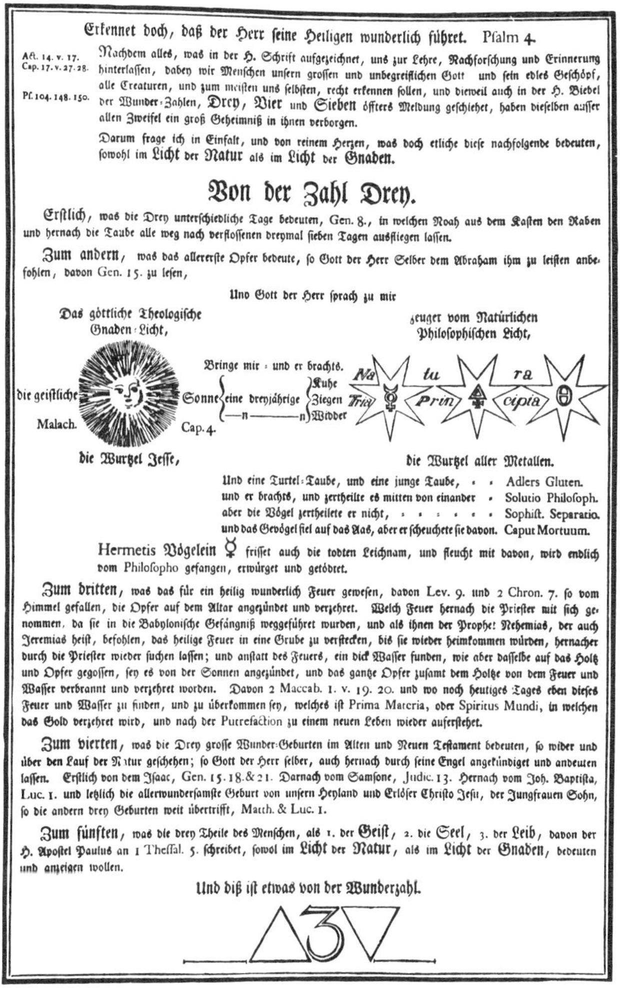

Erkennet doch, daß der Herr seine Heiligen wunderlich führet. Psalm 4.

Act. 14. v. 17. Cap. 17. v. 27. 28. Ps. 104. 148. 150.

Nachdem alles, was in der H. Schrift aufgezeichnet, uns zur Lehre, Nachforschung und Erinnerung hinterlassen, dabey wir Menschen unsern grossen und unbegreiflichen Gott und sein edles Geschöpf, alle Creaturen, und zum meisten uns selbsten, recht erkennen sollen, und dieweil auch in der H. Biebel der Wunder-Zahlen, Drey, Vier und Sieben öffters Meldung geschiehet, haben dieselben ausser allen Zweifel ein groß Geheimniß in ihnen verborgen.

Darum frage ich in Einfalt, und von reinem Herzen, was doch etliche diese nachfolgende bedeuten, sowohl im Licht der Natur als im Licht der Gnaden.

Von der Zahl Drey.

Erstlich, was die Drey unterschiedliche Tage bedeuten, Gen. 8., in welchen Noah aus dem Kasten den Raben und hernach die Taube alle weg nach verflossenen dreymal sieben Tagen ausfliegen lassen.

Zum andern, was das allererste Opfer bedeute, so Gott der Herr Selber dem Abraham ihm zu leisten anbefohlen, davon Gen. 15. zu lesen,

Und Gott der Herr sprach zu mir

Und eine Turtel-Taube, und eine junge Taube, . . Adlers Gluten.
und er brachts, und zertheilte es mitten von einander . Solutio Philosoph.
aber die Vögel zertheilete er nicht, ... Sophist. Separatio.
und das Gevögel fiel auf das Aas, aber er scheuchete sie davon. Caput Mortuum.

Hermetis Vögelein ☿ frisset auch die todten Leichnam, und fleucht mit davon, wird endlich vom Philosopho gefangen, erwürget und getödtet.

Zum dritten, was das für ein heilig wunderlich Feuer gewesen, davon Lev. 9. und 2 Chron. 7. so vom Himmel gefallen, die Opfer auf dem Altar angezündet und verzehret. Welch Feuer hernach die Priester mit sich genommen, da sie in die Babylonische Gefängniß weggeführet wurden, und als ihnen der Prophet Nehemias, der auch Jeremias heist, befohlen, das heilige Feuer in eine Grube zu verstecken, bis sie wieder heimkommen würden, hernacher durch die Priester wieder suchen lassen; und anstatt des Feuers, ein dick Wasser funden, wie aber dasselbe auf das Holtz und Opfer gegossen, sey es von der Sonnen angezündet, und das gantze Opfer zusamt dem Holtze von dem Feuer und Wasser verbrannt und verzehret worden. Davon 2 Maccab. 1. v. 19. 20. und wo noch heutiges Tages eben dieses Feuer und Wasser zu finden, und zu überkommen sey, welches ist Prima Materia, oder Spiritus Mundi, in welchen das Gold verzehret wird, und nach der Putrefaction zu einem neuen Leben wieder auferstehet.

Zum vierten, was die Drey grosse Wunder-Geburten im Alten und Neuen Testament bedeuten, so wider und über den Lauf der Natur geschehen; so Gott der Herr selber, auch hernach durch seine Engel angekündiget und andeuten lassen. Erstlich von dem Isaac, Gen. 15. 18. & 21. Darnach vom Samsone, Judic. 13. Hernach vom Joh. Baptista, Luc. 1. und letzlich die allerwundersamste Geburt von unsern Heyland und Erlöser Christo Jesu, der Jungfrauen Sohn, so die andern drey Geburten weit übertrifft, Matth. & Luc. 1.

Zum fünften, was die drey Theile des Menschen, als 1. der Geist, 2. die Seel, 3. der Leib, davon der H. Apostel Paulus an 1 Thessal. 5. schreibet, sowol im Licht der Natur, als im Licht der Gnaden, bedeuten und anzeigen wollen.

Und diß ist etwas von der Wunderzahl.

Die Wunderzahl Drei. Aus den »Geheimen Figuren der Rosenkreuzer aus dem 16. und 17. Jahrhundert«, Altona 1785/88

oder zur Sünde führen; Buße besteht daher aus Reue, Bekenntnis und Lossprechung, wobei als Buße auferlegt werden können Gebet, Fasten und Almosen. Im menschlichen Leben sollte sich die paulinische Dreiheit von Glaube, Hoffnung und Liebe manifestieren (welche Triade von L. Massignon zur Charakterisierung des Islam, des Judentums und des Christentums benutzt worden ist). Man teilte auch die Geschichte in die Zeit *ante legem* (Patriarchen), *sub lege* (Propheten) und *sub gratia* (Apostel) ein, oder sah den Fortschritt von Gesetz (Moses), Propheten (Elias) und Evangelien (deren Stifter übrigens alle das vierzigtägige Fasten gemeinsam hatten). Es scheint natürlich, daß sich solche Zeitspekulation noch weiter entwickelte: Joachim von Fiore im 13. Jhd. erhoffte, daß nach dem Reiche des Vaters und des Sohnes endlich das alles umfassende Reich des Heiligen Geistes anbrechen würde. Diese Hoffnung erfüllte sich nicht, lieh aber Namen und Idee dem uns wohlbekannten Dritten Reich, das historisch gesehen mindestens das vierte deutsche Reich war, aber durch den Symbolcharakter der Drei einen Teil seiner Anziehungskraft gewann: das Symbol Drei war stärker als die geschichtliche Wahrheit, denn es versprach, alle Hoffnungen zu erfüllen ...

Ein anderer Aspekt der Drei ist seine Rolle als erste geometrische Figur. Drei Punkte schließen das Dreieck ein und drei Linien bilden diese erste geometrische Figur. »Plato wollte die Welt aus Dreiecken aufbauen« (Lüthi). Das Dreieck wurde zum wichtigsten religiösen Symbol, und obwohl Freud in der Drei die typisch männliche Zahl (nach der Form des Geschlechtsorgans) sah, ist das Dreieck oder Delta schon bei ganz primitiven steinzeitlichen Frauenfiguren als Geschlechtszeichen verwendet worden. (Auch die Maya ordnen die Drei der Frau zu, deren Kennzeichen die drei Steine der Feuerstelle sind). Pythagoras deutet das Dreieck als »Anfang der Entstehung« im kosmischen Sinne, da sich aus ihm geometrische Formen bilden lassen: Vierecke und Sechssterne. Daher wurde das Dreieck zum Amulett: für magische Zwecke werden dreieckige Scheiben oder Papiere gerne verwendet, manchmal mit dem Auge Gottes in der Mitte, gelegentlich auch mit den hebräischen Buchstaben *jōd – hē – wau* in den Spitzen. Im Handwörterbuch des deutschen Aberglaubens heißt es: »Ein dreieckiges Papier mit Kreuzen in den drei Ecken und einem Gebet in der Mitte hilft gegen Gichter (die Gicht), dreieckige Papiere an der Wiege gegen Hexen. 1611 verbietet Herzog Maximilian von Bayern ›segen auff ein gewiß papier oder perment (Pergament) im gestalt eines tryangels‹ geschrieben. In Ägypten hängt man Kindern und Pferden gegen den bösen Blick dreieckige Amulette um. Um das Buttern zu erleichtern, legt man (in Mitteleuropa) das Seihtuch im Dreieck; man benutzt magische Dreiecke. Das Lebensdreieck, die Dreieckszahl, dreieckiges Gebäck spielen eine Rolle. In den Hexenhütten sind alle Geräte dreieckig.« (Von »Dreiecksverhältnissen« soll hier nicht weiter die Rede sein.)

Das Doppeldreieck des Hermetismus, nämlich der Sechsstern, bedeutet das Ineinander von Makrokosmos und Mikrokosmos.

Wenn das Dreieck und die Dreizahl in christlicher Mystik und Magie immer eine gewisse Beziehung zur Trinität hat, so kann die Drei doch auch dämonisch werden; denn der Satan ahmt gelegentlich die Trinität nach und erscheint in drei identischen furchtbaren Gestalten. Dante hat dieses Motiv in seiner *Divina Commedia* geistvoll übernommen, wo die Hölle das trinitarische Sy-

stem gewissermaßen parodiert. Und hat nicht Petrus den Herrn dreimal verleugnet?
Oft sterben in der Sage Menschen drei Tage, nachdem ein Geist oder Dämon sie berührt hat, wie auch die Erlösung von Gespenstern meist am dritten Tage erfolgt.
Der Galgen wird mit drei Pfählen errichtet; drei schwarze Tiere werden bei dämonischen Beschwörungen geopfert (meist Bock, Katze und Huhn), und der Kreuzweg, das *trivium*, ist ein furchterregender Platz. Gespenstische Tiere, besonders solche, die den alten Germanen heilig waren, stellte man sich im Mittelalter dreibeinig vor (die dreifarbige Katze dagegen gilt als Schutzgeist des Hauses). Selbst Odin reitet im christlichen Aberglauben nicht mehr auf seinem achtfüßigen Roß, sondern auf einem dreibeinigen Pferd. Die Hunde, Dachse und Füchse in seinem Gefolge sind ebenfalls dreibeinig. Das dänische gespenstische Totenpferd, Rosse der Gespenster und des Pestdämons, sowie der die

Rechte Seite: Die drei Welten der eurasischen Schamanen. Unten: Außenseite einer Schamanentrommel der Altaier. In der Mitte senkrecht der Kosmische Baum; die »Oberwelt« ist durch Sonne und Mond gekennzeichnet, die »mittlere Welt« durch zwei Menschen, die »Unterwelt« durch einen Hilfsgeist (Tier), einen nach unten wachsenden Baum und die Wiederholung des Weltenbaumes im Kleinen. Der große weist neun Äste auf. Oben: Innenansicht einer Schamanentrommel der Minussiner Tataren. Hier wird die »mittlere Welt« durch das horizontale netzartige Muster und neun Menschen unmittelbar darunter ausgedrückt. Neun ist die bedeutungsvolle Potenz der Drei. In der mongolischen Mythologie spricht man z. B. von »Neun Söhnen des Gottes« als kriegerischen und zugleich beschützenden Gottheiten. Ulgän, der oberste Gott der Altai-Tataren, hat neun Töchter – und auch die Neunzahl der Himmel ist häufig (nach Mircea Eliade).

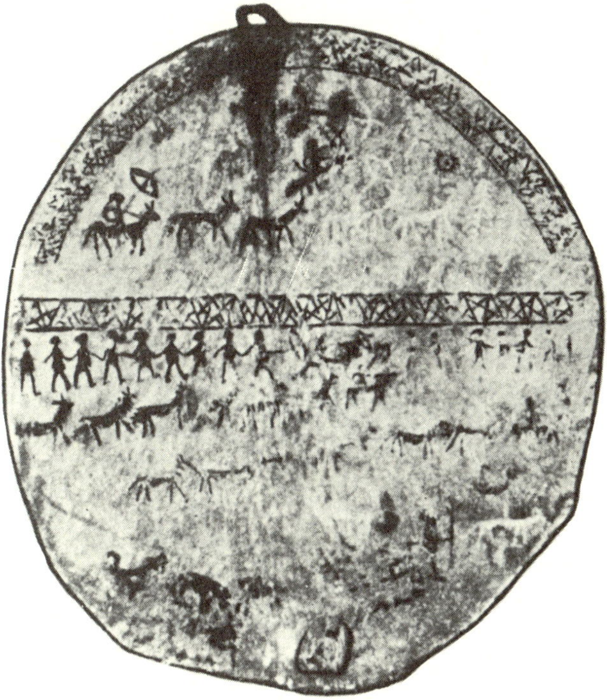

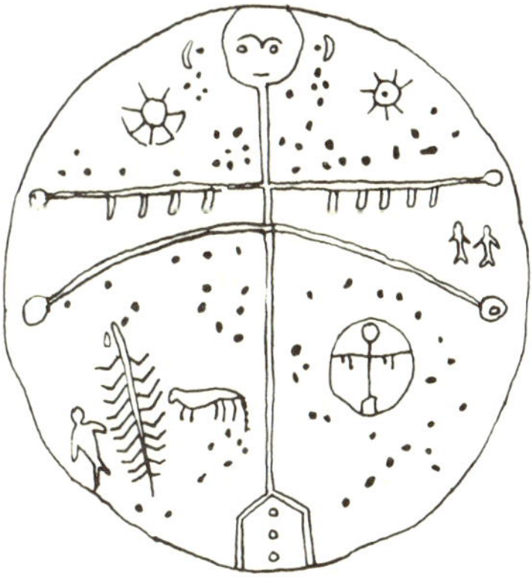

Tierkrankheiten bringende Geister-Stier haben drei Beine. Auch die altgermanische Todesgöttin Hella reitet nach einer spätmittelalterlichen Legende auf einem dreibeinigen Pferd. Eine beliebte Erscheinungsform des mittelalterlichen Teufels ist der dreibeinige Hase. Im Volksglauben gibt es sogar Vögel, die mit drei Beinen auftreten: in Bayern und Tirol erscheint die gefürchtete »Habergeis«, eine gespenstische, sehr oft dreibeinige Eule. Wenn ein dreibeiniger Hund das Haus umspringt, so zeigt er ein Unglück an. Ja, in gewissen Kreisen fürchtet man sich sogar, zu dritt bei Tisch zu sitzen; denn drei Personen können schwarze Magie vollziehen. Deswegen erscheinen auch die drei Hexen in Shakespeares *Macbeth*, und die Beschwörung wird eingeleitet von der Feststellung einer der Hexen:

Die gelbe Katz' hat dreimal miaut!

Und die Frage der Hexen:

When shall we three meet again?

ist mit dem gleichen unheimlichen Effekt zum Schlüsselwort von Fontanes Ballade »Die Brück' am Tay« geworden:

Wann treffen wir drei wieder zusamm'?

In den Riten der Magie, wie in den Riten der Religion spielt die dreifache Wiederholung einer Formel eine zentrale Rolle. Schon im Ṛgveda wird der Feind verflucht, »unter allen drei Erden zu liegen« und die Dreizahl findet sich in zahlreichen liturgischen Handlungen Indiens. Das gleiche gilt für das klassische Altertum, wo ein Gedicht des Horaz (*Carmina* III. 22) die Hekate anredet:

Die am Berg du weilst im Waldesgrunde,
Frau'n beim dritten Ruf in schwerer Stunde
Rettend nahst, jungfräulich Allgewalt'ge,
Dreigestalt'ge!

Dreifacher Anruf ist wirkungsvoll, und Mephisto erinnert Faust, der »Herein!« ruft, daran: »Du mußt es dreimal sagen!« Uralte Segenssprüche, wie der in der Kirche so oft verwendete Aaronssegen (4. Mosis, 6, 24-26) sind dreifach gegliedert:

> Der Herr segne dich und behüte dich,
> der Herr lasse sein Angesicht leuchten über dir und sei dir gnädig,
> der Herr erhebe sein Angesicht auf dich und gebe dir Frieden!

Das Jesaianische *Trishagion* – »Heilig heilig heilig ist der Herr Zebaoth!« (Jes. 6.3) ist gleichfalls Teil der christlichen Liturgie geworden. Und das dreifache Blasen des Schofar wird in der Kabbala dahingehend erklärt, daß der erste Ton den Himmel erklimmt, der zweite ihn zerbricht und der dritte ihn spaltet. Segen und Fluch werden gleichermaßen dreifach gesprochen, und eine erschütternde literarische Formung dieses Glaubens findet sich in Heines »Schlesische Weber«:

> O Deutschland, wir weben dein Leichentuch,
> Wir weben hinein den dreifachen Fluch –
> Wir weben, wir weben, wir weben.

Die liturgische Wiederholung von Segens- und Gebetsformeln kennen auch der Islam und der Hinduismus, der letztere verwendet das dreifache *schānti*, »Friede« am Ende der Zeremonien.

Mittelalterliches Brauchtum hat die magische Drei mannigfach verwendet, ist sie doch auch die kleinste Einheit, aus der sich ein magisches Quadrat bilden läßt. Da gibt es den Drei-Blumen-Segen zur Blutstillung oder zum Fangen von Dieben. Er ist urkundlich in Frankreich 1429 erstmals belegt. Im Deutschen kennt man ihn offenbar erst im 16. Jahrhundert. Einer der Blumensegen lautete:

»Es standen drei Rosen auf unseres Herren Gottes Grab, die erste ist milde, die andere ist gut, die dritte stillt dir dein Blut.« Meist erscheinen Rosen, Lilien oder kleine Blümchen in solchen Segen. Auch der Drei-Brüder-Segen, seit dem 12. Jahrhundert belegt, gehört in diese Gruppe. Er ist in Geschichten eingewoben, die häufig mit dem Satz beginnen: *»Tres boni fratres per unam viam ambulabant.«* Meist sind diese drei, die da zusammen wandern, Unbekannte, manchmal Apostel, manchmal, wie im Byzantinischen, drei vom Heiligen Geist in die Kunst des Heilens eingeweihte Brüder. Sie üben diese Kunst unentgeltlich aus und sammeln oft heilende Kräuter auf dem Ölberg, ja selbst auf heidnischen Kultbergen wie dem Olymp.

Besonders wichtig, und noch heute üblich, war der Dreikönigssegen. Die Heiligen Drei Könige wurden hauptsächlich gegen Epilepsie angerufen, was Papst Johannes XXII (1276–77) sogar empfahl. Noch heute schreibt man an Stall und Haustüren C+M+B, Caspar, Melchior und Balthasar, die Namen der drei Weisen Könige, deren Schutz auch in einem Reisesegen des 15. Jahrhunderts angerufen wird: »*Caspar me ducat, Balthasar me regat, Melchior me salvet, et ad vitam eternam me perducant* – Caspar möge mich führen, Balthasar mich leiten, Melchior mich behüten, und sie mögen mich ins ewige Leben führen.«

Orakel sind oft auf der Basis der Drei aufgebaut: so das Pfeilorakel der vorislamischen Araber mit ihren drei Pfeilen.

Alle Besprechungen sollen dreimal durchgeführt werden. So rezitiert man gegen Behexung:

Drei falsche Zungen haben dich beschlossen;
Drei heilige Zungen haben für dich gesprochen,

Das Wappen der Indischen Union (seit 1949): das dreiköpfige Löwenkapitell der Säule des Maurja-Kaisers Aschoka, 240 v. Chr.

und wenn man zu einem Prozeß geht, heißt die dreifache Schutzformel:

Ich trete vor des Richters Haus,
da schauen drei tote Männer heraus,
der eine hat keine Zung',
der andere keine Lung',
der dritte erkrankt, verblindet und stumm.

Die dreifache Wiederholung ist überall im religiös-magischen Bereich verbreitet, ob der Christ drei Kreuze macht oder der Muslim zur Bekräftigung schwört *wallāhi, billāhi, tallāhi,* und dabei drei verschiedene Schwurpartikeln »Bei Gott« verwendet. Wichtige Dinge werden dreimal verrichtet – auch der Koran schreibt dreitägiges Sühnfasten vor (Sura 5/92). Selbst in dem mitteltürkischen Fürstenspiegel, dem *Kutadgu Bilig,* geht Hochgepriesen dreimal zu Ganz-Wach, und der König ist von drei Ratgebern umgeben. Die dreifache Verwendung ist eingebaut in Bauernregeln: Tiere, die man ans Haus gewöhnen will, führe man dreimal ums Tischbein oder lasse sie dreimal in den Spiegel blicken, und wer an den drei heiligen Abenden (24. Dezember, Silvester, Dreikönigstag) Geld zählt, dem fehlt es das ganze Jahr nicht. Auch sagt man in der Türkei, daß ein Gast entweder drei Tage, drei Wochen oder drei Monate bleiben soll.

Das Märchen erzählt uns mit Vorliebe von drei Menschen, Tieren oder Dingen. Der Jüngste ist dabei in der Regel am Ende der Glückspilz (wie im Gestiefelten Kater). Das Mädchen fragt die drei Tiere:

Schön Hühnchen, schön Hähnchen, und du schöne bunte Kuh –
was sagst du dazu?

und das Vöglein singt »Leide, Leide – Zicküh, Zicküh, Zicküh!«

Fragen und Rätsel werden dreimal und dreifach gestellt (noch unser Spiel »Drei Fragen hinter der Tür« zeugt davon). Das Urmodell der dreigliedrigen Rätsel ist wohl das der Sphinx, die nach dem dreifach gegliederten Leben des Menschen fragt, der auf vier, auf zwei und endlich auf drei Beinen geht. Ohnehin ist die Drei eine wichtige Zahl in der altägyptischen Tradition: drei Tage ist der Schiffbrüchige allein mit seinem Herzen, dreimal befragt ihn der Schlangengott.

Dreifache Wiederholungen des Ortes oder der Wegstationen sind im Märchen üblich, und sehr häufig findet man drei Wünsche, von denen in der Regel der dritte das auslöscht, was man vorher – im Leichtsinn – gewünscht hatte. Ähnlich ist die Struktur in vielen Witzen, in denen der dritte Teilnehmer die beiden anderen positiv oder negativ übertrumpft. Ereignisse dauern drei Tage und drei Nächte, oder drei Monde oder Jahre. Der Held wird manchmal vor die Wahl gestellt, welchem der drei Tränke – Milch, Wasser oder Wein – er den Vorzug gibt (ein Motiv, das sich selbst in der Ausgestaltung der Legende von Muhammads Himmelsreise findet). Das Aktionsdreieck – Held, Gegner und Helfer –, das ja im normalen Leben verwurzelt ist, wird zum beliebten Märchenmotiv.

Besonders häufig ist das Dreiermotiv in der Volksdichtung, ob es nun in Anspielung auf die Trinität heißt:

> Es blühen drei Rosen auf einem Zweig,

ob das Mädchen klagt:

> Drei Lilien, drei Lilien, die pflanzt' ich auf mein Grab ...

oder der Soldat das böse Omen sieht:

> Drüben am Wegesrand sitzen drei Raben –
> Werd' ich der erste sein, den sie begraben?

Die Volks- und besonders Kinderpoesie liebt dreifache Wiederholung entweder von Worten oder Satzteilen, manchmal auch von ganzen Versen, in denen nur der vierte, der Endvers, sich ändert (ein dreifacher Reim dieser Art findet sich auch in der türkischen Volksdichtung). Typisch ist der Beginn des Liedchens:

Ein Schneider fing 'ne Maus,
Ein Schneider fing 'ne Maus,
Ein Schneider fing 'ne mi-ma-Maus ...

mit seiner zweimal dreifachen Wiederholung. Dreifache Wiederholung des Verbs dient der Verstärkung: »Und er ging und ging und ging ...«. Formeln wie Hopp hopp hopp, Hipp hipp hurra oder Kling klang kloria sind altbekannt, und die Beispiele, die Alan Dundes in seinem reich dokumentierten Aufsatz über die Drei im amerikanischen Volksglauben gegeben hat, lassen sich weitgehend auch auf das deutsche Gebiet ausdehnen, obgleich die Tendenzen zu dreibuchstabigen Abkürzungen (angefangen beim ABC) bei uns nicht ganz so groß ist wie in Nordamerika (doch denke man an CDU, FDP, SPD, FDJ usw.). Drei tägliche Mahlzeiten, von denen die Hauptmahlzeit meist drei Gänge hat, gehören ebenso in Dundes' Katalog der Dreierkultur wie die dreiphasigen Verkehrsampeln und die Rolle der Drei beim Baseball, oder die dreifache Wiederholung als Hochziel der Sportler (dreifacher Salto, dreifacher Rittberger, aber auch der *hat trick*, der dreifache Gewinn einer Meisterschaft und, nicht zu vergessen, die Dreistufung der olympischen Medaillen).

Wenn amerikanische Kinder mit Abzählversen oder Reimen wie:

Three little kittens
lost their mittens,

französische mit:

Quand trois poules vont au champ,

und deutsche mit:

Drei Gäns' im Haberstroh ...

aufwachsen, wird ihnen die Dreiheit schon früh selbstverständlich, ob sie nun im späteren Leben »Blut, Schweiß und Tränen« vergießen oder sich an »Wein, Weib und Gesang« erfreuen; ob der Junge ein Dreikäsehoch bleibt oder zum trinkfesten *three-bottle-man* heranwächst. Und am Ende werden drei Handvoll Erde auf den Sarg geworfen ...

Ein Blick auf Büchertitel zeigt die Vorliebe für Dreizahlen nicht nur in der schönen Literatur *(Drei Mann in einem Boot, Drei kamen zurück, Drei gegen die Welt* usw. usw. sowie die zahlreichen Trilogien), sondern auch in Sachbüchern, wo es heißt *Drei Jahrhunderte ...,* oder *Drei Städte ...;* oder man findet häufig Gruppen von drei Autoren, Sammlungen von drei Novellen oder Schauspielen.

Alte Vorstellungen von der Drei trifft man unerwartet in der Sprache, wie Menninger (S. 187) zeigt: nicht nur der dreifädige *Drillich* erscheint hier; aus dem antiken *trivium,* der einfachen Studiengruppe Grammatik, Rhetorik und Dialektik wurde das Wort *trivial* (während das *quadrivium* die höheren Künste: Arithmetik, Geometrie, Astronomie und Musik, umfaßt). Daß nicht nur das französische *travail,* »Arbeit«, sondern auch das englische *travel,* »Reise« vom alten Marterinstrument *tripalium* abgeleitet werden kann, wird manchen trösten.

Doch enden wir mit einer fröhlicheren Note: das *Dreimäderlhaus* leitet zur Rolle der Drei in der Musik, wo uns nicht nur der harmonische Dreiklang, sondern auch die ideale Dreiteilung von Sonate und Sinfonie, Streichtrios und dreigegliederte Menuette erwarten. Selbst in der indischen Kunstmusik herrscht der auf dem Dreiersystem beruhende, freilich für Nicht-Spezialisten schwer zu entwirrende *tīntāl,* »Dreischlag«-Rhythmus vor; doch die schönste Entfaltung des Dreierrhythmus ist der Walzer, der zur Idealform gelösten Tanzes geworden und dem Viervierteltakt des erdgebundenen Marsches so entgegengesetzt ist.

Rechte Seite: Der aztekische Höllenfahrtsmythos nach dem Codex Borgia (Region Cholula-Tlaxcala). In der Mitte ein blutumrahmter Schädel, das Totenreich symbolisierend. An den Seiten die Gottheiten der Vier Richtungen (oben Norden, unten Süden), an den Ecken vier bestrafte Sünder.

Vier
Die materielle Ordnungszahl

4 Vier widerspenst'ge Tiere ziehn den Weltenwagen –
Du zügelst sie, sie sind an Deinen Zäumen Eines.

So formt Rückert einen Gedanken Rumis aus, in dem die vier Tiere der biblischen Visionen und der Apokalypse mit den vier Elementen verbunden werden, deren weltliche Kraft sich vor Gott, dem Einen, beugen muß.

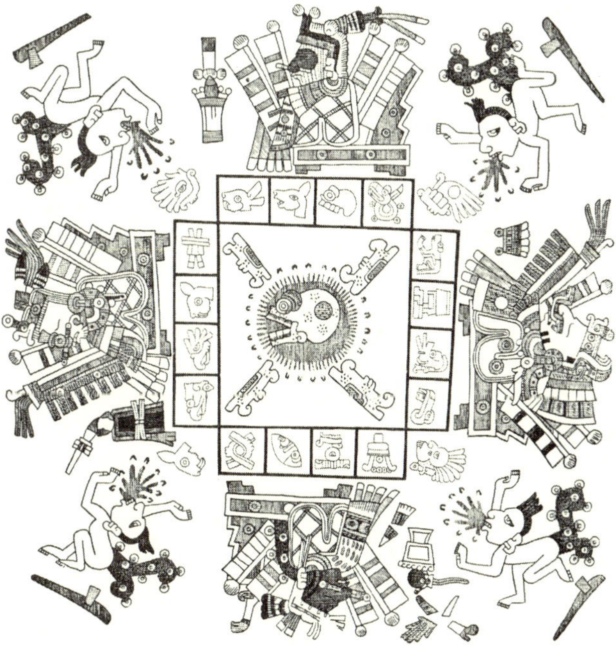

Die Vier ist unlösbar mit der ersten erkenntnismäßigen Ordnung auf Erden verbunden, sie setzt »Ordnung in eine schwer übersehbare Mannigfaltigkeit« (Paneth). Der Mensch muß schon in frühester Zeit die vier Phasen des Mondes beobachtet haben, der sich als Neumond, zunehmender Mond, Vollmond und abnehmender Mond zeigt und so, wie älteste Schriften bezeugen, als »Ordner der Zeit« gilt.

Ebenso bot die Stellung der Sonne und die Ausdehnung des Schattens dem Menschen eine Orientierungshilfe. Die Punkte des Sonnenauf- und -untergangs, vor allem an den Daten der Tag- und Nachtgleiche, wurden beobachtet. Dazu zählte man den Punkt am Horizont, der senkrecht unter dem höchsten Punkt der Sonnenbahn lag, und einen konstruierten Punkt senkrecht über dem unsichtbaren Mitternachtsstand der Sonne. So erscheinen die vier Himmelsrichtungen und mit ihnen die vier Winde und bilden die Koordination für das ganze komplizierte Leben auf Erden.

Das gilt z. B. auch in der Maya-Kosmologie, wo sich alles auf die vier, mit Farben identifizierten Kardinalpunkte bezieht. Dargestellt wurden diese Punkte im Kreuz, das die Sonnenpunkte am Horizont berührt, im Quadrat oder im Rechteck, das den abgegrenzten Raum darstellt.

Dazu kommt das Malkreuz, eingezeichnet in den Kreis, das schon erweiterte astronomische Kenntnisse vermittelt, nämlich die Kenntnis der frühesten und spätesten Sonnenaufgänge und -untergänge im Laufe des Jahres. Dieses Kreuz konnte zur Unsterblichkeitshieroglyphe werden und findet sich noch auf frühen christlichen Gräbern. Der Neuplatoniker Porphyrius, der dieses Zeichen in ägyptischen und griechischen Einrichtungen fand, hat

Vierer-Symbolik auf einem Brevier des 12. Jahrhunderts, Kloster Zwiefalten: inmitten das Lamm Gottes mit Kreuz, umgeben von den Vier Evangelisten und den Vier Paradiesströmen. In den Medaillons an allen vier Ecken sind die Kardinaltugenden abgebildet: Weisheit (sophia), Tapferkeit (andreia), Mäßigung (sophrosyne) und Gerechtigkeit (dikaiosyne). Thomas v. Aquin, der Platos Begriffe übernahm, fügte sie mit drei »göttlichen Tugenden« zur Siebenzahl seiner Ethik.

es als das Symbol des Seelischen im Kosmos bezeichnet. Das Rechteck als Bild der Erde war vielen frühen Kulturen geläufig. Für die Chinesen war sie ein baldachinüberdachter Reisewagen und viereckig nicht nur in kosmologischer, sondern auch in planerischer Hinsicht: Felder, Häuser, Dörfer waren nach dem Prinzip des *fang* (Quadrat) aufgebaut.
Auch bei den Maya werden die Siedlungen nach göttlichem Plan ausgerichtet: vier Wege, die vom heiligen Baum *(ceiba)* in der Mitte in die vier Richtungen führen; an den Ausgängen markieren vier Schreine die Wächter des Dorfes.
Und hier in Europa? Die Kelten betrachteten die Erde ebenfalls als Quadrat, die Etrusker richteten alles nach dem Weltenkreuz aus, und die Kirchenväter sahen in der Einschreibung des Kreuzes ins Quadrat einen Hinweis auf die weltumfassende Macht des Kreuzes Christi. So Hieronymus: »*Ipsa species crucis, quid est nisi forma quadrata mundi?* Und die Form eben dieses Kreuzes, was ist sie anders als die quadratische Form der Welt«? Auch sahen die Kirchenväter im Namen *Adam*, mit griechischen Buchstaben geschrieben, einen Hinweis auf die Namen der vier Himmelsrichtungen: *Anatole, Dusis, Arkto* und *Mesembria*, so daß Adam gewissermaßen als mikrokosmische Gestalt erscheint. Die Verbindung mit dem Kreuz Christi und die vier Weltecken findet man in der Gestalt der alten byzantinischen Kirche, deren Grundriß ein Viereck ist, in dem ein gleicharmiges Kreuz eingeschrieben ist, dessen vier Arme ein Gewölbe tragen, das dann in die zentrale Kuppel mündet.
Man kann bei der Beziehung der Vier zu den Weltgegenden auch auf die Götterfiguren hinweisen, die, wie Brahma, manchmal mit vier Häuptern dargestellt wer-

Der tanzende Gott Schiva mit seinen vier Armen; unten der Stier Nandi, an den Seiten zwei Rischis (heilige Seher). Aus dem tamilischen Buch von den 64 Vergnügungen des Schiva (Tiruvilaiyâdarpurâna des Paranjoti-munivar, Madras 1866).

den, oder wie Schiva mit vier Armen den Welttanz vollziehen. In einem Hymnus an Schiva heißt es:

Ihm, der als unwandelbares Selbst
Durch jeden Zustand* leuchtet in dem Leben,
Der es vermag durch heiliges Symbol
Dem Frommen Einsicht in sein Sein zu geben.
Ihm, der als Feuer, Wasser, Erde, Luft,
Raum, Sonne, Mond und Seele zu erscheinen
Achtfach sich offenbart hat, und den
Der Weise kennt als ewigen All-Einen.
Ihm, der als Guru das Wissen uns spendet,
Verehrung dem Herrn, der nach Süden sich wendet.

(Übersetzung: Helmuth von Glasenapp)

Die Beziehung der Vier zu den vier Weltgegenden drückt sich auch in den vier Engeln bzw. Cherubim als Bild der sich über alle Welt erstreckenden Macht Jehovahs aus. Man kann auch an die vier Gestalten denken, die Ezechiel am Gottesthron erschaut (Mensch, Löwe, Stier, Adler), die wiederum geheimnisvoll mit den vier Buchstaben des Gottesnamens YHWH, dem unaussprechlichen Tetragramm, verbunden werden können.

Doch hat die Vier noch andere Aspekte. Jedoch fast alle führen wieder zu der Beziehung zur festgegründeten Welt. Man darf nicht vergessen, daß in vielen Kulturen Vier eine obere Grenze des Zählens ist – eine Handbreit sind vier Finger, vier Handflächen bilden einen Fuß. Oft findet man einen Bruch in den Zahlworten vor Vier, und mit Vier beginnt eine neue Gruppe von Zahlworten oder Beziehungen.

Am stärksten ist das Interesse an der Vier ausgedrückt bei

---

* D. i. Wachen, Traumschlaf, Tiefschlaf und Versenkung.

den Pythagoräern, für die die Vier die ideale Zahl war. Der vierte Körper, der Kubus, wurde der Erde zugerechnet, und so könnte man auch die Vierfüßler als typische »Erdgeschöpfe« deuten.
Die Vier bildet eine geometrische Form, die klar und übersichtlich ist, und daher galt das *tetragon,* das Viereck, von früh an für vollkommen und festgegründet. Im Englischen spricht man von einem *square man,* und Nietzsche hatte wohl Ähnliches im Sinn, wenn er seinen

Nach Agrippa von Nettesheim (1486–1535) entspricht der Schnittpunkt der Diagonalen in einem Quadrat dem Nabel des Menschen (»Von dem Verhältnis, dem Maß und der Harmonie des menschlichen Körperbaues«)

idealen Menschen »rechtwinklig an Leib und Seele« erhoffte. Aus der Tetraktys wird dann, wie wir sehen werden, 1 + 2 + 3 + 4 = 10, die alles umfassende Einheitszahl.
Darauf aufbauend, haben die Kirchenväter und mittelalterlichen Philosophen vielfache Gruppen von Tetraden entdeckt: von den vier Elementen, die wiederum Ordnung in die Mannigfaltigkeit der Erscheinungen bringen, bis zu den vier Temperamenten, in denen die bunte Welt menschlicher Seelenkräfte zusammengefaßt wurde. Theon von Smyrna stellte in seinem Buch »Über die Tetraktys und die Dekade« zehn Gruppen von viererlei Dingen zusammen.
Zahlen – Größenordnungen – einfache Körper – Figuren einfacher Körper – lebende Dinge – Gemeinschaften (Mann, Dorf, Stadt, Nation) – Fähigkeiten – Jahreszeiten – menschliche Altersstufen – Teile des Menschen (nämlich der Leib und drei geistige Teile). Dazu werden in der Exegese, wie im allgemeinen, die vier Evangelien genannt, sowie die vier Tiere an Gottes Thron. Daraus ergibt sich auch die Lehre vom vierfachen Schriftsinn und der Auslegung der Bibel nach historischen, allegorischen, moralischen und anagogischen Prinzipien, die in der mittelalterlichen Kabbalistik ebenfalls galt.
Die vier Flüsse im Paradies fließen nach solcher Lehre von Moses durch die vier großen Propheten und von Jesus durch die vier Evangelien. Die vier Paradiesflüsse aber sind auch im Hinduismus bekannt, wo die himmlische Kuh aus vier Eutern vier Milchströme aussendet. Sie stellen ebenso einen wichtigen Teil der islamischen Paradiesvorstellung dar, nach deren Muster die von vier Kanälen durchflossenen persischen und Moghul-Gärten, vor allem die Gärten der Mausoleen, angelegt sind. Die

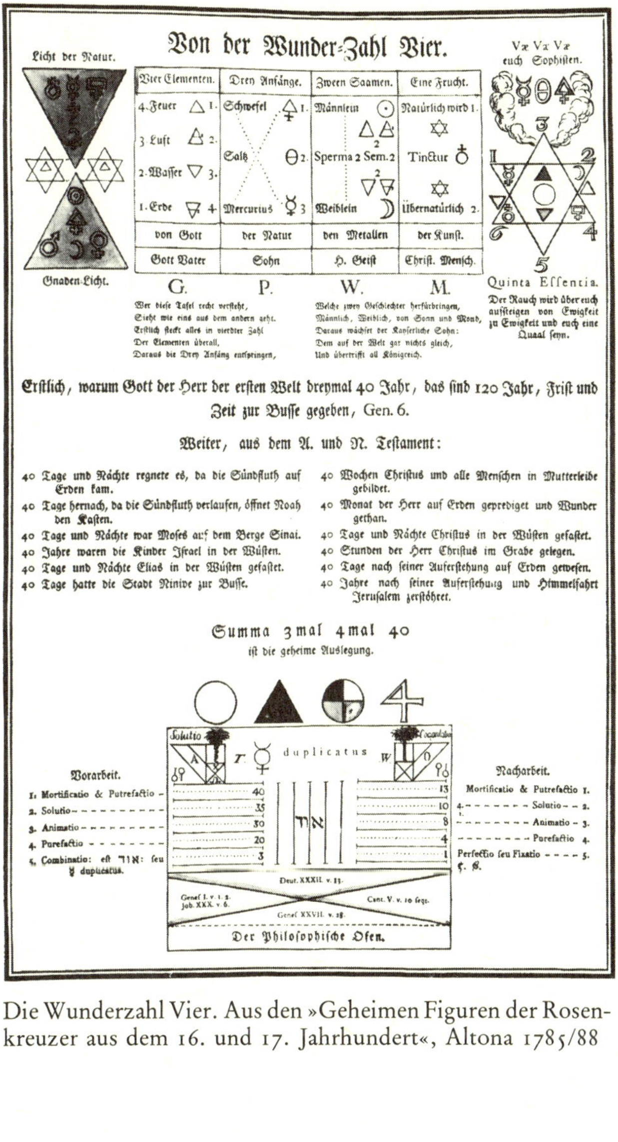

Die Wunderzahl Vier. Aus den »Geheimen Figuren der Rosenkreuzer aus dem 16. und 17. Jahrhundert«, Altona 1785/88

christliche Exegese hatte selbstverständlich im Kreuz Christi und seinen vier Armen ein ideales Symbol für die vier Himmelsrichtungen, in die das Evangelium getragen werden sollte, und gleichzeitig für alle räumliche Struktur: Höhe, Länge, Tiefe und Breite.

Umgekehrt lehrt der Buddha die vier edlen Wahrheiten, um das an die Welt gebundene Leiden auszulöschen.

Die Wichtigkeit der Zahl Vier findet man – den Pythagoräern folgend – in der Philosophie der Lauteren Brüder von Basra, die erklären, daß Gott selbst die Mehrheit der Dinge in der Natur in Vierergruppen geformt hat – heiß, kalt, trocken und feucht; die Elemente, die Charaktere, die Jahreszeiten, die Himmelsrichtungen, die Winde, die Richtungen in Beziehung zu den Konstellationen, die Mineralien, Pflanzen, Tiere und Menschen, die vier Arten der Zahlen (Einer, Zehner, Hunderter und Tausender) usw. In der Vier zeigt sich, wie Erhard Weigel im 17. Jahrhundert schrieb, das dem Menschen »von der Natur eingeprägte Einmaleins«, viel logischer als im Dezimalsystem.

Ja, die Vier galt im Mittelalter so sehr als vollendete Ordnung, daß Irenäus schrieb, es sei unmöglich, daß es mehr oder weniger als vier Evangelien geben könne.

Doch ist die Gruppierung in vier heilige Bücher nicht auf die Evangelien beschränkt. Indien kennt die vier Vedas, der Islam die vier heiligen Bücher (Thora, Psalmen, Evangelium, Koran). Der Islam hat auch seine eigene Vierergruppierung: vier legitime Frauen sind dem Gläubigen erlaubt; bei Ehebruch müssen freiwillig Gestehende viermal ihre Schuld eingestehen, und vier unbescholtene Zeugen müssen die Tat bestätigen. Es gibt zu Beginn der islamischen Geschichte die vier »rechtgeleiteten« Kalifen. Auch im mystischen Bereich spielt die Vie-

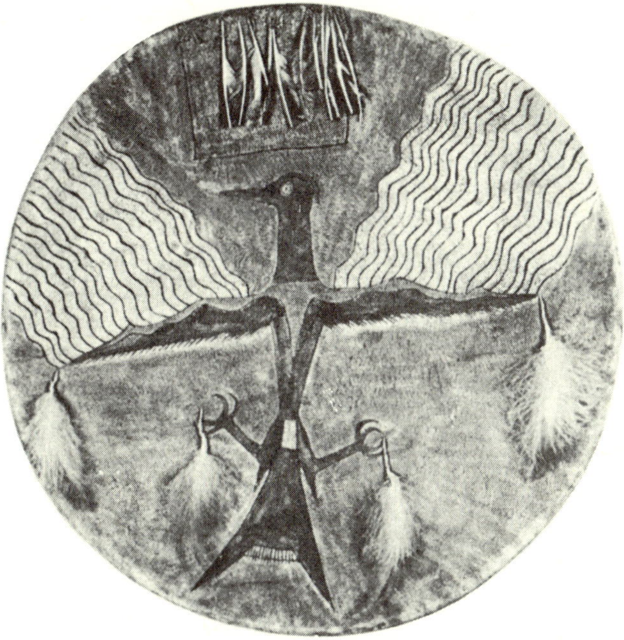

Vier ist die vollkommene Zahl der Sioux, und die Kreisform ihr heiliges Symbol. So wie es vier Klassen von Göttern gibt (Obere, Verbündete, Untergeordnete, Geister), so auch vier Tierarten (kriechende, fliegende, vierbeinige, zweibeinige) und vier Menschenalter (Säugling, Kindheit, Reife, Alter). – Hier ein Kriegsschild, um 1860, mit Falken in der Mitte und vier Federn, was bedeutet: vier Feinde, oder vier große Coups. Die Bedeutung der Vierzahl bei dem Kriegervolk der Sioux ist kaum zu unterschätzen. So wiesen ihre Medizinmänner an, alle Tätigkeiten nur in Vierergruppen vorzunehmen (nach Royal B. Hassrick, Das Buch der Sioux, Köln 1982).

rerordnung eine Rolle: man zählt vier Stufen beim Aufstieg des Menschen, beginnend mit der *scharī'a,* dem Gesetz, über die *ṭarīqa,* den Pfad, zur *ḥaqīqa,* der Wahrheit, und *ma'rifa,* der Gnosis. Der Mensch steigt hier durch die vier Stadien *nāsūt,* Menschheit, *malakūt,* Engelheit, *dschabarūt,* Macht und *lāhūt,* Gottheit. Unter den Heiligen spielen die vier *abdāl* eine wichtige Rolle. In Legenden und Erzählungen erscheinen oft Gruppen von vier, vierzig, vierhundert oder viertausend Männern. Und wenn der Knabe vier Jahre, vier Monate und vier Tage alt ist, soll er – idealerweise – zumindest im indischen Islam erstmals in die Worte des Korans eingeführt werden.

Wie im Christentum und Islam findet man auch in der Kabbala eine Zuordnung der Vier zur Welt: das Universum wird in vier Teile eingeteilt, *Aziluth,* die Welt der Emanation, *Beriah,* Welt der Schöpfung, *Jezira,* Welt der Ausgestaltung, und *Asiya,* Welt des Sichtbaren. Die vier Sefiroth, die aus *Bīnah* emanieren, spielen eine besondere Rolle und werden im Zusammenhang mit den vier Himmelsrichtungen gesehen.

Den vier Teilen des Universums entsprechen die vier Farben des mittelalterlichen Tarot, eines Spiels, das aus Ägypten stammt, aber kabbalistisch weiterentwickelt wurde. Man sieht hier die noch heute unser Spielkartensystem beherrschenden Farben Schwarz, Weiß, Rot und Grün.

Ferner erkennt die Kabbala in den vier Tieren des göttlichen Thronwagens das Bild des Urmenschen.

Vier bedeutet aber nicht nur eine räumliche, sondern eine zeitliche Ordnung. Schon Hesiod spricht von den vier Weltzeitaltern, die, mit 4800 Jahren beginnend, bis zu 1200 Jahren abnehmen, ähnlich wie die indische Tradi-

 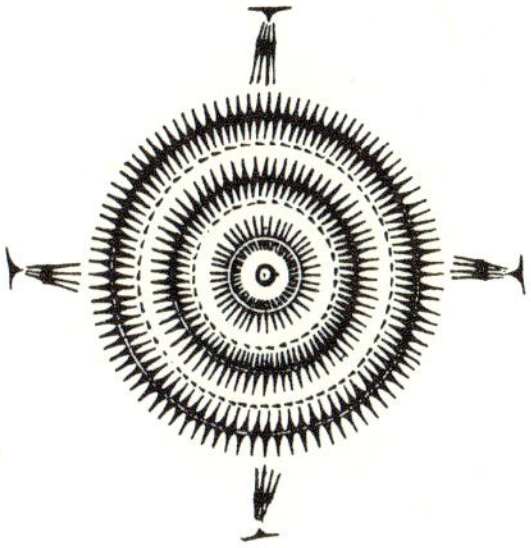

Links: Symbolbild der Hopi-Indianer. Wandgemälde einer Kiva (unterirdische Zeremonienkammer), ausgegraben südwestlich von Albuquerque. In der Mitte ein Skunk, der die Sonne vertritt; der äußere Kreis um den Skunk symbolisiert die Sonne selbst und die von ihr stammenden vier Feuer – die in den vier Himmelsrichtungen in ebenso vielen Kivas brennen. Die vier Adlerfedern, die aus den Feuergruben herausragen, sind ein Zeichen der Kraft. Die Gebilde an ihren Spitzen stellen die Strahlen der Sonne dar.
Rechts: Das Symbol der Erde mit den vier Himmelsrichtungen, nach Auffassung der Sioux: Skan, der Himmel, hat die Welt in Vierheiten geschaffen. Die Sonne, der Mond, die Erde und der Himmel (d. h. die vier Elemente) sind rund. Der Tag, die Nacht, der Monat und das Jahr – die vierteilige Zeit – kreisen um den Himmel. Die vier Winde kreisen um den Rand der Welt.

tion die Verschlechterung der Zeiten in vier Schritten vom goldenen zum ehernen Zeitalter, dem »finsteren« Kaliyuga, kennt. Im Parsismus dagegen finden sich vier Zeitalter zu je 3000 Jahren – aber die kosmische Vier und Zwölf sind überall erkennbar.
In diesen Zusammenhang gehört die indische Lehre von den vier Abschnitten im Leben des Mannes, die am Ende in der Haltung des besitzlosen Asketen gipfelt, und Kabir, der mystische Dichter des 15. Jahrhunderts, der Hinduismus und Islam gleichermaßen kritisiert, klagt,

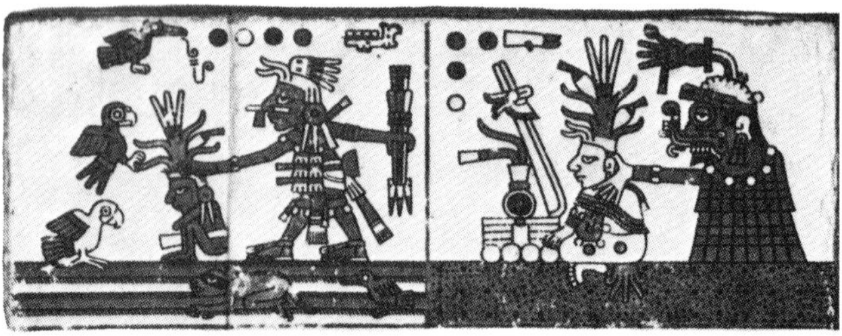

Quetzalcoatl, »Gefiederte Schlange«, Kulturheros der Azteken und der bekannteste der mexikanischen Götter, durchlebt die vier Stadien einer Maispflanze, die ihrerseits den wechselnden

daß es Millionen von Menschen gäbe, die die Drei suchen, während niemand zu finden sei, der das Vierte wünsche: Denn das dreifache Ziel der menschlichen Existenz ist *artha,* Reichtum, *kama,* Sinnenlust, und *dharma,* das rechte Verhalten. Doch das allein erstrebenswerte Ziel ist *moksha,* Erlösung von der Unrast des geschöpflichen Lebens.

Die Vier als Zahleinheit und Symbol der Welt und ihrer Ordnung scheint weitgehend im Altertum und Mittelalter geherrscht zu haben. So bedeuten die vier Siegesgöttinnen am Fuße der Zeusstatue des Phidias den Sieg über die materielle Welt. Doch auch zahlreiche nordamerikanische Indianer, besonders die Zuni, Dakota und Sioux, kennen die Vier als Zentralzahl und Ordnungszahl ihres Weltbildes (vierfache Wiederholungen, Einteilung des Jahres, des Lebens, der Tierarten, der Himmelskörper usw. in Vierergruppen). Interessanterweise ist die Vier bei den modernen Maya in Yukatan dem Mann zugeordnet, da er in dem nach den vier Kardinalpunkten ausgerichteten Maismischfeld arbeitet; die *hetsmek',* eine Art Patenschaftszeremonie, findet für den Jungen daher im vierten Lebensmonat statt.

Jahreszeiten – dargestellt in vier Wettergottheiten – ausgesetzt ist.
Aus dem auf Leder gemalten Codex Vindobonensis Mexicanus I.

Die Vier war für das praktische Leben wichtig: Der alte kymrische Grundbesitz ist immer in vier Teile oder ein Vielfaches von Vier geteilt. Im römischen Gallien hatte jede *civitas* ihre *quatuorviri*, eine Regierungsmannschaft von vier Leuten, wie die mittelalterlichen italienischen Städte ihre vier Konsuln hatten. Die römische Einteilung ist auf Karl den Großen und dann auf alle späteren Hofhaltungen übergegangen. Unter ihm gab es vier Ministeralien: den Kämmerer *(cubicularius* oder *camerarius)*, den Marschall oder Constable *(marescalcus, comestabuli)*, den Seneschall oder Truchseß *(senescalus, dapifer)* und den Mundschenk *(buticularius* oder *pincerna)*.
Im osmanischen Reich hatte der Sultan ebenfalls vier Hauptämter im Diwan: die Wezire, den Qadiasker, die Defterdare und die Nischandschi.
Man kann hier auch an die vier Kasten (*varna*, eigt. »Farbe«) im Kastensystem der Hindus denken: die Brahmanen, die Krieger, die Siedler und die Sklaven. China hat gleichfalls vier Stände, und der Gelehrte dort wird mit den Emblemen der vier Künste, der Gitarre, dem Schachbrett, dem Buch und dem Bild dargestellt.
Die Bedeutung der weltordnenden Vierzahl ging so weit,

daß man im mittelalterlichen Europa, etwa an der Pariser Universität, die Professoren und Studenten in vier »Nationen« einteilte: die französische, englische, deutsche und normannische. Angehörige anderer Nationen wurden einer von den vieren zugeteilt: der Orient gehörte zur französischen, Polen und Ungarn zur englischen, Holland zur deutschen Nation.

Wie die Welt viereckig gedacht war, wurde auch das Abbild der Welt, die Stadt, entsprechend geformt. Die Anlage von Städten in quadratischer Form ist uralt, wie die Ruinen von Moenjo Daro im Industal zeigen, das im dritten vorchristlichen Jahrtausend in perfekte Quadrate eingeteilt war. Und als Hyderabad im Deccan (Südindien) zu Beginn des zweiten Milleniums islamischer Zeitrechnung 1592 gegründet wurde, wurde das *Tscharminar,* ein gewaltiges kubisches Gebäude mit vier hohen Minaretten, ins Zentrum der quadratischen Stadt gesetzt. Rom wurde nach seiner Form *Roma quadrata* genannt, und so wurde das Quadrat Symbol für Wohnung und Ort, für den quadratisch gefügten Komplex von Haus und Hof. Unser »Stadtviertel« erinnert noch an diese alte Einteilung. Andere moderne Worte gehen ebenfalls auf praktische Vierteilungen zurück, nicht nur das »Quartier«, sondern auch das »Quartal«, Vierteljahr. Aus dem römischen *quadra* wurde das »Geschwader«, während die *quaterna* über *caterna* im Französischen zu *cahier,* »Heft«, im Englischen zu *quire* wurde, was eine Anzahl von vier vierfach gefalteten Papierbögen bedeutet (woraus der 16seitige Druckbogen entstanden ist).

Die Vier erscheint hin und wieder im mittelalterlichen Recht: nach der *lex salica* mußte ein Totschläger Erde aus vier Hausecken in die vier Himmelsrichtungen werfen.

Konnte er die Buße nicht zahlen, die auf Totschlag gesetzt war, so mußte er in vier Gerichtsverhandlungen vorgeführt werden und, falls niemand für ihn einsprang, die Todesstrafe erleiden.

Die Vier wird verhältnismäßig selten im Aberglauben verwendet, wenn man von dem glückbringenden vierblättrigen Kleeblatt absieht, das wohl mehr wegen seiner Seltenheit gesucht ist. Es gab allerdings eine Sitte, in der Mädchen in Deutschland am Dreikönigstag vier Zwiebeln in die vier Ecken des Hauses legten und jeder den Namen eines Mannes gaben: diejenige, die zuerst sprießt, zeigt den Namen des Zukünftigen an.

In Redensarten kommt die Vier auch in der orientalischen Literatur vor; doch scheint es, daß wir es hier hauptsächlich mit einer Verdoppelung zwecks Verstär-

Die Meister der Vier Richtungen. Chinesisches Amulett zur Abwendung von Geisterflüchen.

Der Kaiser betraute seine obersten Lehensleute, die Vier Berge genannt, mit der Aufrechterhaltung des Friedens in den Vier Richtungen (nach alten Legenden). China kannte allerdings fünf Weltrichtungen: in der fünften, der *Mitte,* hat man sich den Sitz des Kaisers vorzustellen.

kung zu tun haben: mit »vier Händen anpacken«, oder mit »vier Augen blicken« bedeutet im Persischen und Türkischen »energisch anpacken« oder »voller Sehnsucht auf den Weg blicken«.

Andererseits hat der Gleichklang der Worte *shi*, »Tod«, und *shi*, »Vier«, im Chinesischen dazu geführt, die Numerierung mit Vier etwa bei Stockwerken oder Parkplätzen zu vermeiden.

Die Apokalypse hat die vier Reiter auf ihren farbigen Rossen beschworen, die die geschaffene Welt vernichten und nur die geistige Welt bestehen lassen werden, wenn sie über die vier Weltecken einstürmen. Aber andererseits hat jüngst C. G. Jung die Wichtigkeit der Vier hervorgehoben: die Ordnungsmacht der Vier sollte, nach seinem Willen, den chaotischen Ereignissen der dreißiger Jahre entgegenwirken und eine neue Ordnung schaffen. »Bannend und beschwörend tritt der Archetyp der Quaternität dem Archetypen Wotan entgegen« (Paneth, S. 165).

Das Mandala, das uralte Bild geistiger Ordnung mit seinen vier Kardinalpunkten, schien ein ideales Symbol dieser ordnenden Macht zu sein, die auch das trinitarische Denken hinter sich lassen wollte. Und so hat ein boshafter katholischer Theologe, Victor White OP, in seinem Buch *Soul and Psyche* bemerkt, daß »Jung für Vier getan habe, was Freud für Sex getan habe«, d. h. ihr eine grundlegende psychologische Funktion zugesprochen. (Butler, S. 179 A. 22)

Die Vier Apokalyptischen Reiter. Miniatur aus der Apokalypse von Arroyo (Nordspanien). Anfang 13. Jahrhundert. Zwischen den Reitern, auf ihrem weißen, roten, schwarzen und fahlen Pferd – das letzte vom Teufel begleitet –, finden sich die Vier Evangelisten mit ihren Vier Zeichen (in Menschenleibern): Matthäus und der Engel, Markus und der Löwe, Lukas und der Stier, Johannes und der Adler.

Fünf
Die Zahl des Lebendigen

5

Fünf ist
Des Menschen Seele.
Wie der Mensch aus Gutem
Und Bösem ist gemischt, so ist die Fünfe
Die erste Zahl aus Grad' und Ungerade.

So schreibt Schiller in »Piccolomini« (II, 1) und gibt damit der Fünf ihre klassische Bedeutung. Die Fünf ist in der Tat mit dem Menschen und seinem Sinnenleben verbunden; sie ist die Zahl der Liebe und, gelegentlich, der Ehe, so wie die Gäste in Platons »Gesetzen« fünf sind. Der deutlichste Ausdruck dieser Ehezahl findet sich in George Chapmans »Hero und Leander« (1598), in dem die fünfte Gedichtgruppe ein Epithalamion, ein Hochzeitsgedicht, ist, in dem es – ähnlich wie bei Schiller – heißt:

Since an even number you may disunite
In two parts equall, nought in middle left,
To reunite each part from other reft:
And five they hold in most especiall prise
Since t 'is the first od number that does rise
From the two formost numbers' unitie
That od and even are; which are two, and three,
For one no number is: but thence doth flow
The powerful race of number ...
(Butler, S. 126 f.)

Die Fünf, Verbindung der maskulinen Drei und der femininen Zwei und auch unteilbar, scheint schon aus diesem arithmetischen Grund eine passende Zahl für die Vereinigung des Männlichen und Weiblichen zu sein (s. a. das Rätsel der Turandot in Nizamis *Haft Paikar*). Für C. G. Jung ist die Fünf die Zahl des natürlichen Menschen (man denke an den Rumpf und 2 × 2 Arme und Beine), und Goethe, in seiner tiefen Einsicht in die alte Zahlensymbolik, schlägt in den »Wahlverwandtschaften« für freie Liebe vor: »Eine Zeitehe auf fünf Jahre – eine schöne, ungrade, heilige Zahl« – als kontrastierend mit der auf Vier basierten »sozialen Familie«, die in »Tisch und Bett, Haus und Hof« eingeschlossen ist. Die Fünf galt von früh an als eine etwas ungewöhnliche, ja ungebärdige Zahl, und die Entdeckung des Hippasos, daß es einen fünften Körper, den aus 12 regelmäßigen Fünfecken bestehenden Pentagondodekaeder, gab, soll die so ganz auf die Vier konzentrierten Pythagoräer sehr gestört und der Legende nach zur Ertränkung des Entdeckers geführt haben.

In der Tat ist es auffällig, daß die Fünf als Ordnungszahl in Kristallen nicht vorkommt – dort sind nur die Zähligkeiten 2, 3, 4 und 6 möglich (wie die Pythagoräer die Fünf auch nicht bei der Bildung musikalischer Intervalle verwendeten). Dagegen ist die Fünf die hervorragende Ordnungszahl der belebten Natur: Die Anzahl der Blütenblätter ist oftmals fünf, und Psychologen (so Paneth) haben das Aufbrechen der Blüten im Frühling, mit ihren ungezählten fünfsternigen Blütenblättern, als »revolutionär« empfunden. Schon der englische gelehrte Dichter Sir Thomas Browne verfaßte 1658 seinen »Garden of Cyrus«, in dem The *Quincuciall Lozenge, or Network Plantations of the Ancients, are Artificially, Naturally, Mystically, considered.* Er versuchte zu zeigen, daß die Zahl Fünf nicht nur in der gesamten Gartenbaukunst des

Altertums zu finden ist, sondern das Pflanzenleben ebenso wie die Gestaltungen der Tiere durchdringt (die fünf Finger und fünf Zehen sind ein Beispiel dafür; man mag auch an den Seestern denken).
Die Fünf konnte daher als Zahl der Unart, die den wohlgeordneten Kosmos beunruhigt, gesehen werden (so wie Eros Unruhe in die Welt bringt), wie, geometrisch gesehen, das Fünfeck die geometrische Figur ist, die, aneinandergefügt, eine Fläche nicht vollständig bedecken kann. Die christlichen Exegeten sahen in der Fünf einen Hinweis auf den Pentateuch, die fünf Bücher Moses: diese schienen ihnen der Vollkommenheit zu ermangeln (Augustin), und wenn Petrus Bungus feststellt, daß David für *limpidissimos lapides* (ganz klare Steinchen) aus dem Bach nahm, die das Gesetz des Pentateuch symbolisieren, und damit Goliath mit einem Wurf niederstreckt, legt er das als die Macht der *einen* Lehre der christlichen Liebe aus, die das Gesetz überwindet.
Aber man kann die Rolle der Fünf auch von einem anderen Gesichtspunkt aus darlegen, der auf astronomische Tatsachen zurückgeht. Fünf ist von altersher mit der Göttin Ischtar verbunden, ist die eigentliche Venuszahl. Der schweizerische Gelehrte Dr. Martin Knapp hat in seinem *Pentagramma Veneris* gezeigt, wie er, beeinflußt von Keplers Operationen mit Saturn und Jupiter, einen ähnlichen Versuch mit Venus machte und die oberen Konjunktionen der Venus nach ihren Orten im Tierkreis in einen Jahreskreis eintrug. Die Daten ergaben: 9.2.1922 – 10.9.1923 – 24.4.1925 – 21.11.1926 und 1.7.1928. Die Verbindung der Daten auf dem Jahreskreis lieferte ein Pentagramm, jenes Zeichen, das der Ischtar oder den mit ihr verwandten Göttinnen des Venussterns eigen ist. Die übrigen Positionen der Venus,

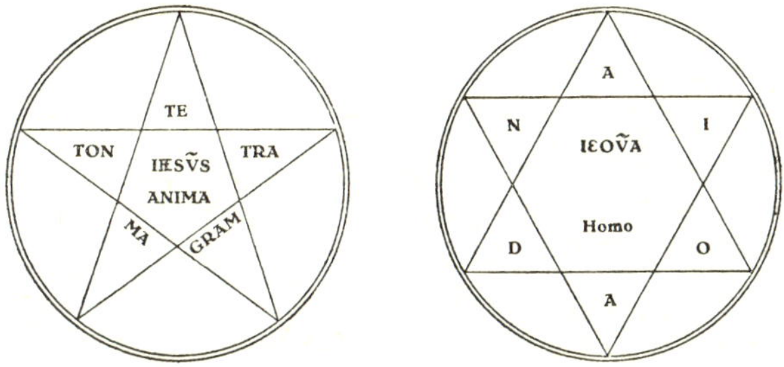

Das Pentaculum (links) und das Sigillum (rechts) nach Theophrastus Bombastus von Hohenheim, genannt Paracelsus: »Mit diesen zweien Characteren haben die Israeliten und die nigromantischen Juden viel ausgerichtet und zuwege gebracht. Sie werden auch noch bei etlichen hoch verborgen behalten. Denn die zwei sind von so einer großen Macht, daß alles, was den Characteren und Wörtern möglich zu tun ist, das ist diesen beiden alles möglich« (De occulta philosophia). In der magischen Literatur des 16. und 17. Jahrhunderts leitet sich vom Pentagramm bzw. Drudenfuß der Begriff des Pentakels für alle talismanischen Zeichen ab.

wie die unteren Konjunktionen und die östlichen und westlichen Elongationen, zeigen zusammengestellt und miteinander verbunden das gleiche Pentagramm, das somit in besonderer Weise mit der Venusbahn verbunden ist.

Zwischen zwei Berührungspunkten des Pentagramms mit dem umschriebenen Kreis liegt ein Bogen von 72 Grad, und von hier lassen sich mystische Anwendungen und Auslegungen der Zahl 72 ableiten. Allerdings ergibt die Einteilung des Kreises in fünfmal 72 Bogengrade noch nicht den vollen synodischen Venusumlauf. Venus braucht für eine Synode 2919,606970 Tage, und fünf Synoden umschließen daher 2877,591145 Grade,[1] was bedeutet, daß 2,41 Grade zu genau acht Vollkreisen fehlen. Das Ischtar-Pentagramm ist also, wenn es ganz genau berechnet wird, nicht vollständig geschlossen. Und es ist eben das nicht ganz geschlossene Pentagramm in Fausts Studierzimmer, das, wie Goethe zeigt, dem Mephisto den Eintritt ermöglicht.

Das Ischtar-Pentagramm erscheint dann auch als sogenanntes Salomons-Siegel und ist, wie man leicht sieht, ein endloses Zeichen, wie auch Fünf eine Zirkularzahl ist. Kein Wunder, daß das Pentagramm daher – zumindest im Englischen – als *lovers' knot* gilt, als Liebesknoten, der unendlich ist. Damit werden wir wieder auf Ischtar und die anderen Liebesgöttinnen zurückgeführt. Denn ihre heilige Zahl findet sich in der ganzen antiken Welt mehr oder minder deutlich: der fünfeckige Venustempel von Baalbek aus hellenistischer Zeit ist ein gutes Beispiel dieser Symbolik. In christlicher Zeit wurde Maria mit den schönen Eigenschaften der Ischtar versehen; ihr Zeichen ist oft das Pentagramm, und sie wird auf einer Mondsichel stehend abgebildet, so wie einst Ischtar Siegerin über den Mondgott war.

Es ist möglich, daß der Rhythmus der Marienfeste einmal dem Pentragramm gefolgt ist. Ja, der Venusstern selbst wurde häufig als Stern der Maria angesehen. Das schöne Lied

> Ave maris stella,
> Dei mater alma …
> Meerstern, ich dich grüße,

erinnert daran.

Nicht von ungefähr sind im Neuen Testament fünf Marien erwähnt. Und wie oftmals neue Kulte an alten Kultstätten entstehen, so findet sich auch – um nur ein Beispiel zu nennen – ein Marienheiligtum auf der alten Kultstätte der Venus Eryeina in Sizilien; es stellt Maria mit sieben Schleiern dar (wohl eine Erinnerung an die sieben Sphären), die nur am Tage Mariä Himmelfahrt, dem 15. August, feierlich abgelegt werden. Die Gegenfigur der Jungfrau Maria ist ebenfalls mit der Fünf verbunden: es ist Lilith, die dämonische Gefährtin Adams.

Fünf ist eine Hauptzahl im Manichäismus, der fünf Lichtelemente (Äther, Wind, Wasser, Licht und Feuer) und entsprechend fünf Finsterniselemente und fünf Licht-Äonen kennt. Entsprechend gab es fünf Körperteile, fünf Tugenden, fünf Stufen des Klerus, aber auch fünf Laster. Zu den fünf »Helfern des Lebendigen Gottes« traten ferner fünf »seelenversammelnde Engel«.

Die Fünf gehört jedoch nicht nur zum vorderasiatischen Kreis, sondern ist ebenso wichtig, ja, in gewisser Weise noch zentraler, in China. Man kannte dort ebenfalls das Pentagramm und schrieb an dessen obere Spitze »Erde«, an die folgenden Spitzen »Wasser«, »Feuer«, »Metall«, »Holz«, um die Relationen zwischen den fünf Elementen darzustellen: Erde saugt Wasser, Wasser löscht Feuer, Feuer schmilzt Metall, Metall schneidet Holz, Holz pflügt Erde.

Das beliebteste magische Quadrat, das sich um die Fünf bildet und später im Islam zentral geworden ist, stammt aus dem alten China. Man verband auch in China das Pentagramm mit den Sternen Saturn, Merkur, Mars, Venus, Jupiter und ordnete ihnen Richtungen, Jahreszeiten, Töne, Körperteile, Geschmacksarten, Tiere und Farben zu. Das gesamte irdische Leben basierte auf der Fünf: es gab fünf heilige Berge, fünf Getreidearten, fünf Adelsstufen, fünf menschliche Beziehungen (Fürst-Untertan, Vater-Sohn, Mann-Weib, älterer-jüngerer Bruder, Freund-Freund. Man findet fünf Tugenden, fünf Glücksgüter, fünf moralische Qualitäten, fünf klassische

Bücher, aber auch fünf Hauptwaffen und fünf Strafen. Die alte Tonleiter bestand aus fünf Tönen, die unserer Oktave ohne Quint und Septime entsprechen.
Fünf war in China verständlicherweise eine Glückszahl, und zu Neujahr wurden über die Haustür Streifen mit Worten »Das fünffache Glück komme hinein« geklebt. Eine ähnliche wichtige Rolle der Fünf ist bei nordamerikanischen Indianern zu beobachten. Sie war zentral bei den alten Maya, wo sie das Zentrum der vier Weltgegenden darstellt. »Mehrere Götter sind in ihrer Gestalt und ihrem Dasein fünffältig. Eine Gottheit zergliedert sich in die den Kardinalspunkten zugeordneten Farben (Rot, Weiß, Schwarz, Gelb, Blaugrün), in fünf verschiedene Figuren und Aspekte, die erst zusammen die Gottheit ergaben. So findet man die Zahl Fünf noch heute in yucatanischen Ortsbezeichnungen« (Rätsch).
Warum allerdings den kriegerischen Sikh in Indien fünf Dinge vorgeschrieben sind, die sie besonders kennzeichnen, ist nicht ganz ersichtlich: es sind die »fünf k« – *kes, kach, kara, kripan, kanjha,* »langes Haar, mittellange Hose, Messer, Schwert und Kamm.«
Die Fünf spielt auch in der allgemeinen astronomischen Zählung eine Rolle. Das alte Sonnenrundjahr, das auf der 60 (5 × (5+7)) beruhte und in fünfmal 72 Tage geteilt werden konnte, wurde später in das wirkliche Sonnenjahr zu 365 Tagen umgewandelt. Das heißt, es mußten fünf neue Tage eingesetzt werden, die »Epagomenen« genannt wurden. Plutarch berichtet nach einem antiken Mythos, wie diese fünf Tage entstanden sind. Der Sonnengott Helios hatte Rhea verflucht, weil sie ihm untreu geworden war: sie solle weder unter seiner noch unter des Mondes Herrschaft die Frucht ihres ehebrecherischen Umgangs gebären dürfen. Aber der kluge Hermes

Die Fünf Alten erscheinen bei der Geburt des Konfuzius über dem Haus der Familie K'ung. Der spätere Meister ist somit mit den Elementen im Bunde, denn diese – in China *wu-hsing*, Wandelzustände, genannt – werden durch die Alten symbolisiert: der Herr des Ostens (Element Holz, Farbe Blau), der Herr des Südens (Feuer, Rot), der Herr des Westens (Metall, Weiß), der Herr des Nordens (Wasser, Schwarz) und der Herr der Mitte (Erde, Gelb).
Alter Holzschnitt

Fünf Fledermäuse, fünf Hakenkreuze (Svastika) und inmitten das Zeichen für Langlebigkeit: dieses Sinnbild drückt in China den Wunsch nach fünffach gesteigertem Glück aus.

half ihr; er gewann dem Mondgott im Spiel jeden Tag den 72. Teil des Tages ab. Das waren für das Jahr von 360 Tagen eben jene fünf Tage, die nun weder unter der Herrschaft der Sonne noch des Mondes stehen und damit nicht vom Fluch des Helios betroffen waren.

Es scheint eine uralte Fünftagewoche gegeben zu haben, die im römischen *Lustrum*, dem Jahrfünft, weiterlebt, das eine Fünferwoche des Götterjahres darstellt.

Man kann geteilter Meinung darüber sein, wie weit astronomische, wie weit praktische Gründe die Fünf, die in Babylon mit der Sieben zusammen eine zentrale Rolle spielte, so bedeutend gemacht haben. In jedem Fall findet man eine Neigung, Fünfergruppen zu bilden, von denen die fünf Sinne sicherlich mit der Fünf als der Zahl des natürlichen Menschen zu tun haben. Doch erscheint die Fünf auch in anderen Zusammenhängen: Hierher gehören die fünf Laiengebote des Buddhismus, die fünf Haupttugenden des Aristoteles, und besonders die fünf Bücher Moses, der Pentateuch, der, wie wir anfangs sahen, von der christlichen Exegese als niedriger und nur zum Evangelium hinführend angesehen wurde. Die persische Poesie hat große epische Fünfergruppen, von denen die oftmals nachgeahmte *Khamsa*, das »Quintett« der fünf Epen des mittelalterlichen Dichters Nizami, das unübertroffene Modell für Hunderte von persischen, türkischen und Urdu-Werken ist.

Fünfgliederung von Ratschlägen kommt gleichfalls vor. Noch Goethe schreibt im »Buch der Betrachtungen«: »Fünf Dinge bringen fünfe nicht hervor ...« und schließt daran die positiven »fünf anderen« an.

Man vermutete im Vorderen Orient, daß die Göttermutter den Menschen vor bösen Geistern schützt, und daher wird das Pentagramm noch heute als Amulett getragen.

Der fünfköpfige Affe Hanuman, unsterblich, voll spiritueller Macht und omnipräsent. Fünf ist auch die Anzahl der Elemente in Indien: Erde, Wasser, Feuer, Luft und Äther, aus denen der Kosmos und die Lebewesen zusammengesetzt sind; das reinste und wichtigste Element ist, entsprechend den Hindu Schastras, die Luft: das Element des Hanuman.

Man findet es hin und wieder auch an der Wand mittelalterlicher Kirchen zum Schutze des Gotteshauses gegen Satan, oder zur Abwehr der Druden, dämonisierter Begleiter der germanischen Göttin Perchta (Drudenfuß). Da die menschliche Hand fünf Finger aufweist, wird sie im islamischen Orient auch gern als Amulett verwendet –

hier heißt sie »Hand Fatimas« (nach der jüngsten Tochter des Propheten Muhammad), symbolisiert aber auch die *Pandschtan*, »fünf Leute«, das sind Muhammad, seine Tochter, ihr Mann Ali und ihre beiden Söhne Hasan und Husain, die die Basis des schiitischen Islam bilden, jedoch auch im sunnitischen Islam hoch angesehen sind. Die große steinerne Hand über dem Eingang zum Gerichtssaal der Alhambra ist ein solches Abwehrzeichen gegen den bösen Blick. Die gewebte oder gestickte Hand auf islamischen Fahnen hat die gleiche abwehrende Kraft. Wenn man jemandem die ausgestreckte Hand ins Gesicht hält und sagt *Khams fī 'ainak*, »Fünf in deine Augen«, so wird der wirkliche oder angebliche böse Blick des Kontrahenten gebannt. Doch kann die Formel auch als grobe Beschimpfung verwendet werden,

Fünf Finger, die Pandschtan darstellend, mit der Anrufung *Ya Ali* zur Abwehr des bösen Blickes. Silberamulett, Pakistan, 20. Jahrhundert.

weshalb man im gesprochenen Arabisch die Fünf vorsichtshalber umschreibt, um Fluchwirkungen vorzubeugen. Analog den *Pandschtan* hat die islamische Volksfrömmigkeit in Indo-Pakistan eine Gruppe von *Pandsch Pīriyā,* fünf schutzverleihenden großen Heiligen gebildet.

In der praktischen Magie gilt das Pentagramm als Zeichen des Mikrokosmos, worauf Paracelsus besonders hingewiesen hat. Der französische Magier des 19. Jahrhunderts, Abbé Constant, der sich Eliphas Levy nannte, hat ausführlich darüber gehandelt. In seinem Privatgebrauch hatte er ein, wie er es nannte, »wissenschaftlich vervollkommnetes Pentagramm«, dessen Begrenzung nicht aus Strichen, sondern aus Streifen besteht, in denen sich astrologische Symbole und kabbalistische Inschriften befinden. In den fünf Außenwinkeln ist das Wort *Tetragrammaton,* »vierbuchstabig«, d. h. die Umschreibung des hebräischen Gottesnamen *yhwh,* eingefügt. Constant erklärte: »Das Pentagramm drückt die Beherrschung der Elemente durch den Geist aus, und mittels dieses Zeichens fesselt man Dämonen der Luft, Feuer- und Wassergeister, den Spuk der Erde.«

Auch moderne Kabbalisten und Magier verwenden das Pentagramm als das große Symbol des Mikrokosmos. Agrippa von Nettesheim, Arzt, Philosoph und Okkultist des 16. Jahrhunderts, hat gezeigt, daß der Mensch, wenn er mit gespreizten Beinen und ausgestreckten, aber etwas gesenkten Armen dasteht, mit den äußersten Punkten – Kopf, Finger- und Fußspitzen – aus einem um ihn geschlagenen Kreis ziemlich genau die fünf Ecken des Pentagramms herausschneidet. Solche Zeichnungen des Menschen werden im Mittelalter auch mit Planetensymbolen versehen und in der Astrologie verwendet. Da der

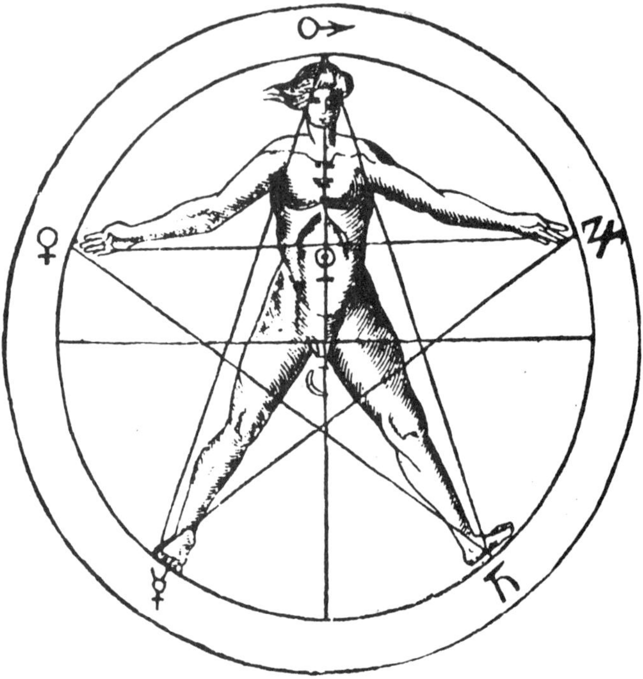

Das Pentagramm (»Fünfwinkelzeichen«) nach Agrippa von Nettesheim, Liber quartus de occulta philosophia (1565).

Mensch nun auch aus vier Elementen besteht, hat man, um die Fünf zu erreichen, ein geheimes Element, die *quinta essentia,* hinzugefügt. Sie ist der eigentliche Lebensträger. Die Herstellung der *quinta essentia* war das Ziel der mittelalterlichen Alchemisten. Überwindung des Todes aber ist verbunden mit Zeugung und Eros, so daß die *quinta essentia* wiederum auf die alte lebensfortführende Kraft der Muttergöttinnen zurückweist. Mörike kannte wohl die Zusammenhänge, denn die schöne

Lau in der Geschichte vom Stuttgarter Hutzelmännlein muß fünfmal lachen, damit sie ein lebendes Kind bekommt. Trägt nicht auch der indische Liebesgott (so im *Gitagovinda)* fünf Pfeile mit sich?
Ob das traurige baltische Lied »Zogen einst fünf wilde Schwäne ...« etwas mit der Eros-Symbolik zu tun hat, ist nicht klar, aber möglich.
Die christlichen Theologen der Frühzeit interpretierten die Fünf anders: sie sahen nicht nur das Gesetz des Pentateuch darin, sondern auch die fünf Wunden Christi, und setzten die Zahl aus 3 + 2 zusammen, Glaube an die Trinität und Doppelgebot der Gottes- und Menschenliebe. Ja, Irenäus ging so weit, daß er in seinem Werk »Gegen die Häretiker« die Gnostiker beschuldigte, die Zahl Fünf zu ignorieren, obgleich doch die Worte *soter,* »Retter«, und *pater* »Vater«, jeweils fünf Buchstaben haben, und der Herr mit fünf Laib Brot 5000 Menschen speiste, das Kreuz fünf Hauptpunkte hat, und die fünf Finger und die fünf Sinne des Menschen auf Gottes Wirken hinweisen. Die Beziehung der fünf klugen und fünf törichten Jungfrauen zur Ischtarzahl scheint den Theologen nicht oft aufgefallen zu sein.
Fünf ist in ganz besonderer Weise mit dem Islam verbunden: wir finden die fünf Pfeiler des Glaubens (Glaubensbekenntnis, Pflichtgebet, Fasten im Ramadan, Almosensteuer und Pilgerfahrt nach Mekka). Das Pflichtgebet wird fünfmal täglich vollzogen. Auch die Beute wird in fünf Teile geteilt, und die religiös-ethischen Kategorien im Recht sind fünf: Pflicht – empfehlenswert – indifferent – verwerflich – verboten. Wir erwähnten schon die *Pandschtan,* die Fünf, die sich mit dem Propheten zusammen unter seinem Mantel befanden und deren Namen talismanisch verwendet werden. Die schiiti-

sche Gruppe der Lauteren Brüder von Basra hat ausdrücklich festgestellt, daß der Islam auf Fünf beruhe – nicht nur die schon erwähnten Grundlagen deuten darauf hin, sondern auch die Tatsache, daß es nur fünf Gesetzgeber-Propheten gibt (Noah, Abraham, Moses, Jesus, Muhammad), und daß sich nie mehr als fünf isolierte Buchstaben am Beginn eines koranischen Kapitels befinden. Die traditionellen Lehren von den fünf Planeten, den fünf Schalttagen und fünf geometrischen Figuren wurden von diesen Philosophen als Beweis der Wichtigkeit der Fünf angeführt. Schon vor ihnen hatte der geheimnisvolle arabische Philosoph und Alchemist Dschabir ibn Hayyan (wohl 9. Jhd.) auf die griechischen philosophischen Pentaden hingewiesen (fünf platonische Körper; Empedokles' *materia prima,* Intelligenz, Seele, Natur, körperliche Materie). Dschabir selbst teilt die Welt ein in Substanz, Materie, Form, Zeit und Raum, während der Philosoph Razi (st. 925) vom Demiurg, von der Seele, der Materie, von Raum und Zeit spricht und al-Kindi (st. nach 870) die Pentade Materie, Form, Bewegung, Raum und Zeit postuliert.
Besonders auffallend ist die Fünf in der proto-ismailitischen Philosophie des *Umm al-kitāb,* das wohl gnostische und manichäische Spekulationen über Fünfergruppen geistiger Wesen übernommen hat. Das *Umm al-kitāb* enthält zahlreiche solche Gruppen, von den fünf Lichtern von jeweils fünf Farben, die mit den *Pandschtan* zusammenhängen, bis zu den fünf Erzengeln Gabriel, Michael, Seraphiel, Azrael, Surial, die wiederum mit den fünf geistigen Fähigkeiten zusammengehören, – Probleme, die Henry Corbin im einzelnen behandelt hat.
Die uralte mystisch-mythische Bedeutung der Fünf (über die sich Bachofen in seinem Werk über das Mutter-

Aztekenkreuz als Symbol der fünf Weltgegenden. In der Mitte der Feuergott; oben Osten, links Süden, unten Westen, rechts Norden. Mit den Tageszeichen und anderen Symbolen ergänzt es sich zum »Tonalpohualli«, dem rituellen Kalender, der eine Periode von 260 Tagen umfaßt.
Aus der Bilderhandschrift Codex Fejérváry-Mayer

recht ausführlich ausgelassen hat) und die Rolle des Pentagramms als Amulett lebt auch im modernen Volksglauben weiter. Wenn man z. B. fünf Brotkügelchen auf den Tisch wirft und kann durch Verlegung eines Kügelchens ein Kreuz formen, so ist die Frage, die man beim Werfen im Sinn hatte, bejaht. Ein geweihter Strauß von fünf Kräutern, den man bei sich trägt, läßt einen Hexen und Hexenmeister erkennen. Die Wurzel *Pentasyllon*, »Fünfblatt«, soll nach mittelalterlichem Glauben dem Gift widerstehen und Geister vertreiben. Auch trägt sie zur Versöhnung bei. Vielleicht stammt daher der Fünfpaß in der gotischen Architektur.

Im Vogtland glaubt man, daß man gegen Zahnschmerzen fünfmal in einen gelben Weidenstrauch zu spucken habe, dann knüpfe man fünf Knoten in eine Rute dieses Strauches. Ist die Rute verdorrt, so ist auch der Zahnschmerz fort. Der Glaube an Sympathiemittel ist, wie man sieht, auch hier sehr eng mit Magie verknüpft. Bei der Ernte läßt man in Hessen die ersten Halme von einem Kind unter fünf Jahren schneiden.

Die Fünf erscheint weitgehend als magische Zahl, verbunden mit dem natürlichen Menschen, mit beunruhigendem Eros und besonders mit der – gefährlichen und schützenden – Macht des Weiblichen. Zeugnis davon legen die verschiedensten Dinge ab, von den fünf klugen und den fünf törichten Jungfrauen des Evangeliums bis hin zu dem erfolgreichen Parfüm Chanel No. 5.

Sechs
Die vollkommene Welt-Zahl

6 Die Zahl Sechs ist im antiken und neuplatonischen Weltsystem die vollkommenste Zahl, da sie sowohl die Summe als auch das Produkt ihrer Teile ist: sie entsteht durch 1 + 2 + 3 und durch 1 × 2 × 3. So ist sie auch das Produkt der ersten männlichen und der ersten weiblichen Zahl. Psychologisch gesehen, bringt sie als 2 × 3 Analyse und Synthese in einfachster Form. Und die sechs Quadrate, die den Kubus bilden, lassen diesem zum Idealbild des geschlossenen Baus werden.

Die biblische Exegese fand zu ihrem Entzücken diese Qualitäten der Sechs, da Gott ja seine Werke in sechs Tagen vollbrachte. Das war für Philo und seine Nachfolger keine Überraschung, denn, wie Hrabanus Maurus sagt, »Die Sechszahl ist nicht vollkommen, weil Gott die Welt in sechs Tagen schuf; vielmehr hat Gott die Welt in sechs Tagen vollendet, weil die Zahl vollkommen war.« Augustin argumentiert ähnlich und ist imstande, die Sechs in ihre drei Bestandteile zu zerlegen, insofern als Gott am ersten Tag das Licht schuf, am zweiten und dritten Tag Himmel und Erde, d. i. die *fabrica mundi,* und in den folgenden drei Tagen die einzelnen Geschöpfe, von den Fischen bis zum Menschen. Ja, man ging so weit, den hebräischen Beginn des Alten Testaments *b'reschīth,* »Im Anfang«, anders abzuteilen, so daß die Form *bara schīth,* »Er schuf die Sechs«, daraus wurde. (Hopper, S. 60).

Aus dieser Lehre von der Weltschöpfung entwickelte sich die siebentägige Woche[2] – sechs Tage Arbeit, ein Tag der Ruhe, und daraus folgend die sechs Arbeitsjahre, denen ein Festjahr folgt, d. h., daß im siebenten Jahr das Land brach liegen soll – »so daß die Armen deines Volkes es (was auf dem Felde ohne Saat wächst) essen können, und was sie übrig lassen, mag das Wild fressen« (2. Moses 23, 10). Der Weltschöpfung analog lagerte die Wolke des Herrn sechs Tage über dem Sinai, und sechs Tage sollen die Juden ungesäuertes Brot essen, um der Rettung aus Ägypten zu gedenken. Die sechsflügeligen Seraphim, die Jesaia schaut, weisen ebenfalls auf Vollkommenheit. Die christliche Tradition weist der Zahl Sechs neben der

Das Sechstagewerk Gottes. Titelblatt zu einem Psalter aus Canterbury, Anfang des 13. Jahrhunderts. Der Herr des ersten Tages trägt Zirkel und Waage (vgl. Salomo 11, 26), in den folgenden wandelt er sich zum Gelehrten, hebt gebietend die Schrift empor – nur bei der Erschaffung der Pflanzen wirkt er gelöster.

Vollkommenheit auch die Beziehung zur Kreuzigung Jesu zu, die am sechsten Tag der Woche stattfand und sich in der sechsten Stunde vollendete. Aus der »sechsten« Stunde des Tages (nach Sonnenaufgang) ist unsere *siesta* (sechste), die Mittagsruhe, geworden. Doch wird die Sechs auch, in Zusammenhang mit Mt. 25, 34-36, als Symbol der *vita activa*, der guten Werke, gesehen. Und wie in der alttestamentlichen Überlieferung die Sechs eine Vorbereitung für die Ruhe oder Vollendung der Sieben ist, so blasen auch sechs Posaunenengel in der Apokalypse, solange das Gericht Gottes geht, während der siebente erst blasen wird, wenn das Geheimnis Gottes vollendet ist. Besonders stark ist die Sechs im Zoroastrismus vertreten, wo die sechs Schöpfungsperioden auf die sechs höchsten Engelswesen verteilt sind. Auch hier tritt zu der schöpferischen Sechszahl AhuraMazda, der Gute Gott, als siebenter und gleichzeitig umfassender oberster Geist. Entsprechend den sechs Schöfungsperioden hat der Zoroastrismus auch sechs große Feste.

In der islamischen Tradition ist die Sechs ebenfalls mit der Schöpfung verbunden, erscheint jedoch häufiger negativ unter dem Bild des Kubus. Die Mystiker und Dichter erfahren die Welt als einen sechsseitigen Käfig, in dem sie gefangen sind und aus dem sie sich vergeblich heraussehnen, solange sie von den fünf Sinnen und den vier Elementen gefesselt werden. In einem beliebten Vergleich sehen sie ihre Stellung in diesem Käfig als ein *schaschdara*, ein »Sechstor«, das ist die hoffnungsloseste Stellung des Spielers beim Tricktrackspiel.

Die Sechs erscheint in der hermetisch-mystischen Tradition in erster Linie in Verbindung mit dem Sechsstern, der aus zwei ineinander geschobenen Dreiecken besteht, eines mit der Spitze nach oben, das andere nach unten.

Links oben: der sechsstrahlige Stern im Innern der indischen Varana Yantra enthält die Bija Mantras, die sich auf die spirituelle Persönlichkeit des Affen Hanuman beziehen. Die acht Lotosblüten außen tragen die Namen wichtiger Affenkrieger: Jambavan, Sugriva, Angad, Nala, Nila, Suvesha, Sushena und Prahasta.
Links unten: sechsstrahlige Gewölbescheibe in der Marienkirche des Zisterzienserklosters Doberan (bei Rostock, Ende 13. Jahrh.). Die Sechszahl bestimmt auch das Sternengewand und die Krone Marias.
Rechts: sechsflügliger Engel als Anthropossymbol, auf zwei Rädern stehend: dem Alten und dem Neuen Testament. Nach einem Bild des Klosters Watopaedi (Berg Athos, 1213 n. Chr.).

Im Altindischen ist dies die Vereinigung des schöpferischen Vischnu-Dreiecks mit dem zerstörerischen Schiva-Dreieck, also die Schöpfung und Vergänglichkeit der materiellen Welt. Das obere Dreieck wurde dann zum Symbol des Guten, nach oben Strebenden, des Schaffenden, während das nach unten weisende Dreieck das Materielle, Schlechte, Zerstörende bedeutet. Damit trägt der Sechsstern den Hinweis auf die Polaritäten Geist-Materie, Gott-Chaos, Raum-Zeit, das heißt wiederum auf den Kosmos. Die Verbreitung dieser Figur und ihre Auslegung ist nicht sicher, doch erscheint sie im Vorderen Orient, im israelitischen Raum (Davidsstern) und in christlichen Kreisen.
Man findet die Sechs in der christlichen Mystik als Symbol der Polarität in Form eines Sechsecks, und sie deutet auch auf den Tierkreis hin, dessen Hälfte sie ja darstellt. Die doppelte Reihe von je sechs Engeln am Portal des Freiburger Münsters hat man mit den sechs Tugenden Christi verbunden, deren Übung den Schild des Glaubens, nämlich das Sechseck, bildet. Das Sechseck aber erscheint auch in der Natur als der ideale Baustein – nämlich in der Bienenwabe, deren Gestalt die Betrachter von jeher ebenso fasziniert hat wie die hexagonale Kristallform der Schneeflocken, und es tritt in dem wichtigen Molekül des Benzolrings (C_6H_6) auf, den Kekulé durch einen Traum entdeckte.

Sieben
Die Säulen der Weisheit

7

Auch jemand, der nicht, wie die Herausgeberin, an einem siebten um sieben Uhr früh in einem Haus Nr. 7 geboren ist, würde auf die Sieben aufmerksam werden, wenn er gerade mit der modernen Version des Siebenmeilenstiefels, der Boeing 747, über die sieben Meere in die Gegend des Siebengebirges geflogen ist; oder falls er im September, dem alten siebten Monat, Seven-up trinken sollte.

Die Sieben hat seit altersher die Menschen fasziniert. In seiner Studie, »Seven – the Number of Creation«, hat Varney, wie vor ihm manche andere, versucht, alles Geschehen in der sublunaren Welt auf die Sieben zurückzuführen: diese besteht aus einer Dreiheit von schöpferischen Prinzipien (dem aktiven Bewußtsein, dem passiven Unterbewußtsein, und der ordnenden Kraft des Zusammenwirkens) sowie aus einer Vierheit der aus den Elementen geschaffenen Materie und sinnlicher Kräfte: Luft, der Intelligenz entsprechend; Feuer, dem Willen entsprechend; Gefühl, dem Wasser entsprechend; und Moral, der Erde entsprechend. Eine solche Einteilung der Sieben in ihre beiden konstituierenden Prinzipien, die geistige Drei und die erdenhafte Vier, wird auch sonst in der Interpretation oft benutzt und liegt der mittelalterlichen Einteilung der sieben freien Künste in das Trivium und Quadrivium zugrunde.

Ein anderes, zu Beginn dieses Jahrhunderts verfaßtes Werk von Hellenbach weist darauf hin, daß alle Periodizität mit Sieben zusammenhängt, sei es in der Musik mit ihren sieben Tönen, die dann in der Oktave wieder zum ersten zurückkehren, sei es in der Ordnung der chemischen Elemente. Natürlich nimmt der Verfasser den alten Glauben auf, daß das Wachstum und die Entwicklung des Menschen in Perioden von Sieben und Neun vor sich geht. Auch Shakespeare, wie zahlreiche andere vor ihm, spricht von den »seven ages of man«, und schon in einer pseudo-hippokratischen Schrift wird die Sieben »kosmische Strukturzahl« genannt und von ihr behauptet, sie bewirke Winde, Jahreszeiten, Lebensalter, und auf ihr beruhe die natürliche Gliederung des Menschen. Solon hatte zuvor in Griechenland das menschliche Leben entsprechend den Sternensphären in zehn Stufen zu je sieben Jahren eingeteilt, und seine Gedanken wurden von dem großen hellenistisch-jüdischen mystischen Philosophen Philo von Alexandrien mit alttestamentlichen Vorstellungen verbunden. Er schreibt daher: »Zu Ende des ersten Jahrsiebtes kommen an Stelle der Milchzähne die richtigen Zähne, zu Ende des zweiten tritt die Geschlechtsreife ein, im dritten sproßt beim Mann der Bart, das vierte ist die Blütezeit des Lebens, das fünfte der Zeitraum der Verehelichung, das sechste bringt die Reife des Verstandes, das siebente die Veredelung der Seele durch die Vernunft, das achte die Vollendung von Verstand und Vernunft, das neunte die Zähmung der Leidenschaften und infolgedessen Gerechtigkeit und Milde. Im zehnten aber ist es am besten, zu sterben, da in dem darüber hinaus liegenden Alter der Mensch nur ein gebrechlicher und unnützer Greis ist.« Denn, wie die Bibel sagt, »Des Menschen Leben währet siebzig Jahre ...« (Ps. 90). Diese Gedanken waren im Abendland weit verbreitet, und im 17. Jahrhundert schrieb Sir Thomas Browne, daß jedes siebente Jahr eine Veränderung im Leben bringe, entweder im Körper oder in der Seele, oder in beiden. Doch seien drei Einschnitte besonders wichtig: siebenmal sieben, neunmal neun, und 7 × 9 oder das 63. Jahr, von dem man annimmt, daß es am ominösten sei: 63 ist »das große Klimakterium«. Hayy ibn Yaqzan, der philosophus autodidactus, den der nordafrikanische Philosoph Ibn Tufail im 12. Jahrhundert beschrieben hat, entwickelt sich ebenfalls in Stufen von sieben Jahren zur Vollendung.

Auch in China wird die Sieben mit dem menschlichen Leben verbunden, und zwar besonders mit dem Leben der Frau: mit sieben Monaten bekommt das Mädchen Milchzähne, die es mit sieben Jahren verliert, in zweimal sieben Jahren öffnet sich »die Straße des Yin«, d. h. das Mädchen wird geschlechtsreif und erfährt mit 7 × 7 = 49 das Klimakterium. Das stimmt auch medizinisch ziemlich genau; dazu kommt, daß die Menstruation alle 7 x 4 Tage regelmäßig eintritt. Die Schwangerschaftsdauer wird mit Hilfe der sieben berechnet, indem man zum ersten Tag der letzten Menstruation vierzigmal sieben Tage zählt. Auch ist in der Regel eine Frühgeburt lebensfähig, wenn sie im siebten Monat geboren wird, nicht aber im achten.

So erscheint die Sieben in der Tat überall im menschlichen Leben, und Pseudo-Hippokrates kann nochmals zitiert werden: »Die Zahl Sieben, aufgrund ihrer okkulten Kräfte, neigt dazu, alle Dinge ins Sein zu bringen; sie teilt Leben aus und ist die Quelle allen Wechsels, denn der Mond selbst ändert seine Phasen alle sieben Tage. So beeinflußt diese Zahl alle sublunaren Dinge.«

Hier kommt Pseudo-Hippokrates in der Tat auf die Wurzel der Verehrung der Sieben zu sprechen – sie dürfte in erster Linie auf die vier Phasen des Mondes zurückgehen, dessen Gestalt sich an jedem siebten Tag sichtbar ändert. Der Mondgott aber war die oberste Gottheit im altorientalischen Pantheon. Die Sieben erscheint auch in den babylonischen Planeten – Sonne, Mond, Merkur, Mars, Venus, Jupiter und Saturn –; man hat sogar vermutet, daß diese Siebenzahl (die ja zwei Nicht-Planeten einschließt) gebildet worden sei, um die ideale Sieben zu erreichen. »Und als die sieben Planeten einmal gefunden waren, brauchte man nicht weiter zu suchen« (Hopper, S. 17). Die sieben Planeten aber gehören zu den sieben Himmelssphären, und diese Einteilung wirkt durch die Jahrtausende in der menschlichen Vorstellung weiter:

Die Planeten haben alle sieben
die metallnen Tore aufgetan,

heißt es im »West-Östlichen Divan« Goethes.

Die altbabylonische Zikkurat, die Stufenpyramide, hatte sieben Stockwerke, und der Tempel des sumerischen Königs Gudea wurde »das Haus der sieben Teile der Welt« genannt und hatte sieben Stufen. Auch der Lebensbaum wurde mit sieben Zweigen mit je sieben Blättern dargestellt, was ihn vielleicht zum Vorbild des siebenarmigen Leuchters im Judentum macht.

Doch kennen auch die Maya den siebenschichtigen Himmel und sehen die Sieben als Zahl der Orientierung im Raume an, wie auch ihrer Ansicht nach die Verbindung von Frau (drei) und Mann (vier) eine lebensfähige Einheit (sieben) hervorbringt.

Der babylonische Kalender, der zur Zeit Hammurabis im 19. vorchristlichen Jahrhundert eingeführt wurde, beruht auf den Mondphasen, und in ihm sind der siebte, der 14., 21. und 28. Tag jeden Monats Unglückstage, an denen man bestimmte Arbeiten vermeiden mußte. Im Judentum wurde der siebte Tag dann der geheiligte Tag der Gottesruhe, an dem das alte negative Ruhegebot positiv umgedeutet wurde, wie es so häufig in der Religionsgeschichte vorkommt. Die Sieben ist also gewissermaßen ambivalent. Dazu kommt, daß in der Zeit der größten Hitze in Babylon sieben Tierkreiszeichen unter dem Horizont, fünf über ihm standen: diese sieben waren im Reich des bösen Prinzips, und auch daher gewann die Sieben ihren negativen Aspekt – noch heute (genau belegt seit 1662) spricht man von einer »bösen Sieben«, wenn man eine besonders böse Frau meint. Und kennt man nicht auch, vor allem in der Ehe, das »verflixte siebente Jahr«?

Neben den sieben Planeten, deren Zahl sich in immer neuen Verkleidungen als Götter, Heroen, Weise in der Mythologie widerspiegelt, um schöpferische Weisheit zu symbolisieren, stehen die sieben Sterne der Plejaden, die man mit bloßem Auge erkennen konnte: da diese Sterngruppe in den 40 heißesten Tagen und Regensturmtagen unter dem Horizont stand, wurden sie oft als übelwollende Geister angesehen. Von hier aus entwickeln sich Vorstellungen von den siebenfachen Teufeln (wie sie laut Lukas 8,2 der Maria Magdalena ausgetrieben wurden), und die Verwendung der Sieben in der Magie. Sind die Hexen von Salem (Massachusetts) nicht mit dem »Haus der sieben Giebel« verbunden?

Die vielfachen babylonischen Beziehungen zur Sieben, wo das Zeichen »sieben« »Ganzheit, Fülle« bedeutet, beeinflußten die benachbarten Kulturen stark. Ägypten kennt sieben Himmelswege und sieben Himmelskühe und, in Verdoppelung, vierzehn Stätten des Totenreichs. Noch im demotischen Text führt Si-Osire seinen Vater

durch die sieben Hallen der Unterwelt. Und die Verbindung von sieben Sternen mit den zwölf Zeichen des Tierkreises findet sich in der gesamten vorderasiatisch-mittelmeerischen Welt. So ist das Alte Testament angefüllt mit Heptaden: in der siebten Generation nach Adam erscheint Lamech, der 777 Jahre lebt und 77mal gerächt werden soll. (Gen. 4,24). Die sieben Stufen zum Tempel Salomons entsprechen den sieben Stockwerken der babylonischen Tempel. Noahs Taube bleibt sieben Tage aus; die Flut bereitete sich sieben Tage vor; der Euphrat wird in sieben Bäche zerschlagen. Vergeltungen und Belohnungen erfolgen sieben Mal, und sieben Segnungen gehören zur Hochzeitszeremonie (Gen. 12, 2-3). Beim altjüdischen Sühneopfer erfolgt eine siebenmalige Blutbesprengung; der Priester hat ein siebenfaches Füllopfer zu bringen; die großen Feste dauern sieben Tage, und bei der Einweihung des Tempels Salomons fand ein siebentägiges Opfer statt.
Hochzeiten, wie die des siebenlockigen Samson, dauern sieben Tage, wie auch Trauerperioden sich über sieben Tage erstrecken. Die Vorstellung, daß die Seele sieben Zeiteinheiten braucht, um sich vom Toten zu lösen und die sieben Sphären zu überwinden, findet sich jedoch auch in anderen Kulturen, wie etwa in China, wo siebenmal an jedem siebten Tag Totenrituale vollzogen werden. Neben dem siebenfachen Opfer gibt es im Alten Testament das siebenfache Bad (2. Kg. 5, 10; 5, 14), ebenso wie das siebenfache Niesen des vom Tode Erweckten (2. Kg. 4, 35). Die ambivalente Haltung der Sieben kommt in Josephs Traum von den sieben fetten und den sieben mageren Kühen zum Ausdruck, ebenso wie in Jakobs siebenjährigem Werben um Lea und dann um Rachel.

Sieben umfaßt alles: die Sprüche Salomonis (9,1) preisen die »Sieben Säulen der Weisheit«, und wenn Zach. 3,9 von den »sieben Augen des Herrn« spricht, so weist er damit auf seine Allgegenwart hin.
In Ausdehnung erscheinen dann Gruppen von siebzig im Alten Testament – seien es Nationen, Richter im Sanhedrin und andere.
»Die Worte Jahwes sind lautere Worte, geläutertes Silber, siebenmal gereinigt«, sagt der 12. Psalm, und diese Worte dienten den Kabbalisten für vertiefte Ausdeutungen. So wurden die vorgeschriebenen sieben Tage in der Laubhütte auf die sieben Ur-Tage der Schöpfung bezogen, und die sieben niederen Sefiroth der Kabbala sind mit deren historischen Manifestationen verbunden, die sich in den Gestalten von Abraham, Isaak, Jakob, Moses, Aaron, Joseph und David darstellen *(Sohar)*. Ebenfalls wird der siebenjährige Tempelbau, den David ausführte, mit den sieben niederen Sefiroth in Beziehung gesetzt; die dem Tempel entsprechende Sefira *Bīnah* enthält die sieben niederen Sefiroth, von denen die siebente Sefira unter ihr, die Schechina, »die Sabbath-Königin« ist, dem siebenten Ur-Tag entsprechend *(Sohar)*.
Das Alte Testament spricht davon, daß Kains Totschlag siebenmal gerächt werde, aber das Neue Testament (Mt.

Rechte Seite: Der siebenarmige Leuchter, die Menora, ist nach jüdischem Glauben voller symbolischer Bezüge. Auf diesem Bild sind die Worte des Psalms 67 zur Menora geformt; da jeder hebräische Buchstabe zugleich als Zahl fungiert – von 1 bis 22 –, können die sieben Arme des Leuchters gewissermaßen addiert und ihre Summe wiederum in Worte zurückübersetzt werden. Die Resultate dieses esoterischen Spiels werden in der Bildlegende erklärt; die Abschlußzahl ergibt den Namen YAHWE. Aus einer florentinischen Liturgie des 15. Jahrhunderts.

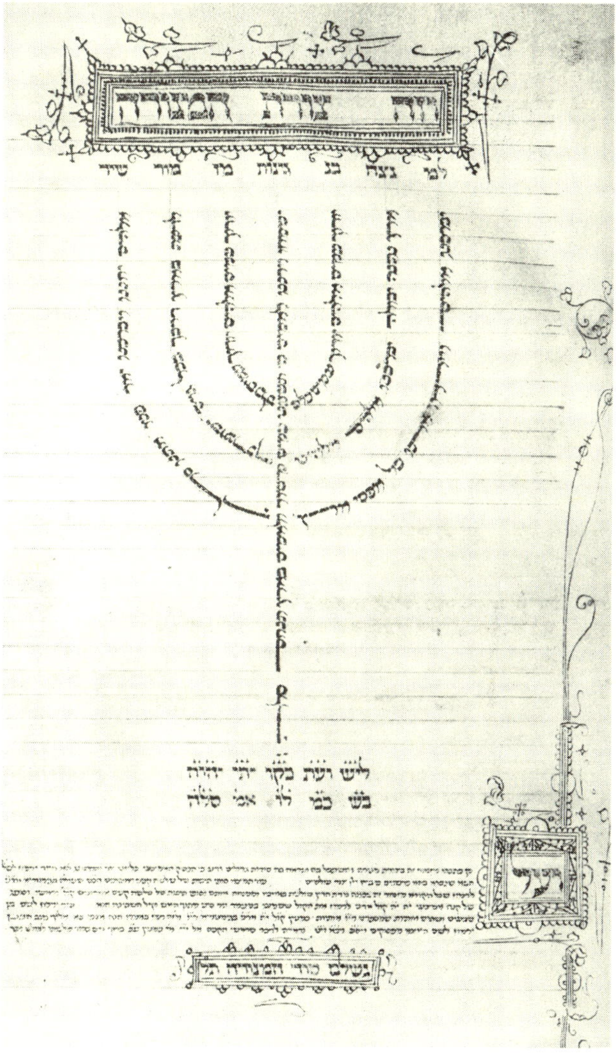

18,22) weiß von der 77fachen Vergebung. Rupert von Deutz spekuliert im Mittelalter über dieses Geheimnis und stellt fest, daß die Sieben ja eine unteilbare, also unwandelbare Zahl sei und, ebenso wie sie auf die *immutalibis vita Christi* hinweise, auch auf die unaufhebbare Rache des Alten Testaments deute, während die 77fache Rache (Gen. 4, 24) als teilbare Größe aufhebbar sei, und die 77fache Vergebung diese Aufhebung deutlich mache. Die christliche Kirche hat die alttestamentliche Sieben weiter ausgebaut: spricht nicht Christus sieben Worte am Kreuz und trägt in der Offenbarung sieben Sterne in der Hand? Das siegreiche Lamm hat sieben Hörner. Sieben Siegel werden aufgetan, und Briefe an die sieben Gemeinden geschickt. Sieben Posaunen leiten das furchtbare Geschehen ein.

So konnte die mittelalterliche Exegese mannigfache Eigenheiten der Sieben entdecken: als Zahl der Vollkommenheit bedeutet sie den Ruhetag Gottes, doch weist sie auch auf die vergängliche Zeit hin, da die Ewigkeit mit der Auferstehung am achten Tag beginnt. Und den sieben Gaben des Heiligen Geistes stehen die sieben Todsünden gegenüber. Die sieben Sakramente wurden in bekannter Weise in die höhere, geistige Dreiheit (Taufe, Konfirmation, Eucharistie) und die praktische Vierheit geteilt (Reue, Ordensgelübde, Ehe, letzte Ölung) und spiegeln so das Bild des Menschen wider, der vier Kardinaltugenden und drei theologische Tugenden hat, dem Leib und der Seele zugehörig. Auch die Bitten des Vaterunsers konnten in eine zu Gott gewandte Dreiheit und eine auf den Menschen bezogene Vierheit geteilt werden, ebenso wie übrigens das islamische Eingangsgebet, die *Fātiḥa,* die erste Sure des Korans, die gleiche Struktur aufweist.

»Eigentliche Abbildung des Leuchters wahrer Religion, wie dieselbe in der Augsburgischen Confession kürzlich begriffen«.
Kupferstich von Paul Fürst um 1650.

Es ist kein Wunder, daß auch die Messe in ihren sieben Teilen nach zahlensymbolischen Regeln aufgebaut ist. Und im 14. Jahrhundert berichtet der arabische Historiker Maqrizi, daß die Kopten Ägyptens sieben große und sieben kleine Kirchenfeste feiern. Die sieben Freuden und sieben Schmerzen Marias fügen sich dem beherrschenden Siebenerrhythmus ein. Man findet in der Renaissance-Musik, daß siebenstimmige Motetten gelegentlich Maria zu Ehren komponiert werden, oder auch auf die sieben Gaben des Heiligen Geistes weisen.

So zentral war die Sieben im mittelalterlichen christlichen Denken, daß John von Salisbury im 12. Jahrhundert ein Werk »De septem septenis« verfaßte, in dem er die sieben Gruppen von Dingen behandelt, deren es jeweils sieben gibt, beginnend »De septem modis eruditionis« (Von den sieben Weisen der Gelehrsamkeit) über die

Der Deutsche Kaiser Römischer Nation, mit den sieben Kurfürsten. »Hie sichstu die Churfürsten stehn / Wie nach der Ordnung sie thon gehn / Da die Kayserlich Mayestat / Ir stell gleich in der mitten hat.«
Holzschnitt, 17. Jahrhundert, gefertigt vom Briefmaler Bartholomäus Käppeler in Augsburg.

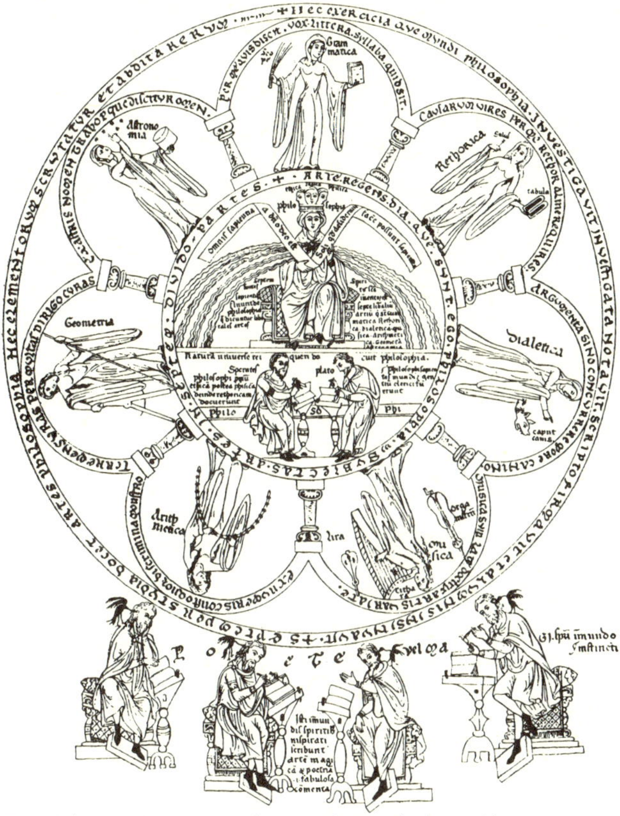

Die Sieben Freien Künste bzw. Wissenschaften. Als *septem artes liberales* gelten seit der Antike die Grammatik (Attribut der Rute), die Rhetorik (mit Tafel), die Dialektik (mit Schlange), die Musik (mit Instrumenten), die Arithmetik (mit Rechenkugeln), die Geometrie (mit Zirkel) und die Astronomie (nach den Sternen weisend). Inmitten des Bildes die Königin Philosophie. Aus dem Hortus deliciarum, 1175/85.

sieben freien Künste, die sieben Gaben des Heiligen Geistes und die sieben Grade der Kontemplation bis zu den sieben Prinzipien.
Sieben wurde als Zahl der Universalität angesehen, und wenn die Offenbarung von den sieben Kirchen spricht, so bedeutet das einen Hinweis auf die Universalität der Kirchen. Man konnte den Beweis auch umkehren: da es sieben Kirchen, Planeten, Sphären usw. gibt, muß die Sieben eine Universalzahl sein.
In den christlichen Kreisen des Mittelalters waren die Lehren der Pythagoräer und die mystischen Spekulationen, die dem Hermes Trismegistos zugeschrieben wurden, gang und gäbe. Denn die Sieben hatte auch in Griechenland einen zentralen Platz und ist dem Apollon eigen: siebenmal umkreisen die singenden Schwäne die Insel Delos, bevor Leto den Lichtgott geboren hat. Die Geburt erfolgte am siebten (oder neunten) Tag, der daher dem Apollo geweiht ist. Die Lyra des Apollo trug sieben (oder neun) Saiten. Man hat vermutet, daß Apollo, der sich sieben Monate bei den Hyperboräern aufhielt, mit den sieben Wintermonaten zusammenhängen könnte. Besonders aber ist Athene mit der Sieben verbunden. Da die Sieben eine Primzahl ist, »weder gezeugt noch zeugend«, d. h. nicht teilbar und kein Produkt innerhalb der ersten Dekade hervorbringend, wurde sie mit der jungfräulichen, dem Haupte des Zeus entsprungenen Athene verbunden. Philolaos findet im fünften vorchristlichen Jahrhundert die Sieben vergleichbar mit der Göttin Athene, der »Führerin und Herrscherin aller Dinge, als Gottheit ewig, beharrlich, unbeweglich, sich selbst gleich, von allen anderen verschieden«. Diese Eigenschaft der Sieben, »nicht zu zeugen«, wurde in der jüdischen Mystik auf den siebten Tag, den Sabbath, übertra-

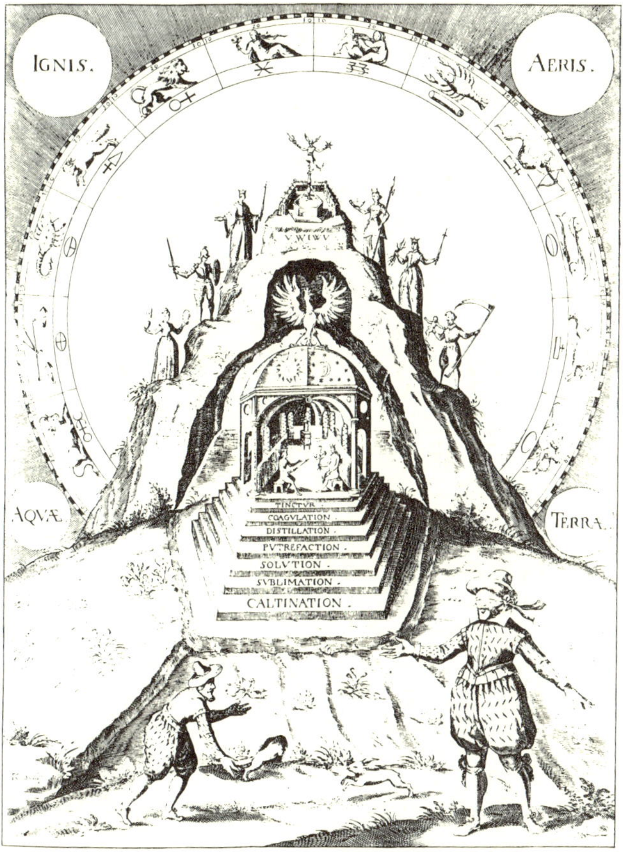

Die sieben Stufen, die zum Tempel der Weisheit führen. Der Tempel ist im »Berg der Adepten« verborgen – »was darauf hindeutet, daß der Stein der Philosophen in der Erde liegt, aus der er extrahiert und gereinigt werden muß« (C. G. Jung, Alchemie und Psychologie). In den Ecken die Vier Elemente; der Zodiakus, der sich über den Berg wölbt, symbolisiert die Zeit. Vor den Stufen unten rechts der verblendete Mensch (mit Augenbinde), links der naturzugewandte Forscher.
Kupferstich aus: Michel Spacherus, Cabbala speculum artis naturae in alchymia, 1654

gen, an dem der Mensch ja ruhen und nichts schaffen soll. Doch beruht auf pythagoräischen Anschauungen auch der – z. B. von Nicomachus von Gerasa behauptete – Zusammenhang der sieben Planeten, sieben Töne in der Oktave, sieben griechischen Vokale und ebenso vieler Tonarten.

Man hat die Sieben dem Patriarchat zugeordnet und kann hierzu ihre Bedeutung in der patriarchalischen Struktur des alten Rom heranziehen. Rom ist auf sieben Hügeln erbaut (was dann noch von vielen anderen Orten behauptet wird). Sieben war die Glückszahl des römischen Landmanns, und sie verbürgte die Herrschaft des sich ausdehnenden Staates: der Ausdruck *Roma septemgemina* deutet darauf hin. Bis in die Zirkusspiele wird die Sieben als glücksbringend verwendet. Selbst die Gründung Roms wird in der Sage in das erste Jahr der siebten Olympiade verlegt. Dutzende von Einrichtungen sind in der Siebenzahl vorhanden, z. B. das *septemviratus*, Siebenmänner-Kollegium, das eine wichtige Rolle im Staatsleben spielte (noch heute sind sieben Personen zur juristischen Gründung eines Vereins erforderlich). Ja, der römische Kirchenvater Tertullian bezeichnet Gott als *septemplex spiritus, qui in tenebris unus lucebat, sanctus semper* – »siebenfältiger Geist, der als einziger in den Dunkelheiten leuchtet, immer heilig«.

Neben den gewissermaßen »soliden« römischen Heptaden (es gibt keine Siebenergruppe im Pantheon Roms) entstanden aber in spätantiker Zeit mehr und mehr mystische und magische Gruppen, die sich der alten Siebeneinteilung göttlicher und geistiger Wesen bedienten. Im späten Altägyptischen gab es die sieben »Szepterträger«, die mit den sieben Planeten und Tagen verbunden waren. Über Rom erreichten ihre Namen im vierten

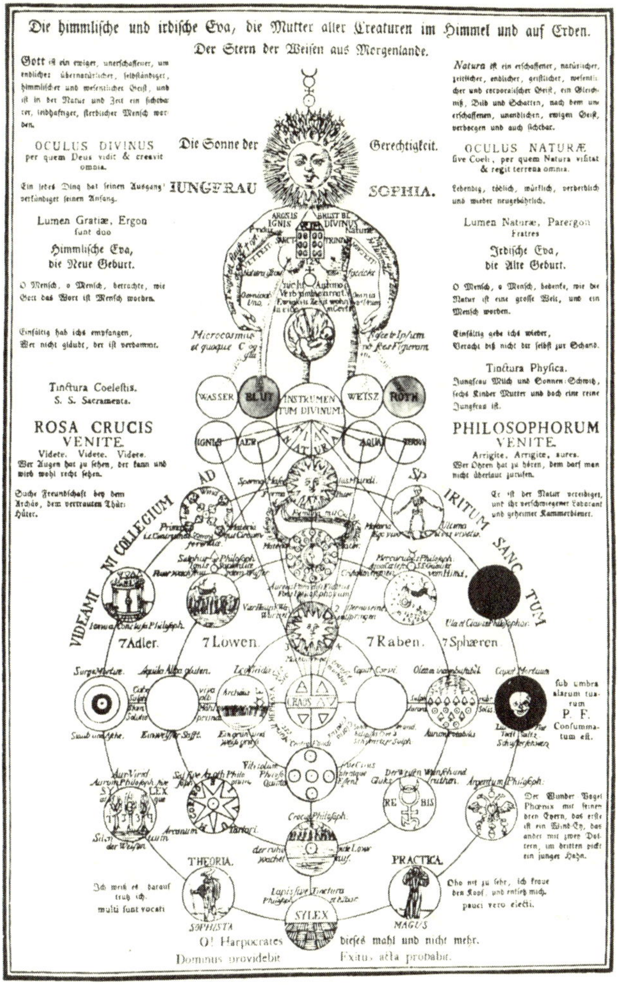

Sieben als die grundlegende Zahl der Rosenkreuzer. Aus den »Geheimen Figuren der Rosenkreuzer aus dem 16. und 17. Jahrhundert«, Altona 1785/88.

Ihre Hauptschrift, die *Chymische Hochzeit Christiani Rosencreutz* (1616), ist strikt nach der Siebenzahl aufgebaut.

Jahrhundert Frankreich, wo sich die Namen Sunna, Mano, Zio, Wodan, Tunar und Fria finden. Entsprechende Bezeichnungen sind ins Angelsächsische gewandert, und so entstanden die uns bekannten Wochentage, die je einem Sterngeist zugeordnet sind (Sonne; Mond; Mars, im Französischen noch *mardi;* Merkur, im Französischen noch *mercredi;* Jupiter, *Tunar;* Venus, *Freya;* und Saturn, *saturday*).

In der christlichen Gnosis ist die Beherrschung der Planetensphären durch Götter in eine Verbindung der sieben niederen Sphären mit dämonischen Geistern verwandelt worden. Das finden wir etwa bei den Ophiten, die, wie andere Gnostiker, diese sieben Archonten als Führer des Materiellen ansehen, die einer höheren, manchmal weiblichen, Geistesgestalt unterstehen, wie es z. B. die *ruacha,* der – böse gedachte – weibliche Geist ist. In der gnostisch-mandäischen Religion sind alle diese Mächte böse, und daher gilt auch Sieben als böse Zahl. »Es verführen sieben Verführer alle Adamskinder«, heißt es in einer mandäischen Schrift.

Anders steht es mit einer Religionsform, die im ausgehenden Altertum außerordentlichen Einfluß bis nach Westeuropa gewann, wenn ihre Wurzeln auch im alten Iran liegen. Das ist die Mithrasreligion (Mithras ist ursprünglich ein Sonnengeist), die, wie so viele andere religiöse Bewegungen des Nahen Ostens, sich um die Zeitenwende immer stärker zur Mysterienreligion wandelte. In den Mithrasmysterien steigt die Seele durch die sieben Planetensphären zu Gott. Das wurde symbolisch durch sieben Tore dargestellt, durch die der Initiand schreiten mußte, wobei er jeweils ein Kleidungsstück zurückließ, was das Ablegen einer menschlichen Eigenschaft versinnbildlichte. (Solche Gedanken gibt es schon im Babylonischen, wo Ischtar an jedem der sieben Unterweltstore ein Gewand ablegen muß). Vor dem achten Tor, dem Tor des Lichts, stand der Mensch dann, nackt, ohne materielle Eigenschaften, und war zur mystischen Wiedergeburt bereit. Verständlicherweise fanden die Sühne und Reinigungsriten im Mithrasmysterium im Siebenerrhythmus am siebten, 14., 21. und 28. Tag statt. Es mag sein, daß das noch heute gebräuchliche Kinderspiel, in dem man auf einem Bein durch eine gezeichnete leiterähnliche Figur hüpft und schließlich im achten Viereck in »Himmel« oder »Hölle« anlangt, Erinnerungen an das im römisch-germanischen Gebiet so verbreitete Mithrasmysterium enthält.

Aus den sieben Stufen des Mithrasmysteriums und aus den uralten Vorstellungen vom Aufstieg durch die Sternensphären hat sich dann in der christlichen Welt die Vorstellung der sieben Stufen des Purgatoriums, aber ganz allgemein mystisch die weitverbreitete Idee von den sieben mystischen Stufen entwickelt, die sich freilich auch in den sibirischen Schamanenkulten findet (die kosmische Säule der Ostjaken hat sieben Einschnitte, auf denen der Schamane zum Himmel steigt, und vor der Initiation liegt der Samojeden-Schamane sieben Tage und sieben Nächte ohne Bewußtsein, oder ißt Pilze mit sieben Flecken, usw.). Ob der flämische Mystiker Ruysbroek von den sieben Stufen des mystischen Lebens spricht oder der persische Dichter ʿAttar seine Seelenvögel durch sieben Täler reisen läßt, ob der Bagdader Mystiker Nuri (um 900) von den sieben Wällen der Seelenburg spricht, oder St. Teresa von Avila von den sieben Seelenburgen – die Vorstellung vom Aufstieg durch die Planetensphären steht hinter allen mystischen Beschreibungen des Pfades und bestimmt auch die islamische

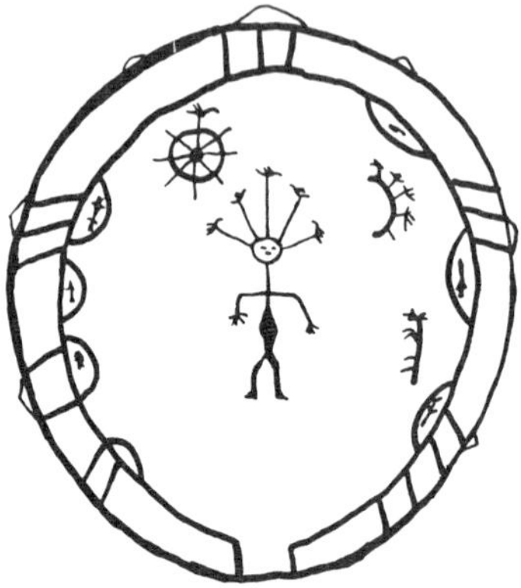

Der schamanische »Erdensohn«, der als erster Mensch eine Reise in die sieben Himmel unternimmt. Darstellung auf der Außenseite einer Schamanentrommel der Jenissejer. Der äußere Kreis weist sieben Einbuchtungen auf, die innere Kreisfigur sieben freie Spitzen und eine vogelbesetzte achte – Hinweise auf die Anzahl der Himmelsebenen bzw. auf die sieben Söhne des Himmelsgottes (nach Mircea Eliade).

Siebenästiger mythischer Baum auf einem chinesischen Tonziegel der frühen Han-Zeit (206 v. Chr. bis 8 n. Chr.). Es ist die wohl älteste Darstellung des Kosmischen Baumes mit seinen sieben Ästen. Auf ihm steigt der asiatische Schamane in die sieben Himmel hinauf (nach Hans Findeisen).

Vorstellung, daß es zwischen Mensch und Gott 70000 Vorhänge aus Licht und Finsternis gibt.
Denn die islamische Tradition weist der Sieben ebenfalls eine wichtige Rolle zu – einmal aus ihrer semitischen Wurzel, zum anderen dort, wo sie mit der altpersischen Kultur, der ja der Mithraskult entstammt, in fruchtbaren Austausch getreten ist.
Schon Herodot berichtet, es gäbe sieben Stämme in Iran, und so soll es auch sieben zentrale Feuerheiligtümer gegeben haben. (Die Einteilung der Welt in sieben Klimata ist aus der Antike bekannt). Das persische Nationalepos, Firdusis *Schāhnāma,* weiß von den sieben Heldentaten Rustams und entsprechend denen Isfandiars zu berichten; es schreibt König Gurschasp sieben Söhne zu und läßt Giw sieben Jahre suchend umherziehen.
Die sechs plus ein = sieben Amescha Spentas sind die leitenden Geister der zoroastischen Welt, und im *Ardavīrafnāma,* das vom Aufstieg der Seele in das Jenseits berichtet, bleibt Viraf sieben Tage auf seiner Himmelsreise. Zahlreiche Bräuche in Iran verwenden die Sieben: bei der Hochzeit sind sieben Personen besonders beschäftigt (wie auch in Pakistan sieben glücklich verheiratete Frauen die sieben ersten Schnitte am Stoff für das Brautkleid anbringen). Bei Krankheit soll jemand aus sieben Häusern je einen Brocken zu essen holen und ihn dem Kranken geben, der dann Besserung findet. Speisen werden aus siebenerlei Zutaten hergestellt; *haft maghz,* »sieben Kerne«, ist eine Marzipanart, und es gibt sieben *turush,* scharf eingelegte Gemüse. Und am Nauruz (Frühlingsanfang) ist es Sitte, sieben Dinge, die mit dem Buchstaben »s« beginnen, im Hause zu haben. Ungezählt sind die Heptaden in persischen Ausdrücken – von den »sieben Mühlen«, d. h. den Sphären, über die sieben Schrift-

arten zu den »sieben Thronen« (d. i. das Sternbild des Großen Bären).
Der frühe Islam kennt ebenfalls die Wichtigkeit der Sieben: der Koran bezieht sich auf die babylonische Weisheit, daß Gott Himmel und Erde in sieben Schichten gebildet hat. Der *ṭawāf*, die Umkreisung der Kaaba in Mekka, wird siebenmal vollzogen, ebenso wie der Lauf zwischen Safa und Marwa bei der Pilgerfahrt, wo dreimal sieben Steinchen zur Steinigung des Teufels in Mina verwendet werden.
Schon im vorislamischen Arabien soll es sieben *muʿallaqāt*, die berühmten »langen« Oden, gegeben haben. Es gibt, nach den Traditionen des Bukhari, sieben Hauptsünden. Die frühchristliche Legende von den Siebenschläfern findet sich im Koran wieder (Sura 18.21), und die Namen dieser sieben Frommen, »deren achter ihr Hund war«, werden in der islamischen wie der ostkirchlichen Volksfrömmigkeit gern als Amulette in schön geschriebener Form verwendet. Sura 15.87 spricht von den sieben *mathānī*, was die zweimal geoffenbarte siebenversige *Fātiḥa*, die erste Sure des Korans, bedeuten könnte. Auch erscheinen die unverbundenen arabischen Buch-

Islamisches Amulett, gebildet aus den Namen der Siebenschläfer; in der Mitte der Name ihres Hundes. Türkei, 19. Jahrhundert

staben *»ḥ-m«*, die später Glaube als *ḥabībī Muḥammad,* »Mein geliebter Muhammad« ausgedeutet hat, zu Beginn von sieben koranischen Kapiteln, wie es auch sieben kanonische Lesarten des heiligen Buches gibt. Schon ein frühes *ḥadīth* spricht von den sieben inneren Aspekten des Korans, die später in der Mystik und schiitischen Esoterik betont wurden. Im Pflichtgebet sind sieben Glieder (Gesicht, beide Hände, beide Knie und beide Füße) beschäftigt; und wie im Koran siebenmal das Wort *salām,* »Frieden«, vorkommt, so ruft der Mekkapilger siebenmal das *Allāhu Akbar,* »Gott ist größer«, und das Glaubensbekenntnis aus. Daß es sieben Buchstaben gibt, die in der *Fātiḥa* nicht vorkommen, war für die Konstruktionen magischer Quadrate und ähnlicher Operationen wichtig. Daß die sieben Verse der *Fātiḥa* ganz ähnlich denen des Vaterunser in je eine Gruppe von drei gottzugewandten und vier dem Menschen zugewandten Bitten eingeteilt wurde, wurde schon erwähnt; die im späten 14. Jahrhundert aufkommende Gruppe der Hurufis, für die alles geschöpfliche Leben sich in Zahlen und Buchstaben abzeichnete, zog von hier Querverbindungen zu den sieben Teilen des Gesichts oder des Haars usw.

Es versteht sich von selbst, daß die Sufis der Sieben besondere Bedeutung beilegten. Parallel den indischen *chakras,* den Feinpunkten im Körper, auf die sich die Meditation konzentriert, kennt der spätere Sufismus sieben *laṭā'if,* durch die eine immer intensivere Konzentration möglich wird. Sie werden mit den sieben essentiellen Eigenschaften Gottes in Beziehung gesetzt, die sich wiederum in den sieben großen Propheten von Adam bis Muhammad manifestieren. Deshalb spielen auch in Visionen Siebenergruppen eine wichtige Rolle; man er-

blickt sieben Kerzen, wird mit sieben Gewändern umkleidet, u. ä. Und in einem Sufiorden, der Tidschaniya, glaubt man, daß die siebenfache Wiederholung einer bestimmten Litanei dazu führt, daß der Prophet Muhammad selbst zu der Gebetsversammlung kommt.
Die mystische Hierarchie des Islam ist in sieben Stufen aufgebaut, beginnend vom *Quṭb*, dem »Pol« oder der »Achse« der Schöpfung bis zu den 4000 verborgenen Heiligen. Die Gruppe der sieben Heiligen erscheint besonders häufig; sie sind z. B. die Schutzheiligen von Marrakesch, und stehen parallel den Gruppen von sieben keuschen Frauen, die mehrfach als Märtyrerinnen im Islam auftreten.
Selbstverständlich hat die Volkssprache zahlreiche Redensarten, die auf Sieben deuten – in Iran hat die Katze sieben Leben und trägt ihre Jungen siebenmal an einen anderen Platz. »Die Arbeit von sieben Mollas machen« heißt »nichts fertigbringen«; und wenn wir, um sehr entfernte Verwandtschaft anzudeuten, sagen, daß wir mit jemand »durch sieben Scheffel Erbsen verwandt sind«, so sagt der Perser, bevor er von einem Übel spricht: »Mögen sieben Korane (oder: sieben Berge) dazwischen liegen«.
Die Gruppierung von Büchern oder Erzählungen in Siebenergruppen ist ebenfalls häufig und läßt sich besonders gut in Nizamis *Haft Paikar,* »Die Sieben Bilder« zeigen, einem Epos, in dem der Held an jedem der sieben Wochentage eine Prinzessin besucht, wobei der Stern, seine bestimmenden Eigenschaften, die ihm zukommende Farbe, der Duft usw. alle korrekt nach Regeln der astrologischen Beziehungen angeordnet sind. Doch kann man auch an die Erzählungen von den »Sieben weisen Meistern« oder an Sindbads sieben Abenteuer denken, und

die zahlreichen »Siebenmeere« (eines davon hat Rückert ausgewertet), »Siebensphären«, »Siebenklimata« der persischen Literatur haben nicht – wie die Titel glauben lassen – nur geographischen, sondern auch literarischen Inhalt.

Eine besondere Bedeutung kommt der Sieben in der Lehre der Ismailis, der »Siebener«-Schiiten, zu, deren letzter Imam, Ismail, der siebte in der Reihe von Muhammad über Ali war. Unter stark hellenistisch-gnostischem Einfluß haben sich große Heptaden gebildet: Henoch, Noah, Abraham, Isaak, Jakob, Moses und Jesus sind die sieben Pfeiler der Welt, die »sieben Säulen des Hauses der Weisheit«, die sieben Hirten. Die Offenbarung vollzieht sich in sieben zyklischen Perioden, und der siebte *imām* in der Nachfolge des letzten, des siebten Propheten, wird die Auferstehung einleiten. Die ismailitische Philosophie erkannte in den sieben Buchstaben des göttlichen Schöpfungsbefehls *kun fayakūn (kn fykun)* den Grund, aus dem sieben Urquellen fließen; aus den Urnebeln entstehen sieben Himmel und dann sieben Erden. Die sieben großen Propheten entsprechen den sieben Himmeln, die sieben Imame in jedem Prophetenzeitalter den sieben Erden, die zwölf Stellvertreter jedes Propheten dem Tierkreis, und die zwölf *ḥudschdscha,* »Beweise«, für jeden Imam den zwölf »Inseln«. Der siebeneckige Brunnen im neuen Ismaili-Centre in London symbolisiert diese Gedanken in künstlerischer Weise.

Die ismailitisches Gedankengut verarbeitenden Lauteren Brüder von Basra schrieben dem Menschen sieben vegetative und sieben geistige Fähigkeiten zu; die Schöpfung entfaltet sich von Gott über den Ersten Intellekt in sieben Stufen bis zum Menschen. Ja, Nasir-i Khusrau, der persische ismailitische Philosoph des 11. Jahrhunderts, teilt die gesamte Welt in sieben Heptaden ein, die geistige und materielle Dinge umfassen. Die Drusen, eine ursprünglich ismailitische Sekte, kennen ebenfalls eine Siebenzahl von Geboten. Und auch der Bab, der Gründer des Babismus zu Beginn des 19. Jahrhunderts in Iran, wird als »Mann der sieben Buchstaben« bezeichnet, da sein Name ʿAli Muhammad aus sieben Zeichen besteht *(ʿlymḥmd)*.

Die Sieben war aber auch im indischen Bereich weit verbreitet und ist in den Veden, zusammen mit der Drei, die wichtigste Zahl. Sie bezieht sich besonders auf Agni, den Feuergott, der sieben Frauen, Mütter oder Schwestern hat, ebenso wie sieben Flammen, Strahlen oder Zungen. Die wichtigste Göttergruppe bilden die sieben Aditya. Der Sonnengott hat sieben Rosse, mit denen er den Himmel durchfährt, und der Gesang für Agni ist ein siebenfacher. »Was alles im Bereich der Gottheiten und im Bereich des Selbst – das alles erlangt er durch den siebenversigen Hymnus«, heißt es im *Śatapata-Brahmana* (IX. 5, 2, 8). Der *Ṛgveda* kennt auch die sieben Sterne und spricht von den sieben Strömen des himmlischen Somatrankes. Indra, der Sturmgott, ist der »Siebentöter«, und es gibt sieben Weltgegenden, sieben Jahreszeiten und sieben Festungen im Himmel, wie die See sieben Tiefen hat und man hin und wieder von sieben konzentrischen Kontinenten spricht. Verständlicherweise dehnt sich der Gebrauch der Sieben auch auf das Ritual aus, wie etwa die sieben Schritte im Hochzeitsritual.

Sieben kann daher, wie auch anderwärts, zur unbestimmten Rundzahl werden und einfach »viele« bedeuten – »ein Freund für sieben Orte« *(Atharva-Veda)* ist ein unter allen Umständen treuer Freund, und »besser als Sieben« heißt einfach »besser als viele«.

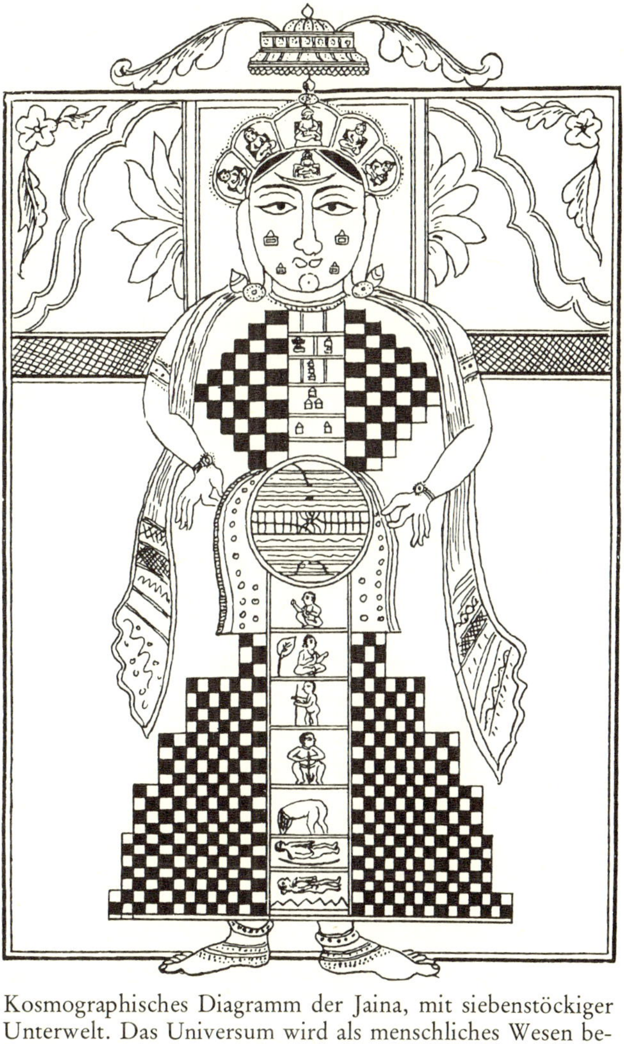

Kosmographisches Diagramm der Jaina, mit siebenstöckiger Unterwelt. Das Universum wird als menschliches Wesen begriffen. Die Götter leben in himmlischen Palästen, und ähnlich sind die Höllen unterteilt: Höllen in den Höllen.

Aus der Vorliebe für Drei und Sieben ergeben sich im *Ṛgveda* Verbindungen der beiden Zahlen, und aus den sieben Strömen werden 21; ja, auch die Kuh hat dreimal sieben Namen.

Indische Vorstellungen sind verständlicherweise auch im älteren Buddhismus erhalten, wo der neugeborene Buddha sieben Schritte unternimmt, um anzudeuten, daß dies seine letzte Geburt sein wird. Sieben Jahre sucht er nach dem Heil, siebenmal umwandelt er den Bodhibaum, ehe er sich zur Meditation unter ihm niederläßt. Das buddhistische Paradies hat sieben Terrassen, und von sieben Taten heißt es, daß sie schon in diesem Leben Frucht tragen. Doch findet sich die Sieben auch in den unglaublichen Zahlenspielen späterer buddhistischer Literatur, wo eine Anzahl, beginnend von sieben Atomen über sieben winzigste Partikel über sieben kleine Partikel über sieben Partikel endlich zur Meile führt, die so aus 10^3 mal 4 mal 2 mal 7^{10} Einheiten besteht ... Sieben Glücksgötter gibt es auch im japanischen Volksglauben.

Im germanischen Bereich ist die Sieben keine heilige Zahl, kommt aber als Rundzahl vor, wie die Ältere Edda sagt: »Sieben Tage trabten wir durch kaltes Land, sieben weitere über die See, und in der dritten sieben zogen wir über trockene Steppen.« Die Sieben ist wahrscheinlich erst durch den weitverbreiteten Mithraskult einerseits, durch die christliche Mission andererseits im Germanischen heimisch geworden, wo sie vielfach die einheimische Neun verdrängte.

Die alte Bedeutung der Sieben als mystisch-magische Zahl zeigt sich auch in ihrer Rolle in magischen und besonders alchemistischen Prozessen. Daher verwendet die islamische Magie die sieben Siegel Salomos. Wenn man schon im allgemeinen wirkungsvolle Formeln dreimal oder siebenmal wiederholt, so gilt das vor allem von Aktivitäten in der Alchemistenküche, wo etwa Destillierungen siebenmal vorgenommen werden müssen. Die Beziehungen zur Astrologie ergeben sich von selbst. Der geheimnisvolle Name Abraxas, der aus sieben Buchstaben besteht und einen Zahlwert von 365 hat, spielt bei magischen Unternehmen eine wichtige Rolle.

Die Medizin war sich gleichfalls der Bedeutung der Sieben bewußt, und in der Schule des Hippokrates heißt es: »Die Siebenzahl beherrscht die Krankheiten und alles, was im Körper von Zerstörung betroffen wird.« Daß schmerzhafte Krankheiten sieben Tage oder ein Vielfaches davon dauern, war den antiken Ärzten bekannt, und bei den Pythagoräern wurde die Sieben als »Krisis« und alle durch Sieben teilbaren Tage als kritisch bezeichnet, einschließlich des siebten und 14. Monats. Solche Vorstellungen haben sich in der Volksmedizin erhalten – man glaubte sogar, daß Schweine nicht an der Schweinepest erkranken, wenn sie sieben Tage lang Trink- und Badewasser erhalten, in das Asphodill (eine Lilienart) eingelegt war. Als Fieberdämonen erscheinen im deutschen Volksglauben die sieben Schwestern, und Heilungen kommen im Siebenerrhythmus vor. Man beschwört daher Krankheiten wie etwa die Gicht mit der Sieben und Drei:

> Hast du eines von den 77 Gichtern, so gesegne ich es dir.
> Es gehen drei heilige Männer herfür:
> der erste ist Gott der Vater, der zweite Gott der Sohn,
> der dritte ist das Marienkind, das dir deine 77 Gichter wegnimmt –

Das muß dreimal wiederholt werden (Graf.)

Ins Absurde erweitert ist solche siebenfache Wiederholung in einem talmudischen Rezept gegen Malaria: »Nimm 7 rauhe Rindenstückchen von der Palme, 7 Splitter von 7 Holzbalken, 7 Nägel von 7 Brücken, 7 Aschen von 7 Öfen, 7 Löffelvoll Erde von 7 Schwellen, 7 Stück Pech von 7 Schiffen, 7 Handvoll Kümmel und 7 Haare vom Barte eines alten Hundes und binde dies mit weißem Zwirn an den Halsausschnitt des Hemdes.« (Trachtenberg, S. 119)
Sieben Jahre sind in der Regel nötig, um von einem Zauber erlöst zu werden, wie auch Erscheinungen wie die Weiße Frau gern nach sieben Jahren wiederkommen.
Man begegnet der Zahl Sieben in vielfacher magischer Beziehung – das Siebenjahrgarn in Bayern, das von Mädchen unter sieben Jahren gesponnen sein muß, gilt als besonders wertvoll, denn ein Kind im siebten Jahr sieht verborgene Schätze. Ja, man glaubt, daß ein schwarzer Hahn, wenn er sieben Jahre alt ist, ein Ei legt, aus dem dann ein Drache entsteht.
Die Sieben kann weitgehend als Rundzahl aufgefaßt werden, wie denn Donatius Tyconius sieben Regeln zur Auslegung der Heiligen Schrift gibt und sagt, daß stereotype Zahlen als symbolisch aufzufassen sind. Hierher gehören die sieben Winde, sieben Meere, sieben Zeitalter, sieben Wüsten (in der Kabbala und der orientalischen Tradition), ebenso wie die sieben Weltweisen oder sieben Weltwunder des alten Griechenlands. Sieben Helden stehen vor Theben, Homer (wie auch in der Türkei der Mystiker Yunus Emre) hat sieben Geburtsstädte, die Hydra hat sieben Köpfe, der Schild des Ayax sieben Häute, – nicht zu vergessen die sieben Zwerge hinter den sieben Bergen und andere Märchengestalten, wie die sieben Raben, sieben Geißlein, sieben Schimmelreiter.

Selbst der Kinderreim:

Wer will guten Kuchen backen,
der muß haben sieben Sachen ...

gehört hierher.

Es genügt, einen Blick auf die Titel deutscher oder englischer Romane oder Aufsatzsammlungen zu werfen, um die zahlreichen Siebenergruppen zu erkennen: »Sieben kommen durch die Welt«. Gleichermaßen sind auch die zahlreichen Ortsnamen mit Sieben Rundzahlnamen: Siebenbürgen, Sevenoaks, Siebendörfer (Sacelele in Rumänien), Siebenhonnschaften (ehemalige preußische Landgemeinde), oder *Yedikule,* »Siebentürme«, die Festung in Istanbul.

Und wir mögen schließen mit einem arabischen Spruch: »Sieben Dinge bekommt man niemals über: freundlich gereichtes Brot, Lammfleisch, kühles Wasser, weiche Kleider, lieblichen Duft, ein bequemes Bett und den Anblick all dessen, was schön ist.«

Acht
Die glückhafte Acht

8

Im Altertum war die Acht einerseits aus rein arithmetischen Gründen eine interessante Zahl. Man fand, daß jede ungerade Zahl über Eins, ins Quadrat erhoben, ein Vielfaches von Acht und einen Rest von Eins gibt, oder, in einer Formel ausgedrückt, $u^2 = n \times 8 + 1$. Man fand auch, daß alle Quadrate ungerader Zahlen über Eins sich um ein Vielfaches von Acht unterscheiden: $9^2 - 7^2 = 81 - 49 = 32 = 4 \times 8$. Architektonisch gesehen, vermittelt das Achteck einen Übergang vom Quadrat in den Kreis – wichtig für Kuppelkonstruktionen.

Aber die Acht war mehr als nur eine interessante mathematische Größe; sie galt im Altertum als bedeutsame Glückszahl. Denn wie in der geschaffenen Welt hinter den sieben Sphären der Planeten die achte, die Sphäre der Fixsterne, lag, so lag auch hinter den sieben Toren im Mithrasmysterium das achte Tor, der Berg der Verklärung, auf dessen Durchschreiten die Mysterien den Sucher vorbereiteten, damit er nach seinem Tode in die Lichtheimat eingehen konnte. Sie deutet auch auf das kosmische Gleichgewicht: acht Speichen hat das Glücksrad.

Schon im Babylonischen hatte die Acht die Bedeutung einer »Zahl der Gottheit«, und in den babylonischen Turmtempeln wohnte die Gottheit im achten Stockwerk, einem lichtleeren Raum. Von hier aus entwickelte sich die Acht zu einer Zahl des Paradieses. Der Islam glaubt, daß es zwar sieben Höllen, aber acht Paradiese gibt, denn »die Barmherzigkeit Gottes ist größer als sein Zorn«. Der Titel *Hascht Bihischt,* »Acht Paradiese«, kommt mehrfach in der persischen Dichtung vor, und der Gedanke an eine solche Einteilung spiegelt sich auch in der vier- und achtfachen Einteilung von Gartenanlagen – vor allem bei Mausoleen im persisch-indischen Raum. Eines der beliebtesten Werke der persischen Literatur, Sa'di's *Gulistān,* »Rosengarten«, ist deshalb ganz logisch in acht Kapitel eingeteilt.

Acht Engel tragen den Gottesthron nach islamischer Auffassung.

Dazu kommt, daß es im Alten Orient neben dem Fünferrhythmus der Venussynoden ein achtmonatiges elamitisches Venusjahr gab, das als ein achteckiger Stern, wiederum ein Ischtar-Symbol, ausgedrückt wurde. Dieser Stern findet sich auch in einer altchristlichen Darstellung Marias in den Katakomben von Santa Priscilla. Das Oktagramm, das sich im Zusammenhang mit diesen Vorstellungen entwickelte, hatte den Charakter eines glückbringenden Amulettes.

In achteckiger, d. h. auf das Paradies hinweisender Form stehen die Namen der zehn Gefährten Muhammads, denen das Paradies verheißen ist.
Ägyptische Kalligraphie, 18. Jahrhundert

Die Acht wurde als Glückszahl in die hebräische und von dort in die christliche Tradition übernommen; acht Menschen werden in der Arche gerettet, und der Tempel wird acht Tage lang gereinigt. Die Acht erscheint als Rückkehr zum Ursprung, zur Erfüllung dessen, was die Heptade vorbereitet und, in gewisser Weise, abgeschlossen hatte. Es ist daher in der jüdischen Tradition der Tag der Reinigung nach ritueller Unreinheit und, besonders wichtig, der Tag der Beschneidung (3. Mos. 12,3; 1. Mos. 17,12). Und wenn Abraham ebenso wie Obededon (1. Chron. 26,5) jeweils acht Söhne hatten, so deutet das auf die vollkommene Glückszahl hin.
Es war leicht für die christlichen Exegeten, diese Vorstellungen zu übernehmen, ist doch der achte Tag der Tag der Auferstehung Christi. So ergab auch zahlenmystisch der griechisch geschriebene Name Jesu, ΙΗΣΟΥΣ, die Summe von 888, eine Verstärkung der heiligen Acht. Gernot von Rechersberg sagt daher: »*Octonarius primus in numeris cubicis est, aeternae beatitudinis nobis in anima et corpore stabilitatem simul et soliditatem designans* – die Acht, als erste Kubikzahl (nämlich 2^3), prägt dem Menschen in Leib und Seele die Sicherheit der ewigen Seligkeit ein«.
Für die mittelalterlichen Theologen standen Taufe, Auferstehung und Beschneidung in geheimnisvollem Zusammenhang: die Taufe ist, wie Augustinus sagt, die Beschneidung des Herzens, und am Tage der Taufe »werden wir dem Auferstandenen gleichgestaltet, da wir durch die Taufe im Geist gestorben und Mitgenossen an der Auferstehung geworden sind«, wie Cyrill von Alexandrien bemerkt. Deshalb waren die Taufbecken vorzugsweise achteckig. Die Taufe verhieß dem Christen die Gnade des ewigen Lebens, ebenso wie die acht Seligprei-

sungen der Bergpredigt auf diese Seligkeit hindeuten. Deshalb hat auch Dante die Triumphierende Kirche im achten Himmel gezeigt. Es scheint, daß die Achtgliederung eines zur Seligkeit weisenden Pfades nicht auf die mittelmeerisch-christliche Welt beschränkt ist; auch im Buddhismus wird vom achtgliedrigen Pfad zum Nirwana gesprochen, wie überhaupt die Acht und ihre Vielfachen in der buddhistischen Tradition eine wichtige Rolle spielen.

So auch in China, wo neben den acht Sinnbildern des Buddhismus die acht Kostbarkeiten des Konfuzianismus

Die Achteckform von Taufbecken, wie hier das der Stiftskirche Santa Maria in Visso (Umbrien, 14. Jahrh.), ist Sinnbild für das neue Leben nach der Taufe. Durch die 8 Ecksäulchen wird die Bedeutung der symbolträchtigen Zahl noch verstärkt: nach frühchristlicher Auffassung geschieht die Auferstehung Christi am achten Schöpfungstag und die Taufe – vorgebildet in der Beschneidung am achten Tag – bedeutet den Eintritt in das ewige Leben.

stehen. Unter Aufteilung der erdhaften Vier gelangt man dort zu acht Winden, acht Pfeilern des Himmels und acht Pforten für die Regenwolken. Obgleich die Acht, als gerade Zahl, im allgemeinen mit dem Weiblichen zusammenhängt, bestimmt sie in China das Leben des Mannes, der, wie die Tradition behauptet, mit acht Monaten Milchzähne bekommt, sie mit acht Jahren verliert, mit zweimal acht Jahren mannbar und mit achtmal acht Jah-

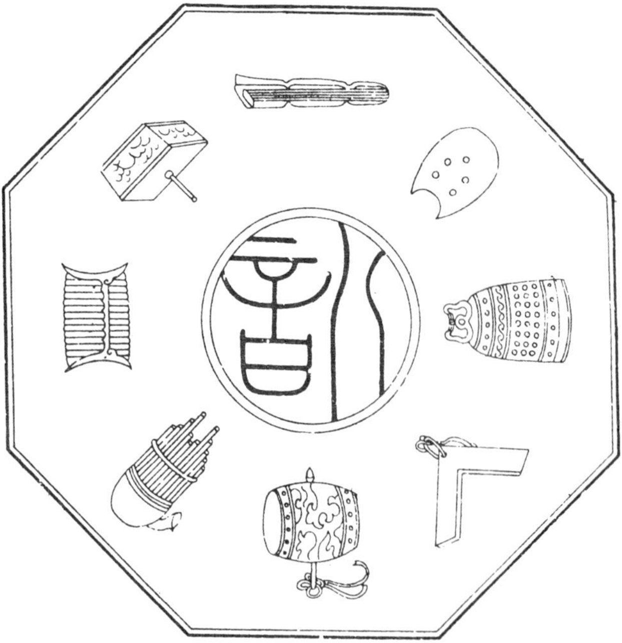

Acht chinesische Musikinstrumente: Glocke, Triangel, Trommel, Mundorgel, Flöte usf. Solche acht Attribute einer Kunst, einer Lehre, sind im alten China die Regel. So gibt es acht Symbole des Buddhismus und acht Emblemata des Gelehrten (bzw. Konfuzianismus) wie auch acht Symbole der taoistischen »Unsterblichen«.

Chinas Pantheon der Acht Unsterblichen. Chang Ko-lao auf dem Esel, Chung-li Ch'üan mit dem Fächer, Han Hsiang mit der Flöte, Ho Hsien-ku mit der magischen Lotosblüte, Lan Ts'ai-ho mit dem Blumenkorb, Li T'ieh-kuai mit Flaschenkürbis und Fledermaus, Lü Tung-pin mit dem Schwert und Ts'ao Kuo-chiu mit Kastagnetten. Alte Holzschnitte

Links: Odin auf seinem achtbeinigen grauen Schimmel Sleipnir. Ausschnitt aus einem der berühmten Bildsteine Gotlands (Stein von Ardre VIII, um 1000 n. Chr.). »Das achtbeinige Pferd ist das Schamanenpferd par excellence; man findet es in Sibirien und auch sonst, und zwar immer in Beziehung zum ekstatischen Erlebnis« (Mircea Eliade). Im nordischen Götterglauben hat die Acht fast immer mit Zauber und Magie zu tun. So entträufeln acht Ringe Odins Ring Draupnir; acht Tage hielt Geirröd den als Grimnir verkleideten Odin »zwischen zwei Feuern« fest.
Rechts: Magisches Diagramm der Tibeter. Die Achtzahl der Köpfe baut sich auf Quadrat und Kreis auf. Es ist denkbar, daß sie die Acht Winde (oder Acht Pfeiler des Himmels, oder Acht Berge, Acht Pforten) des sino-tibetischen Kulturkreises symbolisieren. Alter Holzschnitt

ren zeugungsunfähig wird. Auch hat der Gelehrte acht ihm eigene Symbole. Und der Glücks- bzw. Vollkommenheitscharakter der potenzierten Acht dürfte wohl den 8 × 8= 64 Figuren des I-Ging unterliegen.
Es kann durchaus sein, daß in vielen Fällen – wie etwa bei der Achtteilung der Windrose – eine Verdoppelung der Vier zur Verstärkung gemeint ist, wie auch Vier ja als Verstärkung der Zwei erscheint. So mögen die acht Beine von Odins Roß vielleicht nur seine Schnelligkeit andeuten, vielleicht aber auf ältere nordische Vorstellungen von der Achtteilung des Gesichtskreises und der Jahres-

einteilung zurückgehen. Das achtspeichige Jahresrad war im Altgermanischen ein häufig verwendetes Zeichen, und die sogenannte »lange Runenreihe« ist in drei »ätts« zu je acht Runenzeichen eingeteilt. Gelegentlich wird die Acht noch als Rundzahl verwendet, so im Ausdruck »acht Tage«, womit eigentlich eine siebentägige Woche gemeint ist. Das gilt auch für die japanische Tradition: acht ist eine Zahl, die Unendliches zusammenfaßt, wie Japan, aus ungezählten Inseln bestehend, in ältester Zeit als »Groß-Acht-Inseln« bezeichnet wurde. Doch im Volksglauben spielt die Acht kaum eine Rolle.

Neun
Die potenzierte heilige Drei

9 Die Neun kann von verschiedenen Gesichtspunkten aus interpretiert werden. Für diejenigen, die in der Zehn die höchste Vollkommenheit sehen, ist sie »Nähe zur Vollkommenheit«, aber noch nicht die Vollkommenheit selbst. Solche Interpretation findet sich besonders in der mittelalterlichen christlichen Tradition, wo u.a. das Gleichnis von dem verlorenen Groschen (Luk. 15, 1–10) eine Rolle spielt. Auch die Tatsache, daß der Tod Christi zur neunten Stunde eintrat, deutet auf Leiden und Passion hin. (Daher die Andacht der *None,* einer Zeit, die im Englischen zu *noon* geworden ist). Andere christliche Ausdeutun-

Rechte Seite: Sphärenharmonie. Den neun Sphären der Welt, im Sinnbild der dreiköpfigen Schlange vom Himmel ausgehend und in der Erde mündend, entsprechen die neun Musen. Thalia (Komödie) ist der Erde zugeordnet, Klio (Geschichtsschreibung) dem Mond, Kalliope (epische Dichtung) dem Merkur, Terpsychore (Chorlyrik, Tanz) der Venus, Melpomene (Tragödie) der Sonne, Erato (Liebesdichtung) dem Mars, Euterpe (Lyrik) dem Jupiter, Polyhymnia (Hymnendichtung) dem Saturn und Urania (Sternkunde) dem Fixsternhimmel. Über dem Fixsternhimmel bewegt Apoll im Bereich des primum mobile die Sphärenharmonie. Apoll erscheint als Musenführer (Musagetes) und statt der antiken Leier hält er ein barockes Saiteninstrument in der Hand, die Viola da Gamba. Oberhalb Apolls das dreieckige Symbol der Dreifaltigkeit.
Kupferstich aus: Athanasius Kircher, Obeliscus Pamphilius, Rom 1650

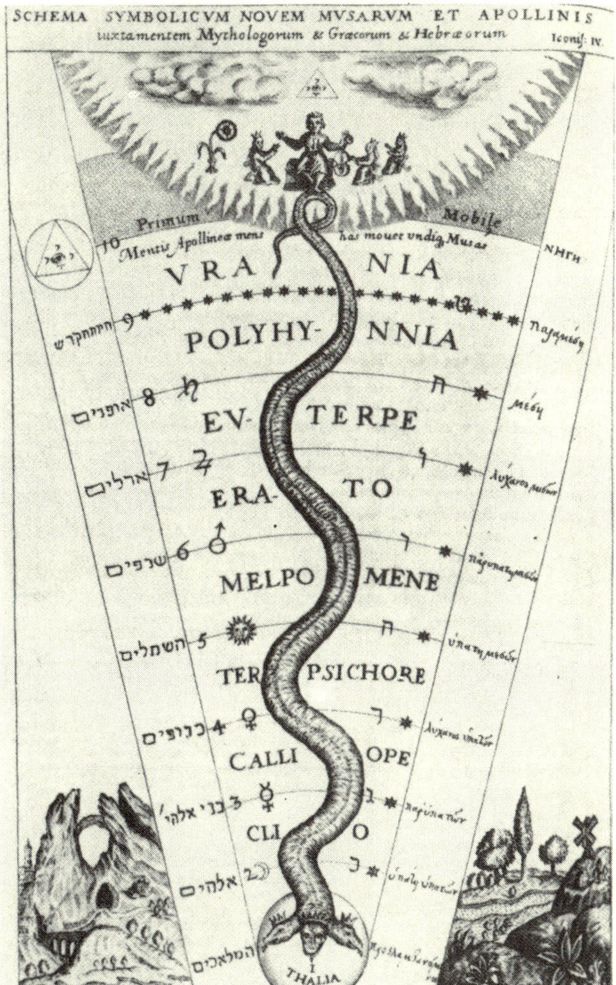
SCHEMA SYMBOLICVM NOVEM MVSARVM ET APOLLINIS
iuxtamentem Mythologorum & Græcorum & Hebræorum
Iconis: IV.
Primum Mobile
Mentis Apollineæ mens has mouet undiq; Musas
VRA NIA
POLYHY- NNIA
EV- TERPE
ERA- TO
MELPO MENE
TER PSICHORE
CALLI OPE
CLI O
THALIA

gen führen zu den neun Ordnungen der Engel, in der sich die vollkommene Drei reflektiert, zu denen aber die göttliche Einheit als zur Zehn vervollkommendes Glied tritt. Diese »Fast-Vollkommenheit« der Neun ist auch im klassischen Altertum zu belegen – Troja wurde neun Jahre belagert, Odysseus war neun Jahre unterwegs. Andererseits kann man die Neun als 8 + 1, und damit himmlische Vollkommenheit, deuten.

Die Neun spielt in der semitisch-christlichen Welt keine so bedeutende Rolle wie im indo-germanischen, zentral-asiatischen und im allgemeinen nördlichen Bereich. Hier mag die Erfahrung von den drei besonders kalten Wintermonaten gegenüber neun anderen oder aber die positiven drei Sommermonate gegenüber der Dunkelzeit eine Rolle gespielt haben; doch sah man auch die Neun als die oberste der Sphären, jenseits der sieben Planeten und über dem höchsten Himmelsgewölbe, so daß die türkisch-persische Tradition entsprechend von den neun Sphären, *nuh sipihr,* spricht. Es könnte eine Potenzierung der alten drei kosmischen Regionen sein, wozu auch die neun Äste des Kosmischen Baumes u.a. gehören würden (Eliade). Das erklärt, warum man in China neunstöckige Pagoden errichtete. So wird die Neun oft zu einer Vollendungszahl, eine Bedeutung, die auch aus ihrer Stellung als potenzierte heilige Drei abgeleitet wer-

Rechte Seite: Nach der Kosmologie des Islam baut sich das Universum aus neun Sphären auf. Die der Erde am nächsten gelegene ist die Mondsphäre; über ihr liegen die Sphäre des Merkur und der Venus. Die Sonnensphäre nimmt unter den sieben Planetensphären die mittlere Position ein, deshalb wird sie zuweilen als Zentrum des Universums bezeichnet. Die letzten drei Planetensphären sind die von Mars, Jupiter und Saturn. Danach kommt die achte, die Sphäre der Fixsterne. Soweit

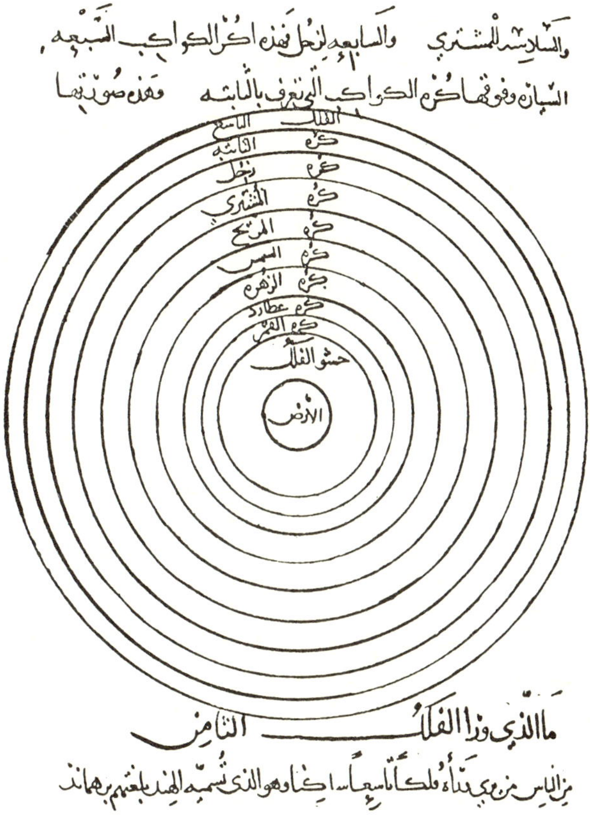

stimmt die Struktur des islamischen Universums mit dem ptolemäischen System überein – aber der Astronom Thabit ibn Kurra aus Harran fügte eine neunte Sphäre hinzu, um das erklären zu können, was er für die »Perturbation der Äquinoktien« hielt, und die meisten muslimischen Astronomen folgten ihm. Die neunte nannten sie gewöhnlich *falak al-aflāk*, »Sphäre der Sphären«, und nahmen an, daß in ihr keine Sterne seien.

den kann. Das trifft z.B. für die Philosophie der Lauteren Brüder zu, die neun Seinszustände kannten, wobei der sechste Rang der durch die sechs Richtungen bestimmten Körperwelt, der siebente den sieben Planeten, der achte den 2 × 4 Elementen zukam, während der neunte auf die je dreifach gegliederten Gruppierungen der Welt (mineralisches, vegetabilisches, animalisches Reich) deutet. In manchen Kulturen wird die Neun mit den Mondphasen in Zusammenhang gebracht, so im Altmexikanischen, wo man vom aufsteigenden Aschenmond über die Neulichtsichel, das erste Viertel, den dritten Oktant und Vollmond wieder zum absteigenden Aschenmond kommt und so neun Phasen erhält. Auf Grund dieser Periodizität der Mondbewegung wurden in Alt-Mexiko auch die Welträume in neun Unterwelten eingeteilt, über denen die Erde als Zwischenreich lag. Dann folgten dreizehn Himmel. Mit Hinzuzählung der heiligen Fünf, der Zahl der Weltalter, erreichte man dann die Achtundzwanzig, die eigentliche Zahl des Mondrhythmus. Neun ist dort also Symbol für Unterwelt, Erde, weiblich.

Auch in der altchinesischen Mythologie erscheinen, wie in Alt-Mexiko, neun Ströme in der untersten Unterwelt, wie ohnehin die Neun eine zentrale Rolle im chinesischen Denken spielt und – im Gegensatz zur Maya-Religion – gewissermaßen die potenzierte männliche Zahl ist: Die eben erwähnten neun Flüsse der Unterwelt, die sich als neunköpfiger Drachen manifestierten, wurden vom mythischen Helden Yü erschlagen, dem ja die Schildkröte auf ihrem Rücken das erste, natürlich neunfeldige, magische Quadrat brachte. Die gesamte Welt ist in Neunergruppen eingeteilt: der Himmel hat neun Felder, die Erde neun Bezirke, das Land neun Berge, das Gebirge

Die neun Stufen zur himmlischen Stadt, wie sie der *Liber de Ascensu* des katalanischen Mystikers Raymundus Lullus (1235–1316) vorsieht. Obgleich Lullus in seinen früheren Schriften viel aus der islamischen Mystik übernahm, wurde er bei einem Missionsversuch in Tunis von Muslimen gesteinigt; sein Buch kam 1512 in Valencia heraus.

Phönix mit neun Jungen – in China ein glückverheißendes Symbol. Neun als die Potenz von drei ist eine sehr starke Yang-Zahl. Der Phönix (feng-huang) gilt einigen Interpreten als die symbolisierte Vereinigung des männlichen (feng) und des weiblichen Bestandteils (huang); für andere ist es das mythische Tier des Männlichen schlechthin.

neun Pässe, die See neun Inseln. Und die Stadt Peking, vor Jahrtausenden unter Zuhilfenahme der Astrologen erbaut, besteht aus einem Zentrum und acht Zufahrtsstraßen, d. h. ist neunfach gegliedert und stellt sozusagen die potenzierte Drei in geometrischer Form dar. (Die Einteilung von Bezirken in acht Teile um einen zentralen neunten Punkt ist auch sonst bekannt, so in Indonesien, und eine Reflexion dieser Idealform ist die Aufstellung der Kegel im Spiel, wo dann »alle Neune« den vollendeten Wurf darstellt). Die Neun ist im Chinesischen in erster Linie mit dem Himmel und seinem Bezugssystem verbunden. Doch spricht man auch von den neun Körper-

Der tausendjährige Fuchs Ostasiens, mit dem Attribut der neun Schwänze. Einmal so alt geworden, kann er sich in ein junges Mädchen verwandeln und die Männer verführen. Zwar ist der Affe Songoku (rechts im Bild) nur hundertjährig, doch vermag er aus seinen Haaren, die er von sich bläst, Hunderte von Affen hervorzuzaubern.
Holzschnitt des Japaners Katsushika Hokusai (1760–1849)

öffnungen des Menschen, neun Harmonien, und selbst den neun Schwänzen des Mondfuchses. Daß der weise Laotse 9 × 9 Jahre nach der Empfängnis geboren sein soll, zeigt seine Wichtigkeit.

Hohe Wertschätzung wie bei den Chinesen genießt die Neun bei den benachbarten Mongolen und Türkvölkern, unter denen eine besonders anerkannte Stammesgruppe die *Tokuz Oğuz*, die neun Oghuz, sind. Der Großkhan der Mongolen, vor dem man den neunfachen Kotau vollzog, war von neun Standarten begleitet, und so kann ein frühmittelalterlicher zentralasiatischer türkischer Dichter, Yusuf Khan, in seinem *Kutadgu bilig* den Sonnenaufgang vergleichen mit dem Erscheinen des Fürsten, vor dem neun goldfarbene Standarten getragen werden (Gelborange ist die königliche Farbe bei den Türkvölkern). Daß die Türken neun Sphären kennen, versteht sich von selbst, denn »es gibt nichts jenseits von Neun«.

Aber die Rolle der Neun geht viel weiter: es war Sitte, Geschenke in neunfacher Ausfertigung zu bringen, wie es noch von mittelalterlichen arabischen Quellen berichtet wird, und *tokuz* »Neun« bedeutet dann einfach ein aus neun Gegenständen bestehendes Geschenk. Die Krimkhane erhielten sogar ein aus $9 \times 9 = 81$ Gewandstücken bestehendes Geschenk. – Auch pflegte der jakutische Schamane je neun unschuldige Knaben und Mädchen neben sich zu haben, bevor er zu Werke ging.

Neun wird im Türkischen zur Rundzahl: »Wenn die Mittwoche von neun Monaten zusammenkommen«, so heißt das, daß die Arbeit sich ungeheuer häuft, und etwas, das »unter neun Knoten« liegt, ist gut verwahrt. Dagegen ist jemand, der »aus neun Dörfern verjagt« ist, ein überall herausgeworfener armer Bursche, und ein »neunvätriger« Mensch oder Hund ist einfach ein Bastard. Und wenn einer »der *eine* Stock für neun Blinde« ist, so ist er wirklich der einzige Helfer in der Not.

Eine wichtige Rolle spielt die Neun auch im englisch-germanischen Brauch. Die keltischen Kymrer, die Ureinwohner von Wales, verwendeten sie im praktischen Leben und in der Gesetzgebung: Neun Schritte werden für Entfernungsangaben verwendet, z.B. eines Feuers von Häusern. Ein bissiger Hund darf neun Schritte von seinem Haus getötet werden, und erst wenn neun Personen sich zusammentun, kann man von einem »gewaltsamen Überfall« sprechen. Der Besitz von Grundeigentum erlosch in der neunten Generation, wie auch die Frau am neunten Tage nach der Scheidung oder dem Tode des Mannes von seinem Hause wegziehen mußte. Ob der Brauch, Grundstücke oder Grabstätten auf 99 Jahre (oder 999) zu verpachten, hierher gehört oder die vollkommene Rundzahl 100 bzw. 1000 vermeiden will, ist nicht klar. In der keltisch-germanischen Sage erscheint die Neun sehr häufig – König Arthur hat den neunten Teil der Kraft seines göttlichen Vaters; neun Könige huldigen ihm, und er hat neun Haushofmeister. Auch war er 3 × 3 Nächte gefangen. Ein anderer Held konnte neun Tage und neun Nächte unter Wasser den Atem anhalten und ohne Schlaf ausharren, und seine Lanze war so stark wie neun andere Lanzen. Feste dauern, wie Kämpfe, neun Tage und neun Nächte; Helden sind wilder als neun wilde Tiere.

So heißt es auch bei Shakespeare, als die »Unheilsschwestern« ihre Beschwörung vollziehen:

> Dreimal dein und dreimal mein
> Und dreimal noch, so macht es neun –
> Halt! Der Zauber ist gezogen!

Die große Rolle der Neun ist auch in englischen Redensarten bewahrt: »Erst neun Schneider machen einen Mann« (wir kennen ja die 99 Schneiderlein im Märchen); »Ein Stich zur rechten Zeit spart neun Stiche«, und wenn jemand aufs feinste aufgetakelt ist, heißt es umgangssprachlich *»rigged to the nines«*, ebenso wie man sich auf *Cloud Nine* befindet und nicht »im siebenten Himmel«.

Im Germanischen erscheint die Neun nicht minder häufig. In der Völuspa singt die Seherin:

> Neun Welten kenn ich,
> neun Hölzer weiß ich
> Mächtigen Mittelbaums
> Im Staube der Erde.

Und Odin hängt neun Tage und Nächte am Baum, wonach er neun Lieder lernt.
Der Fenriswolf wird mit drei Ketten und sechs anderen Dingen gefesselt, und Heimdallr, der weiseste der Götter, hatte neun Mütter. Untere göttliche Wesen erscheinen gern in Neunergruppen oder Vielfachem davon, so die Walküren, die neun Arten von Elfen und, im griechischen Bereich, die Musen. Für Opfer galt die Neun gleichfalls als wichtige Zahl – entweder wurden neun Dinge geopfert, oder, wie im alten Dänemark, alle neun Jahre ein Opferfest gefeiert, bei dem neun Häupter jeder männlichen Gattung dargebracht wurden.
Das altgermanische Recht kennt, wie das keltische, die Wichtigkeit der Neun: neun Schritte sind ein legales Maß, und neun Zäune, neun Pflugscharen, Abgaben von neun Gegenständen (wie etwa Eiern) oder Fristen von neun Tagen werden festgelegt.
Die Neun erscheint daher auch sehr häufig in germanischen Märchen und Redensarten. Es gibt Märchen über die Geburt von Neunlingen, wie auch die Zahl von neun Kindern als Zeichen des zeugungskräftigen Mannes galt. Ortsnamen wie Neunkirchen, Neunkirch deuten auf neun gestiftete oder als Einheit begriffene Kirchen hin; und der Rattenfänger von Hameln soll mit neun Tönen die Kinder verzaubert haben. Jeder weiß, daß Katzen neun Leben haben, und der Ausdruck »neunschwänzige Katze« wird in negativem Sinne für die Peitsche gebraucht. Doch heißt es auch, daß sich Katzen im Alter von neun Jahren in Hexen verwandeln, wie Hexen ohnehin in der Walpurgisnacht mit Gespannen von 99 Katzen reisen.
So erscheint die Neun auch in allerlei magischen Handlungen: in Thüringen hoben die Mädchen Reste von

neunerlei Essen auf und setzten sich damit um Mitternacht an den Tisch, worauf ihnen die Geister ihrer Geliebten erschienen. Ziemlich verbreitet war in Deutschland der Volksglaube, daß ein neugeborenes Kind sich neun Tage in Richtung auf das Leben oder den Tod vorbereite und sich dementsprechend verändere. Die Verwandlung von Tieren in Menschen findet meist am neunten Tage statt, wie auch Schwanjungfrauen oder Walküren sich nach einer Frist von neun Jahren zurückverwandeln können. Man soll daher neun Tage nach einem Vorgesicht nicht erzählen, was man geschaut hat, und auch neun Tage nicht von der Begegnung mit einem Gespenst reden.
Die magische Neun spielt ferner eine Rolle bei der Heilung oder der Erkennung von Krankheiten oder Übel, wobei häufig die rituelle Handlung neunmal wiederholt wird. Gegen manche Verhexung wurde von Neun bis Eins rückwärts gezählt; neun Knoten in einem Band helfen in Deutschland wie in Schottland gegen Verrenkungen; neun Arten von Krankheiten werden durch eine Mischung von neun Kräutern geheilt, wie es auch in der Gegend von Göttingen eine Gründonnerstagsspeise gibt, die »Negenstärke«, »neunfache Stärke«, heißt und aus neun Pflanzen zubereitet wird: Taubnessel, Spinat, Kerbel, Pimpinelle, Geschel, Sauerampfer, Braunkohl, Kuhblume und Porree. Ein Neunkräutersegen hilft gegen neun Geister und neun Gifte, besonders wenn die neun Kräuter am Johannistag zum Strauß gebunden sind, und ein aus neun Hölzern gezimmerter Schemel, der in die Kirche gestellt wird, dient zum Erkennen von Dieben. Das Notfeuer, bei dem 99 Männer Holz bringen und ein Feuer entzünden, durch das alle gefährdeten Geschöpfe – Menschen und Vieh – 3 mal 3 mal getrieben

wird, gehört ebenfalls hierher. Und wer in neun sternklaren Nächten hintereinander immer die gleichen neun Sterne zählen kann, dessen Wunsch wird sicherlich in Erfüllung gehen.

In vielen alten Sagen besitzt der Held neunfache Kraft, oder hat, wie Herakles, neunfache Arbeit zu leisten. In einer Sage aus dem Kanton Uri wird berichtet, daß ein Stierkalb neun Jahre lang genährt wird, und zwar im ersten Jahr mit der Milch einer Kuh, im zweiten mit der von zwei Kühen, bis es schließlich die Milch von neun Kühen trinkt. Dann wird es von einer reinen Jungfrau über den Felsgrat geführt, freigelassen, und kann die Dämonen und Unholde der Berge besiegen. Neun als Maß der Vollkommenheit erscheint in Redensarten wie »Neunmännerwerk«, »neunhändig«, aber auch »neunäugig« im Sinne von »durchtrieben« – nicht zu vergessen den »Neunmalklugen«.

Riesen und Heroen sind in der griechischen, aber auch in der persischen und indischen Überlieferung neun Ellen lang *(naugaza)*, wie es ebenfalls vom biblischen König Og erzählt wird. Wenn jemand droht, »Neun wie dich freß ich zum Frühstück«, so sieht man die Winzigkeit des Angeredeten sehr deutlich. Die Neun als Vollkommenheitszahl erscheint auch in dem indischen *naulakha,* 9 × 100000, womit im Märchen das kostbarste Halsband oder Schmuckstück bezeichnet wird.

In germanischen und finnischen Mythen und Märchen erscheinen die Krankheiten oft als neun schlimme Brüder oder Schwestern – man hat vermutet, daß sich hier die neun langen dunklen Monate des Jahres widerspiegeln, da diese Mythologie besonders in nordischen Gebieten gefunden wird. Auf dem Berge Kippumäki in Finnland liegen neun Höhlen, jede neun Klafter tief, wohin durch

Zauberer die Schmerzen und Leiden der Menschheit gebannt werden, während auf dem Berge die Furie Hilta und ihre Dämonengefährten die Plagen der Menschheit kochen. Im finnischen Mythos werden ferner die Krankheiten, Schmerzen und schädlichen Tiere als neun

Elefant aus neun Mädchenleibern, geritten vom Liebesgott Kandarpa (= Kāma), mit Pfeil und Bogen. Papiermalerei aus Bhubaneshvar, 19. Jahrhundert.
»Die gängige Geschichte zu solchen Kompositionen ist folgende: Voll Sehnsucht nach Rādhā wandert Krishna im Wald von Vrndāvana umher. Die gopīs (Hirtenmädchen), aus Zuneigung zu Krishna oder vielleicht, um ihn für sich und nicht für Rādhā zu gewinnen, beschließen, aus ihren Körpern einen Elefanten zu formen. Krishna, in Gedanken verloren, hält das komposite Wesen für einen echten Elefanten und steigt auf. Während er sehnsüchtig-klagend nach seiner Geliebten Rādhā ruft, lösen die gopīs entzückt über ihren gelungenen Scherz den Elefanten plötzlich auf« (Jutta Jain-Neubauer).

Knaben von einer alten Frau nach einer Schwangerschaft von 30 Sommern und 30 Wintern auf einem Wasserstein geboren, und neun schlimme Söhne einer Königin des Nordens sind aus der estnischen Sage bekannt. Doch kann man mit der Neun auch Schaden verhüten, wie der finnische Hausgott Tontu zeigt, den man durch neunmaliges Umwandeln der Küche beschwören konnte und der dann gutmachte, was die drei schlimmsten Wintermonate angerichtet hatten.
Das alte indogermanische Erbe, das der Neun einen besonderen Platz gibt, ist im griechischen Altertum zu bemerken: der Styx in der Unterwelt ist neunmal gewunden, und die Zeiteinteilung in Neunerperioden zeigt sich in den Festen, die für Apollo alle neun Jahre in Delphi durchgeführt, allerdings später durch fünfjährige Feste abgelöst wurden. Noch im 2. nachchristlichen Jahrhundert wurde für Zeus auf dem lykäischen Berge jedes neunte Jahr ein Fest gefeiert, wo man auch Menschen geopfert haben soll, worauf der kultische Schlächter auf neun Jahre verbannt worden sei. Beim Feste des Dionysos in Patra zelebrierten neun Männer und Frauen. Daß die Neun in Verbindung mit Herakles vorkommt, wurde schon erwähnt; ob man hier an einen Astralmythos (Herakles als Sonne) denken darf, ist nicht unbestritten. Apollo trägt eine neunsaitige Leier (die allerdings manchmal mit der siebensaitigen wechselt), wie im Apollo-Mythos die Neun und die Sieben überhaupt nebeneinander stehen; er ist von den neun Musen begleitet. Schon die Geburtswehen seiner Mutter Leto dauerten nach einer Version der Sage neun Tage und neun Nächte, und Eileithya, die der armen Mutter behilflich war, erhält von ihr das neungliedrige Halsband. Sollte hier eine Anspielung auf die Nabelschnur vorliegen, die dem Em-

bryo für neun Monate Nahrung und Blut zuführt?
Es sind die 9 Musen, zu deren Ehren Herodot seine Werke in neun Teile eingeteilt hat, und man darf hier auch an die *Enneaden,* die »Neun Bücher« des Plotin denken, dessen neuplatonische Philosophie zentral für die spätere Mystik wurde. Kein Wunder, daß Plato im Alter von 9 × 9 = 81 Jahren gestorben sein soll!
Möglicherweise hat es in alter Zeit eine neuntägige Woche gegeben, die später von der babylonischen siebentägigen verdrängt wurde, worauf u.a. das römische Opfer am neunten Tage hindeutet *(sacrum novendiale).*
In der christlichen Welt war die Neun immer mit trinitarischen Erwägungen verbunden, und Dantes *Divina Commedia* ist das beste Beispiel für die Verwendung der Trinitäts- und Neunersymbolik. Schon die Terzinen, in denen das Werk geschrieben ist, deuten auf die Trinität hin, deren Figuren im Inferno in teuflischen Gegenbildern verzerrt sind. Da die Drei umfassender ist als die Eins, ist die 3 × 3 = 9 eher imstande, menschliche Beziehungen zum Göttlichen auszudrücken und zu verwirklichen. So sind die neun Ordnungen der Engel zu erklären. Diese Neun aber, die Engelszahl, ist für Dante in Beatrice verkörpert, von der er in der *Vita Nuova* sagt: »Diese Zahl war ihr wahres Selbst« (XXX 26–27) – die Reflektion der Engelswelt. Es soll auch daran erinnert werden, daß, wie Roger Bacon sagt, das neunte Haus des Horoskopes zusammenhängt mit »Pilgerfahrt und Reisen, mit Religion, Glauben und der Gottheit – es ist das Haus der Gottesanbetung, der Weisheit, der Bücher und Schriften« und steht unter dem Einfluß von Jupiter, allgemein genannt »das große Glück«. Damit wird die Neun auch, in gewisser Weise, zu einer Glückszahl, und man glaubt z.B. im Aargau, daß die neun letzten Ähren

eines Feldes glücklich machen; sie werden »Glückskorn« genannt.
Und ein von Lüttich in seiner umfassenden Studie über bedeutungsvolle Zahlen zitiertes Zigeunerlied deutet auf die alte Zeiteinteilung hin:

Hier im Wald, am grünen Hage
Steh ich Armer schon neun Tage,
Will mein Liebchen einmal sehen –
Hier muß es vorübergehen.
Hätt' es Küsse mir versprochen,
Stände gern ich hier neun Wochen,
Würden jemals wir ein Paar,
Stände ich hier auch neun Jahr!

Zehn
Das abgerundete Ganze

10 Seit alters wurde diese Zahl geehrt,
denn dieses ist die Zahl der Finger,
dran wir zählen,

sagt der römische Dichter Ovid, und in der Tat scheinen zumindest in unserem Kulturkreis die zehn Finger zu einer Basis des uns so geläufigen Dezimalsystems geworden zu sein, das, wie Hartner (S. 312) gezeigt hat, den meisten antiken Zahlschriften unterliegt: im Altägyptischen bezeichnet der Lotus die 1000, das Schiff die 10000. Die Wichtigkeit der Zehn war den Pythagoräern wohlbekannt; sie wurde als »allumfassende, allbegrenzende Mutter« aufgefaßt, war sie doch die Summe der ersten vier Zahlen – $1 + 2 + 3 + 4 = 10$, und konnte geometrisch in der Form des gleichseitigen Dreiecks dargestellt werden:

.
. .
. . .
. . . .

Für die Pythagoräer heißt das, daß aus dem Urgrund des Seins und der Polarität der Erscheinungen, der dreifachen Wirkung des Geistes und der Vierzahl der Materie (4 Elemente) die umfassende Zehn entsteht, in der nun auf einer höheren Ebene die Vielheit wieder zur Einheit wird: die Zehn ist die erste Stufe zu einer neuen Vielheit, die dann wiederum mit 100 zur nächsten Stufe führt. So sind 10 und 1 mystisch das gleiche, wie auch 100 und 1000. Da die Zehn so die Einheit aus der Vielheit darstellt, hat Aristoteles zehn Kategorien anerkannt. Das ist die vollkommene Anzahl – deshalb finden wir im frühen *Ṛgveda* zehn Bücher, und die Zehn Gebote sind einem jeden wohl bekannt. Doch hatte auch die buddhistische Lehre Zehn Gebote, fünf für den Mönch und fünf für den Laien.

Die jüdische Tradition blieb sich der zentralen Bedeutung der Zehn immer bewußt. Es sind ja nicht nur die Zehn Gebote, die Israel mitgeteilt wurden, sondern die Welt ist in zehn Worten erschaffen worden, wie der *Sohar* weiß, denn zehnmal heißt es »Und Gott sprach«. Auch die Zahl der zehn Generationen bis Noah weist auf die Vollkommenheit des Zehnerzyklus hin. Für die Kabbala bedeutet das die Grundlage der Lehre von den zehn Sefiroth. Und so sehen die Kabbalisten auch den Thron Gottes auf zehn Säulen stehen (s. u.).

Daß die christlichen Exegeten sich der Zehn bedienten, versteht sich von selbst. Konnte man nicht schon in der römischen Ziffer X einen Hinweis sowohl auf das Kreuz Christi und die Zehn Gebote, sowie auf den ersten Buchstaben von *Xristos,* Christus, sehen? Das *iota,* der erste Buchstabe von »Jesus«, mit seinem Zahlwert zehn, gehört ebenfalls hierher. Die Zehn konnte in der allegorischen Bibelinterpretation auf die drei Personen der Trinität und die sieben kreatürlichen Elemente (Herz, Seele, Gemüt und die vier Elemente) hinweisen. Auch konnte man in ihr die Summe von neun (Engeln) und eins (Mensch) sehen, oder einen Hinweis auf die zehn Kinder Hiobs, in denen sich die sieben Gaben des Heiligen Geistes (Söhne) und die Dreiheit von Glaube, Hoffnung und Liebe (Töchter) darstellten. Andere Interpreten legten die Zehn Gebote dahingehend aus, daß sie drei Gebote der Frömmigkeit gegenüber Gott enthalten, sowie sieben über das Verhältnis zum Mitmenschen.

Nur selten findet man die negative Seite der Zehn, die sich in den zehn ägyptischen Plagen zeigt, worauf besonders beim Passah-Seder hingewiesen wird. Am 10. Tischri, dem jüdischen Versöhnungstag, wird das Sün-

Der gnostische Anthropos (Mensch) als göttliches Wesen, das in sich die vier Elemente trägt und durch die Zehn bezeichnet wird; als Summe von 1 + 2 + 3 + 4 bedeutet sie Vollkommenheit.
Holzschnitt aus: Albertus Magnus, Philosophia naturalis, 1560

Die zehn Lebensstufen des Menschen: »Zehn Jahr ein Kind, 20 Jahr ein Jüngling, 30 Jahr ein Mann, 40 Jahr wohl getan, 50 Jahr still stahn, 60 Jahr gehts Alter an, 70 Jahr ein Greis, 80 Jahr nimmer weis, 90 Jahr der Kinder Spott, 100 Jahr – Gnad dir Gott.«
Einblattdruck des Augsburger Briefmalers Abraham Bach. Diese Stufung war weniger von der faktischen Lebenserwartung bestimmt als von der »Vollkommenheit« der Zahlen Zehn und Hundert.

denbekenntnis zehnmal wiederholt; auch am Neujahrsfest gibt es Lesungen von je zehn biblischen Versen. Die jüdische Tradition entwickelte das Zehnersystem in genialer Weise in den zehn Sefiroth der Kabbala, »jenen zehn archetypischen Zahlen als die Grundmächte allen Seins«, eine Welt innergöttlichen Seins… [die] ohne Bruch und ohne Neuanfang in die geheimen und sichtbaren Welten der Schöpfung über[strömen] (Scholem).

Ihre Gestalt wurde manchmal als das *macroposopis*, die »Große Form« des Ur-Adam, *adam qadmōn*, ausgelegt. In der kabbalistischen Spekulation sind die pythagoräischen Einflüsse stark, werden aber in hochinteressanter Weise ausgedehnt. Auch hier unterliegt dem System der Gedanke, daß die Einheit sich zur Dreiheit entfaltet, was in den oberen drei Sefiroth geschieht, die farbsymbolisch mit weiß *(kether)*, grau *(hokmah)* und schwarz *(binah)* dargestellt werden. Die vierte Sefira *(chesed* oder *gedulla)* gehört dem Blau zu, die fünfte *(geburah)* dem Rot, deren Zusammenwirken in der neunten, *yessod*, im Violett erscheint, während sich das Gelb der sechsten Sefira, *tiphereth*, in das Grün der siebenten, *nezach*, und das Orange der acht, *hod*, teilt, die wiederum mit der vierten und der fünften verbunden sind. Der Endpunkt ist die Zehnte Sefira, die *malkuth* oder *Schechina* (Varney, S. 115).

Aus den Zusammenhängen dieser zehn Sefiroth läßt sich das gesamte kosmische Wirken entwickeln, wie es die mittelalterlichen Kabbalisten in faszinierender Weise, unter Verwendung der Gleichungen zwischen Buchstaben und Zahlen, und gematrischen Manipulationen, getan haben. Doch darf man über diesen hochmystischen Gedankenflügen die praktische Seite der Zehn, nämlich die Abgabe des Zehnten, nicht vergessen.

Die Zehn spielt auch in der islamischen Tradition eine Rolle – den fünf inneren entsprechen fünf äußere Sinne, und Muhammad kannte unter seinen Jüngern zehn, denen das Paradies versprochen war, und deren Namen noch häufig auf Talismanen in einem (typisch »paradiesischen«) Oktagon in kufischer Schrift dargestellt werden. Seinem Beispiel folgend, umgaben sich große mystische Führer – zumindest der Legende nach – mit zehn beson-

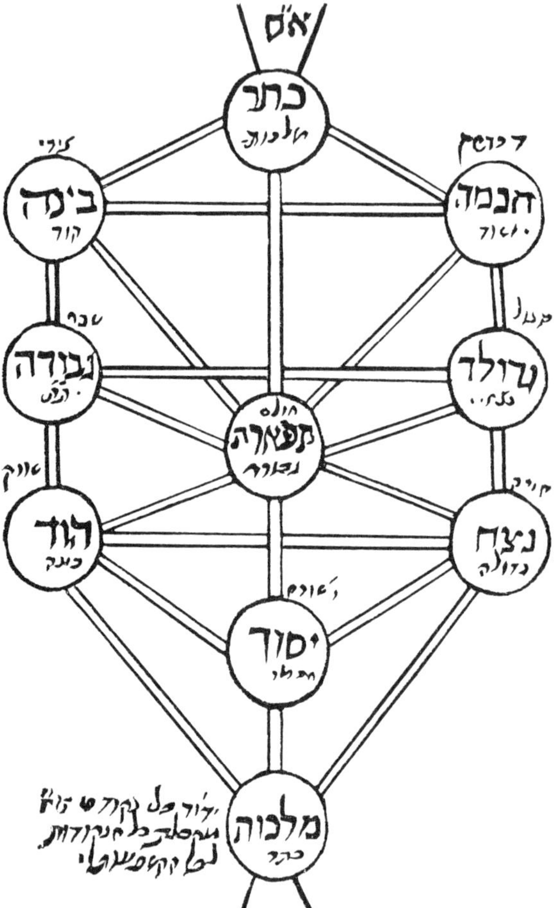

Der Sefiroth-Baum oder Baum des Lebens, wie er in einer alten Handschrift des Sohar (»Buch des Glanzes«) dargestellt ist. Die Zehnzahl der Sefiroth beeinflußt die spätere Lehre der Vier Welten, aufgestellt von den Kabbalisten von Safed: *Beri'a*, die Welt der Schöpfung, des Thrones und der höchsten Engel (und zweite Welt nach *Aziluth*, der ersten oder Welt der Emanation), ist demnach durch die Zehn strukturiert.

ders treuen Jüngern. Türkische Gelehrte fanden es höchst sinnvoll, daß Sultan Sulaiman der Prächtige, der zehnte osmanische Herrscher, im Jahre 900/1495 an der Wende des 10. Jahrhunderts der Hidschra geboren war und zehn Kinder hatte. Man konnte dann leicht die Zahl seiner großen Herrschertugenden, der von ihm eroberten Städte und Länder, der ihm unterstehenden Dichter und Gesetzesgelehrten etc. auf zehn oder ein vielfaches davon abrunden, um die ideale Vollkommenheitszahl zu erreichen.

Bedeutend wichtiger und interessanter ist die Rolle der Zehn in den gnostisch-ismailitischen Schriften. Die Lauteren Brüder haben darauf hingewiesen, daß Zehn als erste zweistellige Zahl eine Bedeutung hat (sie benutzten ja schon die »arabischen« Zahlen und nicht, wie der Westen, römische oder Buchstabenzahlen). Die klassische Ismaili-Philosophie kennt zehn höhere *ḥudūd,* erzengelhafte Intelligenzen, die aus drei, nämlich der Ur-Dyade und der Dritten Intelligenz einerseits und den sieben Cherubim andererseits, bestehen. Von der ersten Stufe des Gesandten, *rasūl,* dem als Sprecher die Verkündigung des Gottesgesetzes zukommt und der mit der äußersten Himmelssphäre jenseits aller Sphären verbunden ist, führt die Linie über den *waṣī,* den anvertrauten Erben, dem die esoterische Auslegung zukommt, und über den Imam (mit der Saturnsphäre verbunden) weiter durch die Sphären, bis die sublunare Welt als zehnte Stufe mit den *ma'dhūn makhsūr* zusammenhängt, der die niederste Stufe in der ismailitischen Rangordnung der geistigen Führer darstellt (Corbin 90–93). Nach dem Propheten und dem Anvertrauten Erben, das ist Ali, leiten die sieben Imame bis zu Muhammad ibn Ismail weiter, dem als zehnter der *qā' im az-zamān* folgt, der die

Auferstehung einleiten wird. Hier dürften Erinnerungen an iranisch-gnostische Traditionen vorliegen, die in einem komplizierten System islamisiert worden sind.
Die Zehn hat noch eine andere Bedeutung für den Muslim, besonders den Schiiten: am 10. Muharram 81 (10. Oktober 680) wurde der Prophetenenkel Husain in Kerbela von den Regierungstruppen getötet, und dieser Tag – der als *ʿāshūrā* schon zu Zeiten des Propheten für eine Weile als Fasttag gehalten wurde – ist für Millionen von Frommen der zentrale Trauertag, um den sich das ganze Jahr bewegt. Logischerweise gibt es auch *deh madschlis*, »10 Sitzungen«, im Muharram, in denen des Schicksals der Märtyrer von Kerbela gedacht wird.
Um wieder auf weniger mystische Themen zu kommen, erinnern wir daran, daß die Zehn als militärische Ordnungszahl bei allen Völkern, die das Dezimalsystem kennen, eine natürliche Gruppierung ergibt: der türkische *on baschĭ*, »Führer von Zehn«, ist »Unteroffizier« und die folgende Stufe, *yüzbaschĭ*, »Führer von Hundert«, entspricht dem römischen *centurio*, »Hauptmann«. Im alten Rom hatte der *Dekan* zehn Soldaten unter sich, was heute für den *Dekan*, *dean* oder *doyen*, die davon abgeleitet sind, nicht mehr gilt. Das Wort *dezimieren* geht darauf zurück, daß, wenn eine römische Legion meuterte, jeder zehnte Mann hingerichtet wurde. Der *denarius*, Dinar, weist gleichfalls auf die Zehnerrechnung im Münzsystem hin.
Wenn jedoch der persische Dichter von der »zehnzüngigen Lilie« spricht, meint er damit metaphorisch nur, daß sie eine große Anzahl von »Zungen«, d.h. Blütenblättern hat, mit denen sie stumm das Gotteslob singt, weshalb der österreichische Orientalist Joseph von Hammer-Purgstall (gest. 1856) sich vergeblich bemühte,

durch einen Naturforscher eine solche zehnblättrige Lilie in Iran auffinden zu lassen...

Daß Tiefenpsychologen die Zehn als 2 × 5, und daher als Symbol der Ehe, gedeutet haben, weil »die Zwei aus Eros (5) Ernüchterung macht« (Paneth, S. 79), sei hier nur am Rande erwähnt.

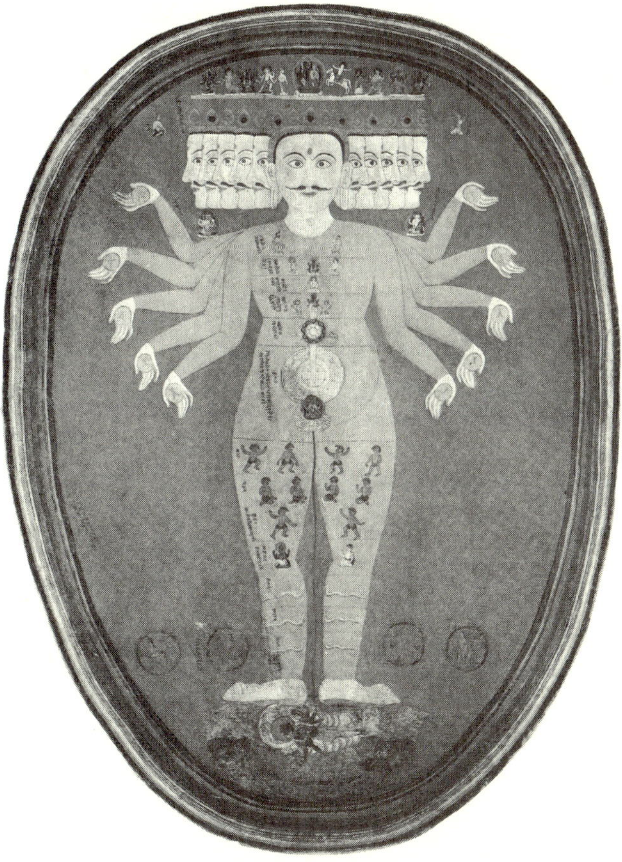

Tantrische Weltfigur mit zehn Armen und zehn Inkarnationen (Avatāras) des Vischnu. Gouache auf Tuch, Nepal, 17. Jhd.

Elf
Die Stumme Zahl

11

Elf ist die Sünde. Elfe überschreitet
die zehn Gebote,

so läßt Schiller seinen Seni in den »Piccolomini« (II,1) sagen. Damit nimmt er eine traditionelle Ansicht auf, denn die Elf ist seit jeher mit negativen Vorzeichen belastet. Mehr als Zehn und weniger als Zwölf, steht sie zwischen zwei wichtigen Rundzahlen und wird daher in der mittelalterlichen Exegese immer *ad malam partem* ausgelegt, während alle anderen Zahlen doch noch immer wenigstens *eine* gute Seite haben. Ja, Petrus Bungus meinte, die Elf habe »keinerlei Verbindung mit göttlichen Dingen, keine Leiter, die zu den oberen Dingen reicht, keinerlei Verdienst«. Es sei die Zahl der Sünder und der Buße, und so werden in theologischen Werken die *eleven heads of error*, die elf Formen des Irrtums, erwähnt. Auch die Lauteren Brüder von Basra sahen in der Elf die erste »stumme« Zahl in der Reihe der »stummen« Primzahlen jenseits der Zehn.

Die Elf ist ursprünglich wohl eine Tierkreiszahl, da von den zwölf Zeichen des Zodiaks immer eines hinter der Sonne steht und infolgedessen unsichtbar bleibt. Daher kommt wahrscheinlich die Beziehung zum Traum des Joseph (1. Mos. 37,9), der sah, daß sich Sonne, Mond und elf »Sterne« vor ihm neigten. Eher ist hier an elf Sternbilder zu denken, denn es bestehen Entsprechungen zwischen den Tierkreiszeichen, den Stämmen des Volkes Israel und den Söhnen Jakobs (vgl. 1. Mos. 49).

Im altbabylonischen Schöpfungsbericht, dem *Enuma elisch*, wird der Kampf des Chaos, Tiamat, gegen die Götter geschildert, wobei Tiamat von elf Chaosungeheuern unterstützt wird. Diese zwölf Gegner werden von dem Lichtgott Marduk zwar überwunden, aber geschont und an den Himmel versetzt, wobei Marduk, als Sonne, immer vor einem der zwölf steht.
Gruppen von elf Personen kommen hin und wieder in der Geschichte vor, ohne daß man eine genaue Erklärung ihrer Entstehung geben kann. Dazu gehören die elf Dionysiaden, die in Sparta aus elf Frauen gebildet wurden, um die Dionysos-Orgien der Entartung zu entziehen, während es in Rom die Elfmänner als Verfolger von Verbrechen, also eine Art Kriminalbeamte, gab. Aber warum hat eine Fußballmannschaft elf Spieler (die vollkommene Zehn und den Torwart)? Und weshalb ist in

Links: Die heilige Ursula, die schützend ihren Mantel über die elf (-tausend) Jungfrauen breitet. Titelholzschnitt aus »Dyt ist die wairhafftige ind gantze hystorie der hilligen XI dusent Joufфrauw enind mertelerschen«, Köln 1517
Rechts: Das Wappen der Stadt Köln, das in Gestalt von elf Flämmchen die Jungfrauen der hl. Ursula zeigt.

diesem Spiel der Elfmeter so gefürchtet? Das bleibt dem Sporthistoriker zu erklären, wenn man nicht, wie es ein Psychologe (Friedjung) versuchte, in der Elfzahl der Spieler bei diesem und anderen Spielen einen Hinweis auf die menschliche Unvollkommenheit sehen will...

Jüngst ist der Versuch gemacht worden (René Guénon), in der Elf als der Verbindung von Fünf (2 + 3) und Sechs (2 × 3) – was die Verbindung von Erde und Himmel darstellte –, die große Zahl des *hieros gamos,* der Vereinigung von Mikrokosmos und Makrokosmos, zu erkennen.

Daß die Karnevalszeit im Rheinland am 11. 11. um 11 Uhr 11 beginnt, liegt mehr an den amüsanten Zahlenwerten, denn an geheimnisvollen Bedeutungen der Elf. Und wenn die Heilige Ursula auf elf Schiffen mit zehn anderen, deren jedes 1000 Jungfrauen trug, nach Köln zog, so liegt hier wohl nur die erhöhte Rundzahl: »sogar noch mehr als Zehn«, vor, die die Zehn »versiegelt«.

Zwölf
Der geschlossene Kreis

12 Fünf und Sieben,
die heiligen Zahlen,
ruhen in der Zwölfe,

heißt es wiederum bei Schiller, und wiederum hat er seinen Seni eine uralte Weisheit aussprechen lassen. Die Zwölf hat einen außerordentlich weiten Wirkungskreis. Einmal kann sie als Produkt der Drei und Vier gesehen werden, und daher als allumfassend, zum anderen als Summe der beiden wichtigen Zahlen Fünf und Sieben. Ihre Bedeutung dürfte in erster Linie mit den zwölf Zeichen des Zodiaks zusammenhängen: der Mond wandert als »Herrscher der Monate«, wie die Babylonier wußten, durch zwölf Stationen, und die zwölf nördlichen und zwölf südlichen Sterne, die man im Altertum kannte, erscheinen in der Mythologie als die 24 Richter der Lebenden und der Toten. So erkannte man zwölf Pforten des Himmels, und parallel dazu zwölf Pforten der Unterwelt, wo der ägyptische Sonnengott Ra seine Nachtstunden zubringt.

Es scheint, daß die meisten alten Zivilisationen duodekadisch, auf Zwölf gebaut, waren und das Jahr in zwölf Monate einteilten, vielleicht mit Ausnahme der Hochkulturen Zentralamerikas, wie Willi Hartner (S. 290) festgestellt hat.

Die zwölf Tierkreiszeichen des Altertums, die auch in der etruskischen Kultur erscheinen, dürften zahlreiche Mythen, Legenden und Märchen beeinflußt haben, wo

Gruppen von zwölf Göttern, Helden oder wichtigen Persönlichkeiten, oder Zeitspannen von zwölf Stunden, Tagen oder Jahren oftmals erwähnt werden. Die zwölf Äonen der Gnosis, die 12000jährige Dauer der Weltzeit im Parsismus gehören in diesen Bereich.
Man hat versucht, die Heraklessage, in der der Held zwölf gewaltige Taten vollbringen muß, mit der Wanderung der Sonne durch den Tierkreis zusammenzustellen, und auch eine Verbindung zwischen dem Zodiak und der Argonautensage zu schaffen. Doch müssen solche Versuche mit Vorsicht betrachtet werden.
Die Zwölfzahl wurde wegen ihrer Wichtigkeit und auch wegen ihrer praktischen Anwendbarkeit im mittelmeerisch-orientalischen Gebiet zu einer wichtigen Rundzahl: die zwölf Stämme Israels waren historisch nie zwölf und formten doch eine Einheit. Die zwölf kleinen Propheten, aber auch die zwölf Edelsteine im Brustschild des Hohenpriesters von Israel deuten auf diese umfassende Verwendung der Zwölf hin, ebenso wie es die im Alten Testament vorkommenden zwölf Wasserbrunnenn, zwölf Fürsten, oder die zwölf Rinderfiguren, die das »eherne Meer« im Tempel stützten, tun.
Man hat auch im Evangelium Hinweise auf einen Sonnenweg sehen wollen; doch ist hier anzunehmen, daß, wie in so vielen Fällen, historische Vorgänge mit astraler Symbolik verwoben worden sind: die zwölf Jünger Jesu gehören hierzu, wie auch in späterer Frömmigkeit die zwölf Kreuzwegstationen.[3] Tertullian zieht zu Beginn des 3. Jahrhunderts die Verbindungslinie zwischen Altem und Neuem Testament: »Warum beruft Er zwölf Apostel und nicht irgendeine andere Zahl? ... Ich finde die Vorbilder dieser Zahl bei meinem Schöpfer: die zwölf Quellen Elims (Num. 33, 9), die zwölf Edelsteine auf

Die Zwölf Jünger lauschen der Bergpredigt Christi. Miniatur aus dem Evangeliar Ottos III., Reichenauer Schule um 1000

dem Priesterkleide Aarons (Ex. 28, 9–12), und die zwölf Steine, die von Josua aus dem Jordan gehoben und in die Bundeslade gelegt wurden. (Jos. 4).« Daß, wie es das Markus-Evangelium berichtet, die Taufe Jesu im Zeichen des Wassermanns, sein Auftreten am Frühlingspunkt, Fischerszenen im Zeichen der Fische vorkommen, mag Zufall oder Absicht sein, kann aber nicht, wie es zu Beginn dieses Jahrhunderts von Drews (Die Christusmythe) versucht worden ist, beweisen, daß Jesus, der mit zwölf Jahren in den Tempel kam, nur eine astralmythische Figur gewesen sei. Die Arbeiten von Beckh über den »Kosmischen Rhythmus« der Evangelien gehen gegen eine solche, jetzt längst vergessene Interpretation an.

Doch findet sich rein zahlenmystisches Material in der Offenbarung Johannis. Das himmlische Jerusalem hat zwölf Tore, wie der Himmel, und zwölf mal zwölf Auserwählte nehmen an der Anbetung des Lammes teil. Auch die vier apokalyptischen Reiter können als Sternbilder erklärt werden, weshalb ihnen Dürer die zugehörigen Tierkreissymbole in die Hand gegeben hat: Jupiter im Schützen, Saturn im Skorpion, Mars im Widder und Merkur in der Waage. Nach Berechnungen Morosows, und ihm folgend einiger Astronomen, scheint es, daß eine Konstellation, wie sie der apokalyptischen Vision zugrunde liegen könnte, in den ersten christlichen Jahrhunderten nur einmal vorgekommen ist, und zwar, verbunden mit einer Sonnenfinsternis, am 30. September 395. Man hat daraus schließen wollen, daß der Kirchenlehrer Johannes Chrysosthomus der Verfasser der Apokalypse gewesen sei.

Wichtig ist die Zwölf in der christlichen Allegorese. Wenn Christus als der Tag angesehen wird, so weisen die

Zwölf weiße Tauben schweben um einen dreifachen Kreis, aus dem sich dreifach gestuft das Christus-Monogramm erhebt; in den vier Ecken achtstrahlige Sterne – alles Symbole der Herrschaft Gottes.
Mosaik aus der Taufkapelle von Albenga, 2. Hälfte des 5. Jahrhunderts

zwölf Stunden des Tages auf die zwölf Apostel hin, die vorgebildet waren in den Stämmen Israels, den zwölf Patriarchen, den zwölf kleinen Propheten und selbst in den zwölf Schaubroten in der Stiftshütte. Ja, da Zwölf aus Drei mal Vier besteht, ist es die Aufgabe der Zwölf Jünger, den Glauben an die Trinität in den vier Weltteilen zu verbreiten, wie Augustin argumentiert. Und in einem altenglischen Gedicht wird der Phönix, das Symbol Christi, besungen, der mit der Sonne aufsteht, sich zwölfmal badet, zwölfmal Wasser aus der Quelle trinkt und zu Beginn jeder Stunde mit den Flügeln schlägt (Hopper).
Die Zwölf als Grundzahl des Systems bildet auch die Grundlage für die ungeheuren Zahlen antiker Spekulationen; die wichtigste Grundlage der altamerikanischen Zeitrechnung ist das Baktun, bestehend aus 144000 Tagen, und das Vielfache von zwölf Jahren erscheint in Babylon mit der, auch von sechzig ableitbaren, Zahl von 432000 Jahren antidiluvialer Zeit.
Ein interessantes Beispiel für die Zwölf als Rechnungseinheit gibt uns Herodot, der behauptet: »Die Griechen gründeten ihre zwölf Städte in Asien und weigerten sich, die Zahl auszudehnen, weil sie, wie ich vermute, in zwölf Staaten eingeteilt wurden, als sie im Peleponnes lebten«, d. h., Zwölf war für sie die normale Zahl des Staates und der Stadt.
Das alte China kannte gleichfalls den Tierkreis mit zwölf Zeichen und damit zusammenhängend zwölf Monate,[4]

Rechte Seite: Die kreisende Zeit, mit den zwölf Bildern des Tierkreises (innerer Ring) und den entsprechenden jahreszeitlichen Verrichtungen (äußerer Ring). Zeichnung aus einem Chorbuch des Klosters Zwiefalten, um 1140.
In der Mitte hockt Annus (Chronos), der alte und stets sich er-

neuende Jahresgott, der mit der Linken die Sonne, mit der Rechten den Mond trägt. Aus dem Außenring blasen die zwölf Winde heraus, und in den Ecken stehen die vier Jahreszeiten in jeweils passender Kleidung.

wozu noch ein Zehnerzyklus kam, der dann mit ihm, wie in Babylon, zum 60er-Zyklus kombiniert wurde. Der Tag bestand aus zwölf Doppelstunden, und man feierte den zwölfjährigen Jupiterumlauf, kannte ferner zwölf kaiserliche Insignien. Auch wurden dem Menschen zwölf Eingeweideteile zugesprochen. Der alte chinesische Hochgott, dessen Thron am Pol des Himmels vermutet wurde, hatte dem Mythos zufolge drei Söhne, vier Frauen und zwölf Kammerherren, die wiederum den Tierkreiszeichen entsprechen.
In der germanischen Überlieferung spielte die Tierkreisbeziehung der Zwölf offenbar eine weniger wichtige Rolle. Dagegen leben die zwölf Tage bzw. Nächte des germanischen Kalenders, die als Ausgleich zwischen Mondjahr und Sonnenjahr (354 und 365 bzw. 366 Tage) eingeschoben wurden, im Volksglauben fort. Sie wurden als geheimnisvoll, oft unheilbringend angesehen. Jedermann kennt die abergläubischen Bräuche, die mit den zwölf Nächten zwischen Weihnachten und dem Dreikönigstag am 6. Januar zusammenhängen: die Träume jeder Nacht deuten auf Ereignisse des entsprechenden Monats hin; man wäscht keine Wäsche, damit Wotan und seine wilde Jagd sie nicht forttragen oder die unseligen Geister, die in jenen Nächten umherziehen, dem Hause Übles antun. Das Vieh erhält besonderes Futter, und die Buchstaben C + M + B, Abkürzungen der Namen der Heiligen Drei Könige, werden über Haus und Stall geschrieben. Auch ist die zwölfte Stunde, die Mitternachtsstunde, mit besonderen Kräften versehen – Tiere und Geister können sprechen:

> Und ich sah ein Licht von weitem ...
> eben als es Zwölfe schlug,

wie Goethes *Schatzsucher* erfährt. Doch wenn die Gei-

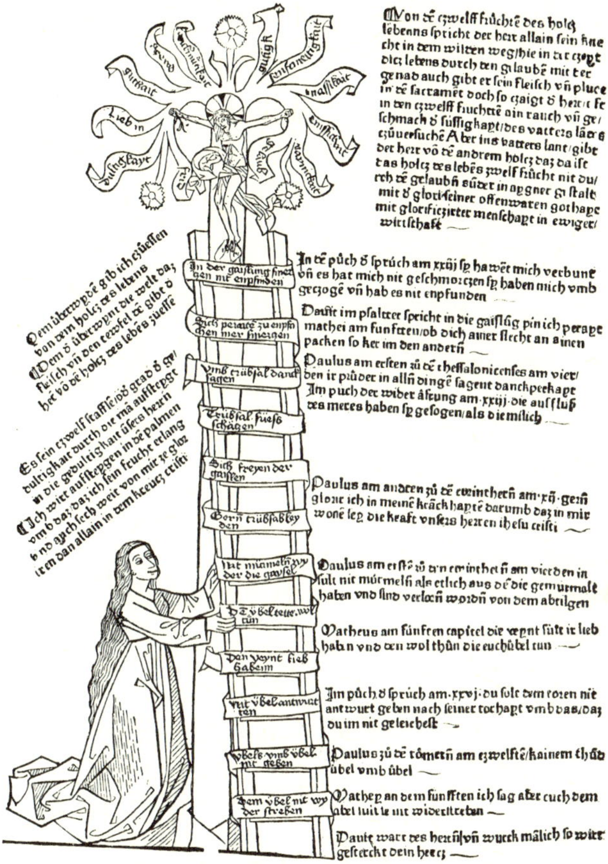

Von den zwölf Früchten des Lebens. Die Schrift auf den Stufen der Leiter und auf den Blättern um Christus herum ist in Holz geschnitten, der Text an der Seite hingegen mit beweglichen Typen gedruckt.
Religiöses Flugblatt. Gedruckt in Augsburg bei Günther Zainer

sterstunde vorüber ist, nimmt alles seine alte Form an und all die lieblichen Gestalten *turn into a pumpkin*, »werden wieder zum Kürbis«, wie es im Englischen heißt. Ein gutes Beispiel für die literarische Bedeutung der Zwölf ist Edmund Spensers *Fairy Queen*, wo Tugenden und ihre Ritter ebenso wie die Übel in Zwölfergruppen auftreten und mit jeweils zwölf Legenden verbunden sind.

Im islamischen Bereich kommt der Zwölf beschränkte Bedeutung zu – wiederum sind es die Lauteren Brüder, die sich, in der Nachfolge babylonisch-griechischer Astronomen und Astrologen, vor allem mit den zwölf Sternzeichen und ihren wechselseitigen Beziehungen beschäftigt haben, jenen Zeichen, die sich in Gruppen zu drei einteilen lassen – nicht nur drei Frühlings-, Sommer-, Herbst- und Winterzeichen gibt es, sondern auch, wie es noch heute die Astrologie weiß, drei feurige (Widder, Löwe, Schütze), drei wässrige (Krebs, Skorpion, Fische), drei luftige (Zwillinge, Waage, Wassermann) und drei irdische Zeichen (Stier, Jungfrau, Steinbock).

Doch origineller ist die Tatsache, daß die größte Gruppe der Schiiten die Reihe der Imame, der von Muhammad abstammenden rechtmäßigen Leiter der Gemeinde, bis zum zwölften Imam fortführte – daher der Name Zwölferschiiten. Auch hier liegt wieder die Tendenz vor, führende Gestalten in Zwölfergruppen einzuteilen, denn der letzte Imam, dessen Existenz von kritischen Historikern sogar angezweifelt wird, verschwand als Kind in geheimnisvoller Weise im Jahre 874; er lebt im Verborgenen, woher er die Geschehnisse der Welt leitet, bis der Tag kommen wird, »um die Welt mit Gerechtigkeit zu füllen, wie sie mit Ungerechtigkeit erfüllt ist«. Es ist daher kein Wunder, daß schiitische Gelehrte oder Dichter

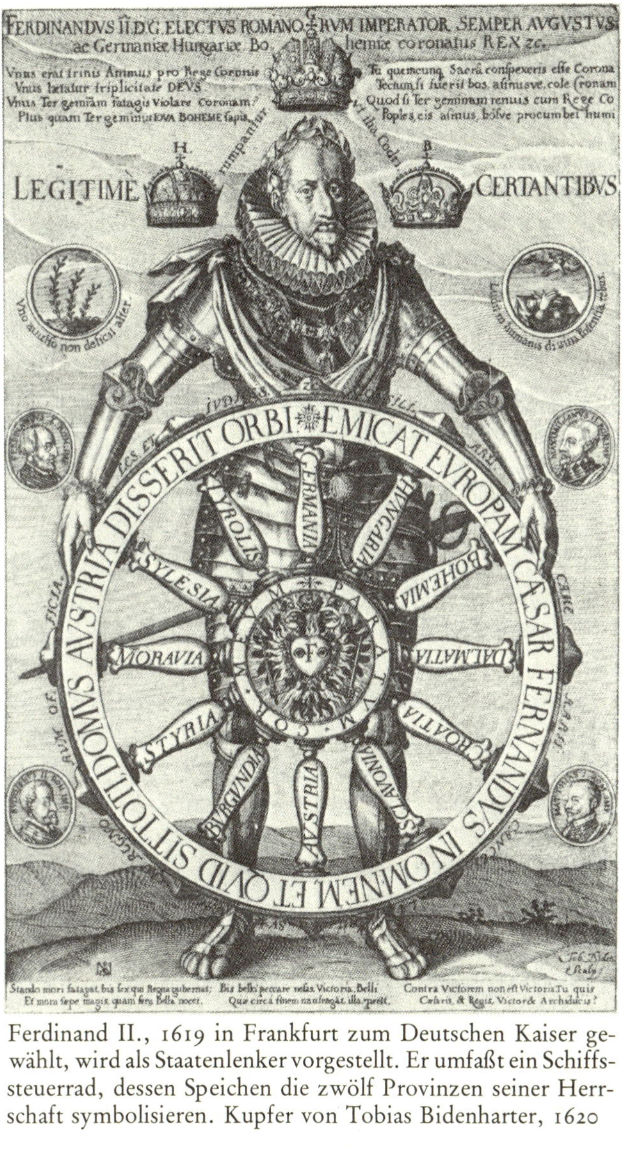

Ferdinand II., 1619 in Frankfurt zum Deutschen Kaiser gewählt, wird als Staatenlenker vorgestellt. Er umfaßt ein Schiffssteuerrad, dessen Speichen die zwölf Provinzen seiner Herrschaft symbolisieren. Kupfer von Tobias Bidenharter, 1620

in ihren Werken der Zwölf einen wichtigen Platz einräumen – der große persische Minister Raschiduddin (hingerichtet 1317) schrieb seinen Traktat über die Vorzüge der Zwölf zu einer Zeit, als sein Patron, Öldschaitü der Mongole, sich gerade der Zwölferschia zugewendet hatte[4], und Einteilungen wissenschaftlicher oder schöngeistiger Werke in zwölf Teile oder Kapitel sind nicht selten.

Aus diesem Grunde haben die der Zwölferschia zugehörigen Bektaschis – einer der wichtigsten türkischen Orden – zwölf Zwickel in ihrer Kopfbedeckung und tragen den zwölfeckigen Hacci-Bektasch-Stein am Gürtel.

Die indische und indo-muslimische Gedichtgattung *bārahmasa*, »Zwölf Monate«, dagegen hat nichts mit schiitischen Spekulationen zu tun, sondern singt, indischer Tradition folgend, die Gefühle eines von ihrem Geliebten getrennten Mädchens durch die zwölf Monate des Jahres.

Das Zwölfersystem hat das menschliche Denken weithin beeinflußt (wobei es zuzeiten in ein Sechzigersystem erweitert wird). Noch immer sprechen wir vom Dutzend, nicht von einer Zehnergruppe von Dingen, bestellen Wein oder Mineralwasser in Zwölferverpackungen, kennen das *Gros* von 144 Einheiten; und das klassische englische Maß- und Gewichtssystem beruht auf Zwölfereinheiten – ein *pound* sind zwölf *ounzes* –, obgleich sich langsam auch in angelsächsischen Ländern das Dezimalsystem durchsetzt.

Aber was tut man dann mit *a baker's dozen*, einem »Bäkkerdutzend«, das sind Dreizehn?

---

4 So in Josef van Ess, Der Wezir und seine Gelehrten, Wiesbaden 1979.

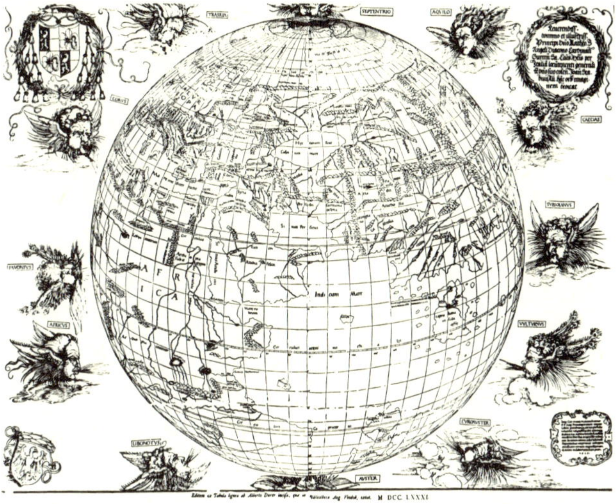

Zwölf Winde wirken auf den Erdball ein. Weltkarte von Albrecht Dürer, 1515

Dreizehn
Unglücks- oder Glückszahl?

13 Die Dreizehn hat im Volksglauben mehr und mehr den Charakter einer Unglückszahl angenommen. Man scheut sich, dreizehn Personen zu Tisch zu setzen und denkt nicht daran, daß dieser Aberglaube erst aus dem 17. Jahrhundert stammt. Manche Hotels vermeiden die Zimmernummer dreizehn oder einen dreizehnten Stock, und selbst der dreizehnte des Monats (besonders, wenn er auf einen Freitag fällt) wird mit Unbehagen betrachtet.

Wenn die Tradition diese Abneigung als Erinnerung an Jesus und seine zwölf Jünger deutet, deren einer – eben der Dreizehnte – ihn verriet, so geht die negative Rolle der Dreizehn in unserer Kultur doch weiter zurück. Dreizehn ist – wie Elf – eine der Zahlen, die ein geschlossenes System überschreiten, in diesem Fall die zwölf Zeichen des Tierkreises: niemals erscheint die Sonne mit allen zwölf Zeichen zusammen, so daß dreizehn Gestirnzeichen sichtbar wären, sondern verdeckt immer eins, so daß die heilige, vollkommene Zwölf gewahrt ist. Daher darf man in Märchen die dreizehnte Zimmertür nicht ungestraft öffnen.

Auch in China war die Dreizehn mit der Jahreseinteilung verbunden, denn bei einer Rechnung mit reinen Mondjahren zu 354 Tagen mußte nach einigen Jahren ein dreizehnter Monat eingeschaltet werden, um ins Sonnenjahr zurückzukommen. Diesen Monat nannten die Chinesen »Herr der Bedrängnis«. In Babylon hatte man für die

überschreitende Dreizehn ein eigenes Haus im Horoskop, das »Rabe« genannt wurde. Auch der Rabe ist ja ein unglückbringendes Symbol.
In der christlichen Tradition, gestärkt durch die Dreizehnzahl, unter denen sich Judas, der Verräter befand, kennt man die Dreizehn als Zahl der höllischen Hierarchie, und Hexen erscheinen gern in Gruppen von Dreizehn. Daß sich die Zahl in der Magie hielt, ist klar; das Mars-Quadrat, das die Dreizehn als Zentralzahl trägt und dessen Summen immer fünf mal dreizehn ergeben, spielt hier eine wichtige Rolle. Und wenn wir sagen: »Nun schlägt's aber Dreizehn!« so heißt das, die Geschlossenheit der zwölf Stunden ist gebrochen, und »was zu viel ist, ist zu viel.«
In einer eingehenden Studie hat Ernst Böklen die sogenannte »Unglückszahl« Dreizehn und ihre mystische Bedeutung untersucht (daß das Buch 1913 in Leipzig erschienen ist, dürfte wohl kein Zufall sein). Er geht der Verwendung der Dreizehnergruppen im klassischen Altertum und im Mittelalter nach und sieht hier in erster Linie das Muster Zwölf plus Eins; denn man findet häufig die Tendenz, eine Zahl durch Zufügung einer Einheit gewissermaßen zu fixieren (so auch bei 6 + 1, 7 + 1). Das ist sehr deutlich in der etruskischen Götterlehre, wo u. a. die sechs göttlichen Paare erst durch Zuziehung des Dreizehnten zur Einheit werden. Die Eins über der Zwölf ist entweder Führer oder Todeskandidat: Philipp von Makedonien, der sein Bild mit dem der zwölf Götter herumführen ließ, wurde gleich darauf ermordet, und Odysseus entgeht dem Tode, während seine zwölf Gefährten aufgefressen werden. Die Gnosis spricht von einem dreizehnten Aeon, der die Vollendung, die Krönung der Zwölf bedeute.

Das europäische Volksmärchen bietet oft Gruppen von Zwölf und Eins: da gibt es eine Schwester von zwölf Brüdern, die sich dann in Tiere verwandeln, und »Kapitän Dreizehn« in der griechischen Tradition wird als letzter in den Abgrund geworfen und bleibt daher am Leben. Oder, wie in Frankreich, holt der Teufel jeden Dreizehnten von einer Brücke und wird schließlich vom Dreizehnten einer Gruppe entkräftet.
Sehr häufig erscheint dieser Typ als Vater bzw. Mutter mit zwölf Kindern: Jakob hat zwölf Söhne, die goldene Henne hat zwölf Küken, die goldborstige Sau zwölf Ferkel. Und selbst in die Zusammensetzung des Gerichts aus zwölf Schöffen und einem Richter spielt die alte Dreizehnerordnung noch hinein.
Man kann also in der Sage ein Schwanken zwischen der Zwölf und der Dreizehn beobachten, wobei dann die Dreizehn oft einen unheimlichen Charakter annimmt: der Tod ist der Gevatter für das dreizehnte Kind, und »Dreizehnlinden« trägt nicht umsonst diesen Titel.
Böklen hat wohl recht, hier alte astrale Vorstellungen zu sehen. In anderen Kulturen, wie etwa in Mexiko, wurden die Mondmonate in Schwarzmond – dreizehn Tage –, Vollmond – dreizehn Tage und Neumond – eingeteilt, d.h. die beiden Perioden des Zu- und Abnehmens mit Dreizehn berechnet, und so kennt man dort auch dreizehn Himmel und entsprechend dreizehn Götter; ja, Dreizehn (Himmelsschichten) symbolisiert das Leben, die Sonne und das Männliche und ist somit eine positive Glückszahl.
Die Dreizehn spielt als Anzahl von Göttern in der alten Maya-Religion eine zentrale Rolle; in den »Kopf-Varianten« der neunzehn Zahlen plus Null erscheinen dreizehn verschiedene Götterhäupter, während der Rest

Der *tzolkin* oder »die Zählung der Tage« umfaßte nach dem Maya-Kalender 260 Tage; für ihn gab es 20 Tageshieroglyphen, die fortlaufend von 1 bis 13 numeriert wurden. Als Symbol des 13., der den Wendepunkt markiert, galt der Schmetterling. In der obersten Sphärenwelt der Azteken, der 13., war der Sitz des Götterpaares »Herr und Herrin der Zweiheit«: auch dies ein Symbol der Wende.
Auf diesem Bild sind die »13 Stundengötter« zu sehen, von jeweils einem Vogel überflogen; an der Spitze der Schmetterling.

Varianten der Einer sind. Auch werden die zwanzig Tageszeichen des Monats mit den Zahlen 1-13 kombiniert, wodurch ein für Orakel wichtiger Kalender entsteht (*Tonalpohualli*). Auf der Dreizehn basiert auch die Einteilung der Zeit in Perioden von 52 (4 × 13) Sonnenjahren zu 365 Tagen, die 73 heilige Jahre zu je 52 Fünftagewochen (260 Tage) ergeben.
Überhaupt ist die Dreizehn nicht überall eine Unglückszahl – die Kabbala hält die Dreizehn für günstig, denn im Hebräischen (wie im Arabischen) ist Dreizehn der Zahlwert des Wortes *Aḥad,* »Einer«. Aus 2. Moses 34,6 las man dreizehn Eigenschaften Gottes heraus, wie aus dem

letzten Glied der Passah-Haggada zu erkennen ist. »Einst wird das Land Israel in dreizehn Teile geteilt werden; der dreizehnte wird dem König Messias zufallen«, heißt es in einer talmudischen Weissagung, und die Kabbala weiß von den dreizehn himmlischen Quellen, den dreizehn Toren der Gnade und den dreizehn Strömen von Balsam, die nach talmudischer Lehre den Frommen im Paradies erwarten, zu berichten. Der *Sohar* sagt von den drei Häuptern des Heiligen Alten: »Auf dreizehn Pfaden der Liebesarten ist er zu finden, indem jene verborgene Weisheit in Ihm sich dreimal nach vier Seiten teilt und Er, der Alte, alle umfaßt« – also wieder die Umfassungszahl der geschlossenen Welt. Und man erkannte sogar dreizehn Formungen des Heiligen Bartes des göttlichen Wesens. Mit dreizehn Jahren wird der jüdische Knabe *bar-mitzwa,* verpflichtet zur Gesetzeserfüllung. Das Christentum berührte in der mittelalterlichen Exegese die negative Seite der Dreizehn kaum, es sei denn, daß sie, über die zwölf Apostel hinausgehend, als sündhaft überschweifend gedeutet wurde. Aber öfter wurde die Zahl als Kombination der Zehn (Gebote) und der Drei (Trinität) angesehen, oder, anders ausgelegt, als Verbindung des Pentateuch (fünf) mit der Auferstehung Christi (acht), und wies so auf das Verhältnis von Altem und Neuem Testament hin, das sich im *Handeln* und *Glauben* zeigen sollte.

Der französische König Louis XIII. machte die Zahl Dreizehn zu seiner Lieblingszahl (so heiratete er die dreizehnjährige Anna von Österreich).

So zeigt es sich, daß die moderne negative Auffassung der Dreizehn zwar auf uraltes Mythengut zurückgeführt werden kann, aber erst verhältnismäßig spät wieder im Aberglauben auftaucht.

Vierzehn
Zahl der Nothelfer

14 Die höheren Zahlen gewinnen ihre Bedeutung in vielen Fällen durch ihre Verbindung mit ihren Divisoren, als Vielfache von glückbringenden Zahlen, die dann von den Exegeten in verschiedener Weise ausgelegt werden konnten, wie Meyer und andere im Einzelnen nachgewiesen haben. Einige sind bedeutsam durch ihre Beziehung zum Mond, andere als Divisoren oder Vielfache der Kreiszahl 360.

Zu den wichtigen Mondzahlen gehört die Vierzehn. Denn vierzehn Tage verhelfen dem werdenden Mond zu seiner vollen Herrschaft als Vollmond. In Babylon gehen die vierzehn Götter, die Nergal helfend in die Unterwelt geleiten, auf derartige Gedanken zurück: Hier sind freilich die Vierzehn, die durch die sieben Tore des Dunkels führen, nur eine Verstärkung der Sieben. – Vielleicht sind auch die vierzehn Nothelfer, die die katholische Kirche kennt, in diese Tradition einzuordnen (von ihnen zeugt, unter anderem, die schöne Barockkirche Vierzehnheiligen in Franken).

Von hier gehen unterschwellige Beziehungen zu den vierzehn »unschuldigen Märtyrern« der Schia. Der Schutzcharakter der Vierzehn zeigt sich auch in dem alten, von Humperdinck verwendeten Abendsegen:

> Abends, wenn ich schlafen geh,
> Vierzehn Engel mit mir gehn…

Man mag auch in diesem Zusammenhang – in der ägyptischen Tradition – an die vierzehn Teile denken, in die der

Die 14 Nothelfer oder 14 Heiligen sind, als doppelte Sieben, das Symbol der mit Vernunft verbundenen Güte und als Zahl das Symbol der Hilfe aus Not. Kloster Vierzehnheiligen ist das bekannteste Beispiel. Hier der Titelholzschnitt aus »Histori und ursprung der Wallfahrt und wunderzeichen zu viertzehn heyligen Nothelfern im Franckenthal«, 1596

gütige Gott Osiris zerstückelt wurde; jedes Teil brachte dem Land, auf dem es lag, Segen.
Es versteht sich von selbst, daß in einer so stark auf den Mond bezogenen Tradition wie der islamischen der Vierzehn eine besondere Rolle zukommt. In der Philosophie der Lauteren Brüder von Basra nimmt die Vierzehn einen wichtigen Platz ein. Sie ist nicht nur die Hälfte von Achtundzwanzig, der Zahl der Mondstationen und der Buchstaben des arabischen Alphabets; sie ist gespiegelt in den vierzehn Teilen der Hand, den jeweils vierzehn Wirbeln im oberen und unteren Teil des Rückgrats, aber auch darin, daß das arabische Alphabet vierzehn Sonnen- und vierzehn Mondbuchstaben, ebenso wie vierzehn punktierte und unpunktierte Buchstaben kennt – Gedanken, die in der mystischen Interpretation der Buchstaben eine große Rolle spielen. Besonders war es die schiitische Gruppe der Hurufis, die diese Spekulationen mit der Vierzehn im 14. Jahrhundert fortführten: haben nicht die Wörter *yad*, »Hand«, und *wadschh*, »Gesicht«, beide den Zahlwert Vierzehn?
Natürlich fehlen auch Spekulationen im Zusammenhang mit dem Propheten Muhammad nicht: einer seiner Namen, *Ṭaha*, hat den Zahlwert Vierzehn und deutet darauf hin, daß er strahlend wie der volle Mond in der Dunkelheit der Welt erschien.
Vierzehn Jahre ist auch das ideale Alter des Geliebten, des Knaben mit makellosem »vollmondgleichem« Antlitz, der, in den Worten eines arabischen Dichters

> war wie der Mond von Sieben plus Sieben,
> vor welchem sich beugten die sieben Klimata
> und die sieben Himmel...

Fünfzehn
Eine kleine Mondzahl

15 Die Fünfzehn ist gleichfalls eine Mondzahl und stellt sogar den Höhepunkt der Mondmacht dar. Und ihre Mondbeziehung spiegelt sich noch heute in dem Maß der »Mandel« wider, die eigentlich, von *mande* abgeleitet, einen Monatsteil bezeichnet, nämlich den halben Mond.

Dazu kommt ihre arithmetisch-mystische Bedeutung als Summe der Zahlen von Eins bis Fünf (1 + 2 + 3 + 4 + 5 = 15) und die Tatsache, daß sie das Produkt zweier heiligen Zahlen, der Drei und der Fünf, ist. Fünfzehn ist auch eine heilige Zahl der Ischtar (vielleicht hier ein Viertel von 60, der Zahl des höchsten Himmelsgottes), und das alte Ninive, das dieser Göttin geweiht war, hatte fünfzehn Tore. Auch war die Anzahl der Priester der idäischen Mutter (= Ischtar) fünfzehn. Es mag sein, daß von dort die Bedeutung der Fünfzehn ins antike Rom kam, wo die *quindecimviri*, eine Gruppe von fünfzehn ausgewählten Männern, Einsicht in die heiligen sibyllinischen Bücher hatte.

Daß es fünfzehn »Geheimnisse« des Rosenkranzes gibt, hängt wohl auch mit der alten Ischtar-Venus-Marien-Zahl Fünf zusammen.

Das Alte Testament berechnet die israelitischen Geschlechter von Abraham bis Salomo mit fünfzehn, und von Salomo bis zum geblendeten Zedekia wiederum mit fünfzehn Geschlechtern – vielleicht ein Überrest alten Mondkultes, wobei dann Salomo, der König mit der

Das 14 Meter hohe, mit glasierten Reliefziegeln verkleidete Ischtar-Tor aus dem Babylon Nebukadnezars II. (604–562 v. Chr.). Der Fliesenschmuck zeigt senkrecht drei Reihen von je fünf heiligen Tieren: Sinnbild der Fünfzehn.

höchsten Macht, dem Vollmond entsprechen würde. Die Fünfzehn spielt eine wichtige Rolle in einem der häufigsten magischen Quadrate, das, um die heilige Fünf aufgebaut, immer die Fünfzehn als Summe ergibt. Und obgleich dieses Quadrat der Legende nach aus China stammt, kann man es auch mit dem achtstrahligen Ischtarstern verbinden, und dann haben jeweils die Diagonalen die Quersumme Fünfzehn:

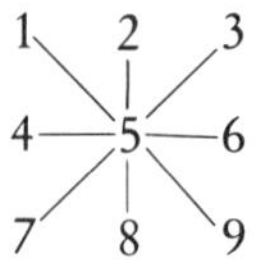

(Heute ist das die Anordnung der Zahlen auf Taschenrechnern und ähnlichen nützlichen Geräten.)
Fünfzehn ist die wichtigste Zahl im taoistischen liturgischen Tanz, »Der Schritt des Yü«: seine neun Phasen bzw. Stationen folgen exakt der Struktur dieses magischen Quadrates.

Sechzehn
Symbol der Ganzheit

16 Sechzehn ist eine Zahl des Maßes und der Vollkommenheit. Im römischen System wurde ein Fuß *(pes)* aus vier Handbreiten *(palmae)*, eine Handbreit aus vier Fingern gebildet, so daß der Fuß sechzehn Finger umfaßt. Die Griechen kennen ein ähnliches System. Ähnlich wie sich in vielen Sprachen ein Bruch in der Zählart nach der Vier findet, so auch nach der Sechzehn: im Italienischen springt die Form von *sedici* zu *dicia-setta,* im Französischen ebenso von *seize* zu *dix-sept.*

Besonders in Indien hat man seit ältesten Zeiten, ja seit den Tagen der Indus-Kultur im dritten vorchristlichen Jahrtausend, eine Vorliebe für die Sechzehn gehabt, und noch bis vor kurzem wurde die Rupie in sechzehn Anna eingeteilt.

Die Veden kennen sechzehnfache Beschwörungen, zum Beispiel bei der Herstellung des Soma, und die Chandogya-Upanischad sieht den kompletten Menschen aus sechzehn Teilen bestehen. Aus diesem Grunde findet man auch sechzehn Schönheitszeichen der idealen Frau und sechzehn Schmuckstücke für die Schöne; man darf wohl auch die metrische Einteilung bestimmter Versformen in sechzehn *matra,* Silbeneinheiten, hierher rechnen. Das am häufigsten verwendete Taktmaß der indischen Musik ist *tīntāl* mit sechzehn Einheiten. Vielleicht hat die klassisch-arabische Tradition ihre sechzehn Metren von Indien übernommen oder ist zumindest von

Die sechzehnarmige Göttin Pussa, auf der Blüte einer Lotospflanze sitzend, eine sino-indische Gottheit. Kupferstich aus: Athanasius Kircher, China illustrata, Amsterdam 1667.
Da Kircher die Götter des Fernen Ostens für Varianten der ägyptischen und der babylonischen Religion hielt, war Pussa für ihn mit Isis und auch Cybele verwandt.

diesem Gedanken der Vollkommenheit beeinflußt; denn einige Metren dienen offensichtlich nur der Auffüllung bis zu dieser Menge.

Es versteht sich von selbst, daß alle, die in der Zusammensetzung der Natur mit ihren vier Elementen einen tieferen Sinn sahen, auch die Sechzehn gern als Vollkommenheitszahl benutzten – man denke nur an die 4 × 4 philosophischen Elemente der Rosenkreuzer.

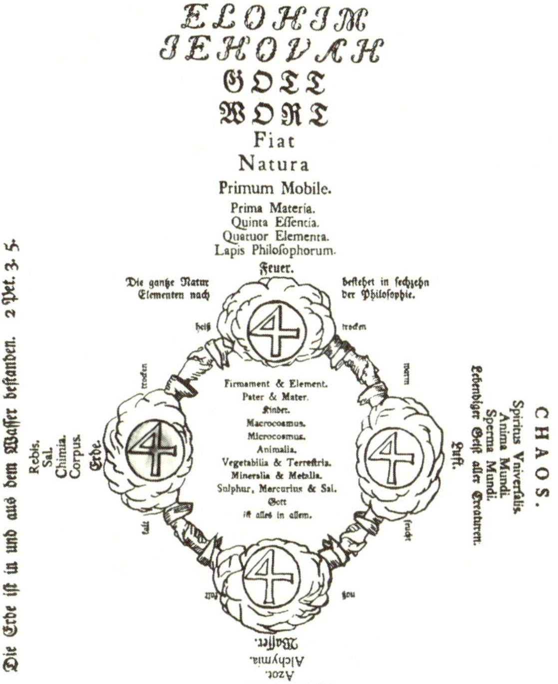

»Die ganze Natur besteht in sechzehn Elementen nach der Philosophie«. Diagramm aus: »Geheime Figuren der Rosenkreuzer aus dem 16. und 17. Jahrhundert«, Altona 1785/88

Siebzehn
Zahl des Überwindens

17 Kaum jemand würde heutzutage noch von einem tieferen Sinn der Siebzehn wissen. Dabei war diese Zahl im Orient im Altertum von großer Bedeutung. Zum einen wurden dem Staatsgott von Urartu, dem Gebiet um den Ararat, siebzehn Opfer dargebracht, und vielleicht hat sich die Siebzehn von dort aus verbreitet. In der Bibel ist sie mit der Sintflut verbunden, die am siebzehnten Tag des zweiten Monats begann und am siebzehnten Tag des siebenten Monats endete – damals erreichte Noah den Ararat. Man hat vermutet, daß die Siebzehn in irgendeiner Weise mit der Arche verbunden ist – trieb nicht auch Odysseus, nachdem er Kalypso verlassen hatte, siebzehn Tage auf einem Floß? Und in Ägypten wird Osiris an einem siebzehnten im Sarg des Typhon den Fluten übergeben. Nach griechischer Ansicht sollte man Holz für Schiffbau tunlichst an einem siebzehnten schneiden.

Auch im Zusammenhang mit Heldentum und Feldzügen erscheint die Siebzehn in der Antike: siebzehn Feldzüge nach Syrien und Kleinasien unternimmt Naramsin, und auch dem Thutmosis werden ebenso viel kriegerische Unternehmungen zugeschrieben. Historisch ist allerdings, daß Mahmud von Ghazna zwischen 999 und 1027 siebzehnmal aus dem afghanischen Bergland in Indien einfiel.

Ohnehin hat die Siebzehn in der islamischen, vor allem in der schiitischen, Tradition einen wichtigen Platz:

Nach Auffassung des arabischen Alchemisten Dschabir ibn Hayyan besteht die Siebzehn aus der Serie 1 : 3 : 5 : 8; Zahlen, die »das Fundament aller anderen Zahlen bilden«. Die Wichtigkeit der Siebzehn war aber schon Aristoteles bekannt, der feststellte, daß der Hexameter aus siebzehn Silben besteht, was den beiden Mittelsaiten der Lyra entspricht, die im Verhältnis 9 : 8 zueinander stehen – denn das ist das Verhältnis des einfachen Intervalls. Auch hat das griechische Alphabet siebzehn Konsonanten, zu denen die sieben Vokale kommen, die den sieben Saiten von Apollos Lyra entsprechen. Poseidonius kannte die siebzehn Teile oder Fähigkeiten der individuellen Seele, während Dschabir die ganze materielle Welt als auf Siebzehn aufgebaut sah. Das traditionelle magische Quadrat mit der zentralen Fünf ergibt Siebzehn in der linken unteren Ecke, 28 in den Restzahlen:

$$17 = \begin{array}{ccc} 4 & 9 & 2 \\ 3 & 5 & 7 \\ 8 & 1 & 6 \end{array} = 28$$

Die islamische Überlieferung, vor allem die Schia, hat noch weitere Eigenheiten der Siebzehn entdeckt: die Gesamtzahl der *rak'as*, »Zyklen«, in den fünf täglichen Gebieten ist siebzehn, und das ist auch die Anzahl der Worte im Gebetsruf. Man dachte gelegentlich, daß der Größte Name Gottes siebzehn Buchstaben habe. Ja, nach einem frühen islamischen Häretiker, Mughira ibn Sa'id (hingerichtet 737) werden beim Erscheinen des Mahdi, der das Nahen des Weltendes einleitet, siebzehn Personen erweckt, von denen jeder einen der siebzehn Buchstaben des Größten Namens Gottes bekommt.

Besonders in der Tradition des türkischen Bektaschi-Ordens findet man die Siebzehn, wie Irène Mélikoff gezeigt hat: Ali hatte siebzehn Gefährten und verrichtete täglich dreimal siebzehn Gebete. So gibt es auch siebzehn Hauptgilden und entsprechend siebzehn Schutzpatrone der Handwerkergilden.

In der volkstümlichen türkischen Legende, wie in den Erzählungen von Abu Muslim und Malik Danischmand kommen wie in antiken Sagen oft siebzehn Kriegszüge vor; siebzehn Helden fallen, oder der Held hat siebzehn Wunden. Man hat sogar versucht, Siebzehn als Quersumme der Namen der führenden türkisch-islamischen Helden zu finden. Daß die Anfangsbuchstaben der Namen Muhammad (*m* = 40), 'Ali (' = 70) und Salman (*s* = 60) zusammen 170, das Zehnfache von Siebzehn, ergeben, mag zu solchen Spekulationen geführt haben. Das Dreifache von Siebzehn, 51, erscheint gleichfalls in der schiitischen Tradition. So haben die Sendschreiben der Lauteren Brüder 51 Kapitel. Bei der kurdisch-persischen Sekte der Ahl-i Haqq spielt die Siebzehn ebenfalls eine Rolle, und ein Historiker des mittelalterlichen Ägyptens, Ibn ad-Dawadari, erwähnt sie als Glückszahl.[5]

Im Christentum erscheint die Zahl Siebzehn als Kombination der zehn Gebote und der sieben Gaben des Heiligen Geistes, ein *mirabile sacramentum,* wie Augustin sagt, und liegt den Spekulationen über die 153 zugrunde (s. u.). Diese Verbindung von *lex* und *gratia* (Gesetz und Gnade) in der 17 dürfte, wie Rathofer meint, die Struktur des Goldenen Evangelienbuches Heinrichs III. bestimmt haben.

5 Zitiert bei Barbara Langner, *Untersuchungen zur historischen Volkskunde Ägyptens nach mamlukischen Quellen,* Berlin 1983, S. 96.

Achtzehn
Die zweifache Neun

18

Die Achtzehn, die in der präkolumbianischen Zeitrechnung auftaucht, hat in der westlichen Überlieferung eine gewisse Bedeutung, die möglicherweise auf ihre Beziehung zur Kreiszahl 360 zurückgeht. Vielleicht spielt dabei mit, daß Achtzehn eine astrale Zykluszahl ist, denn Sonnen- und Mondfinsternisse wiederholen sich nach achtzehn Jahren in gleicher Reihenfolge.

Daß Achtzehn in der Kabbala eine Rolle spielt, ist nicht überraschend, denn ihr Zahlwert entspricht dem Wort *ḥay*, »lebendig« und auch dem Namen *David.* In der mittelalterlichen christlichen Exegese wird sie entweder als 10 + 8 ausgedeutet, das ist die Erfüllung des Gesetzes durch die Gnade, wie man aus Lukas 13,11 (Heilung der seit achtzehn Jahren gelähmten Frau) schließen konnte, oder sie bildet das Produkt von 3 × 6, dem Glauben an die Trinität im Zusammenwirken mit gutem Handeln.

Achtzehn erscheint an einigen wichtigen Stellen als Einteilungszahl – das bekannteste Beispiel ist das jüdische Achtzehn-Gebet, doch auch das indische Epos *Mahabharata* ist in achtzehn Bücher geteilt.

Die islamische Tradition weiß von den achtzehn (je nach der Schreibart gelegentlich auch neunzehn) Konsonanten der Eingangsformel *Bismillāhi'r-raḥmāni'r-raḥīm*, »Im Namen Gottes des Allbarmherzigen des Allererbarmers«. Vielleicht stammt daraus die Vorstellung, daß es 18000 Welten gibt. Für die Mevlevi, den Orden der

»Tanzenden Derwische«, hat die Achtzehn eine vielfache Bedeutung, da das Eingangsgedicht von Dschelaluddin Rumis *Mathnawi*, das sogenannte »Lied der Rohrflöte«, achtzehn Verse hat. Deshalb mußte derjenige, der Mevlevi-Derwisch werden möchte, zunächst achtzehn Tage als Laufbursche im Kloster dienen, dann die achtzehn Arten des Küchendienstes erlernen, und wenn er die 1001 Tage der Vorbereitungszeit hinter sich hat, wird er mit einem achtzehnarmigen Leuchter in seine neue Zelle geführt, in der er sich wiederum achtzehn Tage der Meditation widmen soll. Auch war es Sitte, daß Besucher ihre Gaben in achtzehnfacher Zahl (etwa achtzehn Kerzen) brachten. Ob hier eine Erinnerung an die türkische traditionelle Neunzahl von Geschenken vorliegt, kann man nicht klar sehen, doch ist es möglich; denn auch im Germanischen erscheint die Achtzehn gelegentlich als Verdoppelung der heiligen Neun: Haldan hatte achtzehn Söhne, Odin weiß achtzehn Dinge. Vielleicht hängen auch die achtzehn großen *arhat*, Heilige des chinesischen Buddhismus, mit solcher Verdoppelung zusammen, wenn man nicht den Nachdruck auf die Acht legen will. Warum allerdings achtzehn Fäßchen Salz im Mittelalter, vor allem in der englischen Tradition, eine Last *(load)* ausmachen, ist schwer erklärlich.

Neunzehn
Die metonische Zykluszahl

19

Die Neunzehn ist sowohl eine unvollendete Zwanzig wie eine wichtige heilige Zahl im islamischen Bereich. In Ägypten sprach das Totenbuch von den neunzehn Gliedern des Körpers, deren jedes einen eigenen Gott hatte – so daß mit dem Gott des Gesamtkörpers die volle Zwanzig erreicht wurde. Das Mittelalter versuchte die Zahl als eine Kombination der zwölf Tierkreiszeichen mit den sieben Planeten zu deuten, aber in der arabischen Tradition ist Neunzehn der Zahlwert des Wortes *wāḥid,* »Eines, Einer«. Aus diesem Grunde hat eine vor kurzem in Pakistan veröffentlichte Studie versucht, mit Hilfe des Computers zu beweisen, daß im Koran alles auf der Zahl Neunzehn und ihren Vielfachen aufgebaut ist. Das wurde jedoch von den meisten Muslimen zurückgewiesen, denn Neunzehn ist in erster Linie die heilige Zahl der Bahais, die das Jahr in neunzehn Monate zu je neunzehn Tage einteilen.

Man darf ferner daran denken, daß im Babylonischen der neunzehnte Tag eines Monats als unglücklich galt, denn es war, vom vorherigen Monat gerechnet, der sieben mal siebente, d.h. eigentlich 49., Tag, der mit besonderer Macht geladen war. Doch ist Neunzehn auch mit dem sogenannten »metonischen Zyklus« verbunden, da nach neunzehn Jahren alle Mondphasen wieder auf dieselben Kalendertage des Sonnenjahres fallen.

Zwanzig
Die alte Zählgrenze

20 Zwanzig ist zwar keine mystisch sehr interessante Zahl, dafür aber außerordentlich wichtig bei der Bildung von Zahlsystemen. Die Finger und Zehen zusammen ergeben Zwanzig, und so bildet diese Zahl in vielen Kulturen die Basis der Zählung: im Keltischen ist Vierzig »zweimal Zwanzig«, bei den Ainu wird genau so gerechnet, so daß etwa 80 »vier mal zwanzig« ist, genau wie im Französischen achtzig als *quatre-vingt* ausgedrückt wird. Die Maya ordnen die Zwanzig dem Sonnengott zu (das war übrigens ebenso bei den Babyloniern, wo Schamasch mit der Zwanzig verbunden war), und im Quicho ist das Zahlzeichen für Zwanzig ein Mensch. Bei den Hopi-Indianern wird das Kind am zwanzigsten Tage benannt und wird damit zum richtigen Menschen. Alte Zwanzigerzählungen haben sich in Sonderbezeichnungen erhalten: ein *Ries* Papier sind zwanzig »Buch«, eine *Stiege* sind zwanzig Eier oder Schafe, oder auch zwanzig Ellen Leinwand, und die *Schneise*, die wir heute im Wald kennen, ist ursprünglich ein Band, an dem man etwa zwanzig Thunfische zum Trocknen aufhängen konnte. Noch ist im Englischen *score* für zwanzig und seine Vielfachen ganz geläufig (three scores and one = 61).

Oft erscheint die Zwanzig als Rundzahl, wie bei Homer, wo Odysseus zwanzig Bäume für sein Floß schlägt. Die mittelalterliche christliche Exegese hat die Zahl dann als Verwirklichung der zehn Gebote im Handeln und in der

Gesinnung erklärt, oder auch als Produkt von 4×5, den fünf Büchern Moses (Gesetz) und den vier Evangelien (Gnade), ja auch als Leitung der fünf Sinne durch die vier Evangelien.

Die Namen und Hieroglyphen der zwanzig Tage, nach S. G. Morley die älteste Form des Maya-Kalenders.

Der aztekische Kalender, aufgeteilt in 13 × 20 Tage. Jeder Tag hat einen Namen, z. B. Krokodil (1. Tag), Wind (2.), Haus (3.), Eidechse (4.), Schlange (5.), Tod (6.), Hirsch (7.) usf., damit werden fortlaufend die Zahlen 1–13 verbunden. Neben diesem *tonalpohualli* (»das Zählen der Tage«) ist der *xihuitl* (Sonnenkalender) gebräuchlich: seine 365 Tage sind in 18 *cempohuallis* eingeteilt. Die fünf *nemontemi* (»überschüssige« Tage) galten als untauglich für jegliche Unternehmungen. Die *cempohuallis* sind natürlich keine eigentlichen »Monate«, sondern eine künstliche Einheit nach der wichtigsten Zahl, der Zwanzig; sie ist die »vollständige«, summiert sich aus der Zählung von Fingern und Zehen.

Einundzwanzig
Perfektion

21 ergibt sich aus der Tatsache, daß sie das Produkt der heiligen Zahlen Sieben und Drei ist, und die Bibel von den 21 Vollkommenheiten der Weisheit spricht (Weisheit 7, 22–23).

Tableau der 22 Großen Arkanen des Tarot. Dieses alte kosmische oder Sinn-Spiel besteht aus 21 fortlaufend numerierten Karten; der Narr, rechts unten, repräsentiert die Null.

Zweiundzwanzig
Das hebräische Alphabet

22 Die zweiundzwanzig hebräischen Buchstaben werden kabbalistisch symbolisiert in den zweiundzwanzig Mandelblüten am siebenarmigen Leuchter des Tempels, wobei die Buchstaben des Alphabets eingeteilt werden in die drei Mütter, *aleph, mīm* und *shīn*, und sieben doppelte Buchstaben, die den Planetensphären wie auch den Metallen entsprechen, sowie in zwölf einfache Buchstaben, die dem Tierkreis zugerechnet werden, womit wiederum die antiken heiligen Zahlen in eine umfassende Einheit zusammengefaßt sind. Zweiundzwanzig Wege verbinden in geheimnisvoller Weise die zehn Sefiroth. Man hat auch die zweiundzwanzig Buchstaben als eine Kombination der zehn Sefiroth mit den zwölf Tierkreiszeichen erklären wollen.

Im Zusammenhang mit diesen Zahlen stehen die zweiundzwanzig Karten des Tarot und ihre *arcana*, Geheimnisse. Diese zweiundzwanzig »Sinnbilder« lassen sich bestimmten menschlichen Grundsituationen zuordnen; sie werden als ein meditatives Bilderspiel in bestimmten Figurationen ausgelegt und zahlensymbolisch differenziert gedeutet. (Vgl. Mary Steiners jüngsterschienenes Buch »Tarot als Selbsterfahrung«, Gelbe-Reihe-Bd. 55.) Das älteste Tarotspiel stammt aus Venedig aus dem 14. Jahrhundert, und die Bilder der Karten lassen sich mit ägyptischer und kabbalistischer Mystik in Beziehung setzen.

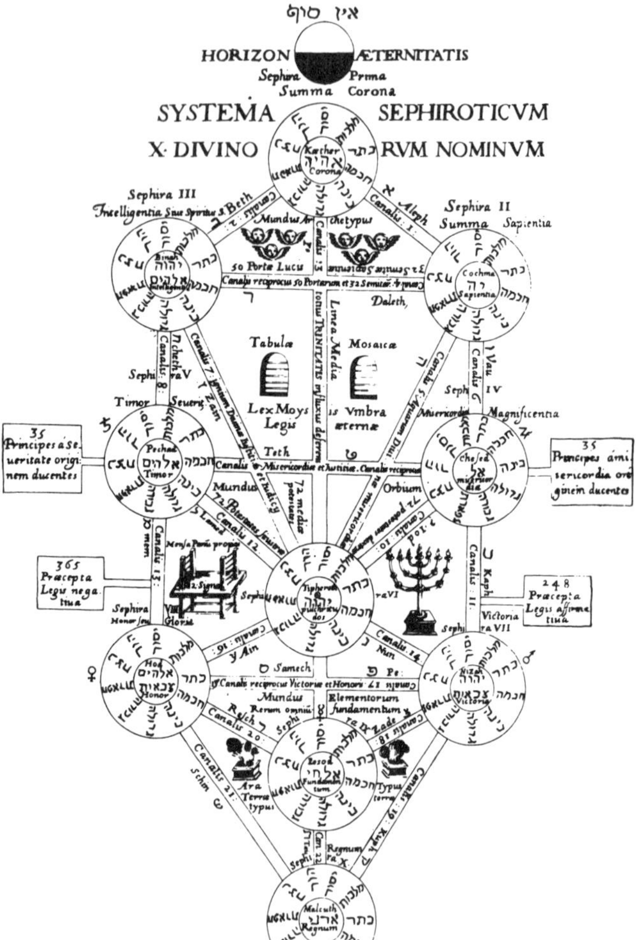

Das Sefiroth-System als die zentrale Glyphe der Kabbala: 10 Sefiroth als Manifestationen Gottes, 22 »wahre« Wege und 32 Pfade der Weisheit insgesamt. Diagramm aus Athanasius Kircher, Oedipus Aegyptiacus, Rom 1652.

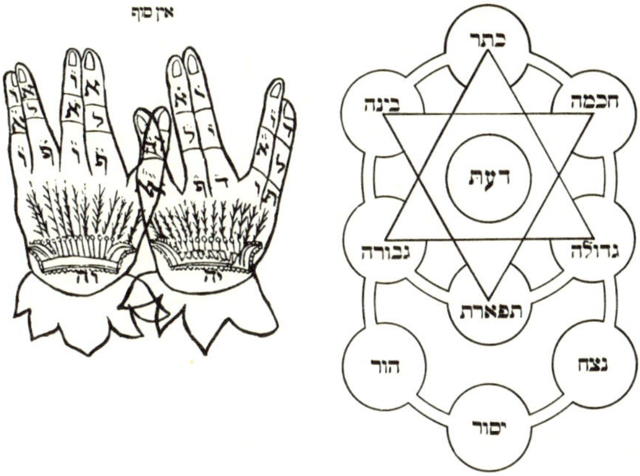

Rechts: moderner »kabbalistischer Baum«. Links: zwei Hände, auf denen die 32 verbindenden Pfade aufgezeichnet sind.

Die Zweiundzwanzig ist auch von christlichen Exegeten untersucht worden, und Sabas von Tales (st. 532) fand die Zweiundzwanzig die Zahl der Schöpfungswerke, der Bücher des Alten Testamentes und der Tugenden Christi. Doch kennt auch das Avesta zweiundzwanzig Gebete.

In merkwürdiger Vervielfachung erscheint die Zahl bei den 22000 Rindern Salomos.

Vierundzwanzig bis Vierzig

24 Vierundzwanzig ist die Zahl der Totalität. Sie ist mit den vierundzwanzig Stunden des Tages und der Nacht verbunden, obgleich früher zwölf Doppelstunden zu 120 Minuten gezählt wurden. (Dem steht das *Glas,* die durch die Sanduhr abgemessene Zeit von dreißig Minuten, gegenüber, die vor allem in der Schiffahrt lange erhalten blieb). Auch als Maßeinheit erscheint die Vierundzwanzig, da die alte Elle nach 24 Fingerbreiten gemessen wurde.

Zahlenmystisch läßt sich die Zahl sowohl als 4 × 6 wie als 3 × 8 auslegen und entsprechend interpretieren.

Als wichtige Zahl tritt Vierundzwanzig in der Apokalypse auf, wo die 24 Ältesten erscheinen, die die doppelte Harmonie von Priester und König verkörpern, wie Vierundzwanzig auch sonst gern als die Zahl der großen Harmonie (2 × 12) zwischen Himmel und Erde erklärt wird. Für Pythagoras umfaßt sie die Gesamtheit der Glieder des Himmels; ist es doch auch die Anzahl der Buchstaben des griechischen Alphabets und der musikalischen Töne: Musik als klanggewordene Zahl, Zahl als Hinweis auf die Sphärenharmonie.

Ein hübsches Rätsel Sebastian Brants über die Zeiteinteilung sei hier angefügt:

Es ist ein Baum, der hat zwölf Äst,
Jeder Ast hat dreißig Nest,
Ein Nest hat vierundzwanzig Ei,
Sechzig ist der Vögel Geschrei.

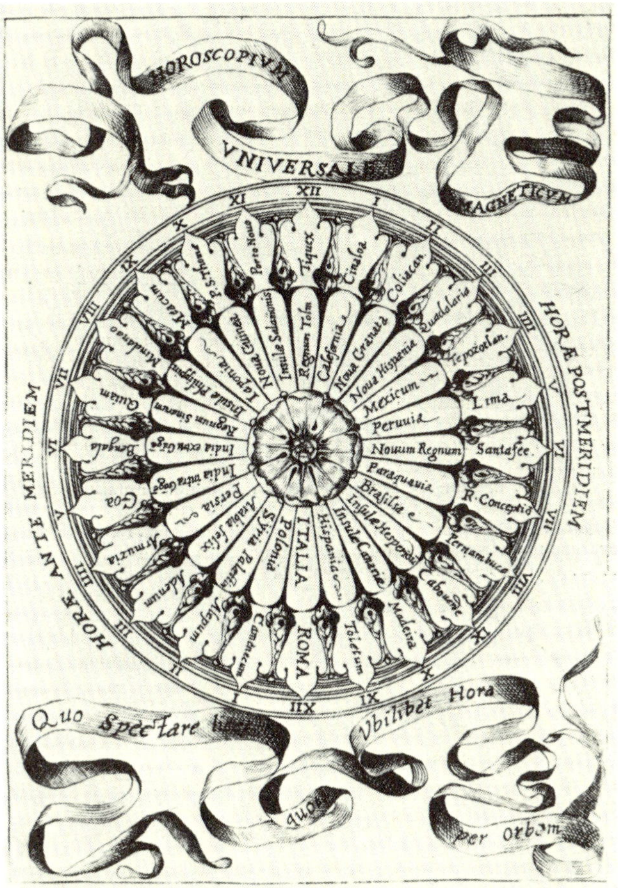

Universales magnetisches Horoskop des Athanasius Kircher. In ihm sind 24 Jesuitenhäuser und -provinzen im Fernen Osten, in Süd- und Mittelamerika, aber auch in Spanien und Polen mit der Zentrale der Societas Jesu in Rom verbunden. Es sind gleichzeitig die Stationen, von denen Kircher seine Information über ferne Länder und Sitten bezog.
Kupferstich aus: Athanasius Kircher, Magnes sive de arte magnetica. Rom 1641

Diese nagt ein weißer und schwarzer Ratz,
Baum, Nest, Ei, Vogel frißt die Katz.
O Gott, wie sorglich ist dies Wesen –
Wer mag von dieser Katz genesen?

*

25

Die 25 ist das Quadrat der heiligen Fünf und wird deshalb auch als Zentrum von magischen Quadraten verwendet. Sie setzt sich aus der Summe der Zahlen 1 + 3 + 5 + 7 + 9 zusammen und enthält daher alle heiligen Zahlen, die sich in der Magie verwenden lassen. Mit 25 brennenden Kerzen, wie sie in esoterischen Gesellschaften seit alters her gebraucht wurden, war jede mystisch oder magisch verwendbare Zahl vertreten.

Das christliche Mittelalter mochte in ihr als dem Quadrat der Fünf die Vervollkommnung der fünf Sinne sehen, oder sie als 6 × 4 + 1 erklären, das ist »Gutes Handeln auf Grund der vier Evangelien und dem Glauben an einen Gott.« Als 3 × 8 + 1 war sie das Zeichen der im Glauben an *einen* Gott in *drei* Personen angenommenen Hoffnung auf die Auferstehung.

Auf weniger mystischem Gebiet findet man die 25 häufig bei Münzen: die Sesterze des römischen Reiches war ein *semi tertius,* ein Viertel-Dinar, und der Dollar hat noch immer seine *quarter,* Münzen im Wert von 25 cent.

Heute wird die 25 mehr als Rundzahl verwendet und ist, als Viertel des vollen Jahrhunderts, vor allem eine Jubiläumszahl.

*

27 Die 27 ist einerseits als Kubus von Drei arithmetisch interessant, gehört aber auch zu den Mondzahlen, denn der Mond ist im Idealfall 3 × 9 Nächte sichtbar,[5] wobei die Dunkelnächte ausgespart bleiben. Sie erscheint häufig in den Traditionen, wo bereits die Neun eine wichtige Rolle spielt: Augustus ließ den Unterirdischen 3 × 9 Opferkuchen bereiten, und in russischen Märchen muß der Held oftmals 3 mal 9 Länder durchqueren, ehe er ans Ziel gelangt. Gleicherweise wurden oft 27 (3 × 9) Blumen in der Johannisnacht zusammengestellt, um zum Schutz oder zum Wahrsagen zu dienen, und ein lettisches Volkslied beschreibt das Pflanzen und Wachsen von drei mal neun Rauten in ähnlicher Bedeutung. Schon im Altägyptischen erscheint die 27, und zwar als negative Zahl auf einem Brettspiel von 30 Feldern; wer das »Wasser« genannte siebenundzwanzigste Feld erreicht, verliert – vielleicht eine Erinnerung an den Dunkelmond.

*

28 Doch häufiger wird die 28 verwendet, in der die vier Phasen des Mondes vollkommen sind,[6] der dann durch 28 Sterngruppen gewandert war. Außerdem ist die 28, arithmetisch gesehen, eine Vollkommene Zahl, die sich in ihre Divisoren 1 + 2 + 4 + 7 + 14 aufteilen läßt. Diese doppelte Rolle der 28 ist in den späteren Traditionen übernommen, bis hin zu dem Gedanken des Albertus Magnus, daß der mystische Leib Christi im eucharistischen Symbol 28 Phasen habe.

Verständlicherweise erscheint die 28 in den religiösen Traditionen, die der Sieben besondere Wichtigkeit zuschreiben. So zeigt ein Mithrasdenkmal in Siebenbürgen in vier mal sieben Feldern je einen Dolch, einen Feueraltar, eine phrygische Mütze und eine Zypresse, also insgesamt 28 Gegenstände.

Als Mondzahl spielt die 28 im Islam eine wichtige Rolle, denn die 28 Buchstaben des arabischen Alphabets, in denen Gottes Wort, das ist der Koran, aufgezeichnet ist, werden mit den Mondstationen in Beziehung gesetzt. Wie Biruni, der große mittelalterliche Mathematiker und Historiker (gest. 1048) gezeigt hat, stehen somit Kosmos und Gotteswort in engster Verbindung. Auch daß es 28 Propheten vor Muhammad gegeben hat, paßt in dieses Bild: der Prophet des Islam überstrahlt die übrigen Propheten wie der volle Mond die Sterne. Man kann aus den Zahlwerten dieser 28 Buchstaben in altsemitischer Anordnung, dem sogenannten *abdschad*, die gesamte Reihe der Zahlen von Eins bis Tausend bilden, indem den zehn ersten Buchstaben die Einer, der Zehn bis Neunzehn die Zehner und den restlichen Buchstaben die Hunderter zugeordnet werden, bis mit dem Buchstaben *ghain*, dem letzten der Reihe, die Tausend erscheint. Die gleiche Form findet sich übrigens bereits in den »Tausend Liedern aus Theben« um 1300 v. Chr., die in Wirklichkeit aus 28 Gedichten bestehen.[6]

6 Erman, *Die Literatur der alten Ägypter (1923)*

30 Dreißig ist eine mit Ordnung und Gerechtigkeit verbundene Zahl. Im Rom war es das Alter, das der Mann erreichen mußte, um Volkstribun zu werden, und typischerweise beginnen in biblischer Überlieferung sowohl Moses wie Jesus ihr öffentliches Leben mit Dreißig. Wenn das Alte Testament dem Richter Jair dreißig Söhne zuschreibt, die auf dreißig Eseln reiten und dreißig Städte verwalten (Richt. 10,4), so paßt das in dieses Bild, wie auch Samsons dreißig Brautgesellen, die dreißig Kleider und dreißig Festgewänder erhalten.

Allerdings verriet Judas den Herrn auch um dreißig Silberlinge, weshalb der Wert des normalen Menschen nicht höher als 29 Silberlinge sein kann, wie es in deutscher Überlieferung die hübsche Ballade Gottfried August Bürgers, »Der Kaiser und der Abt«, erzählt.

Als Produkt von 5 × 6 wurde die Dreißig als die Vollkommenheit von Gnade und Gesetz erklärt (wie sie ja auch die Ausgleichszahl zwischen dem Mondmonat und dem Sonnenmonat ist), und die mittelalterlichen Exegeten, wie etwa Beda Venerabilis, interpretierten das Gleichnis von der 30-, 60- und hundertfachen Frucht mit einem Hinweis auf die alte Form des Fingerrechnens, in der die Zahlen 30 und 60 mit den Fingern der Linken ausgedrückt wurden, während die Hundert der rechten Hand zugehört und so auf das ewige Leben deutet.

*

32 Die 32 – als vierfache Acht – scheint eine glückliche, sehr vollkommene Zahl zu sein. Vielleicht kommt es daher, daß der Stifter der Hurufi-Sekte im Islam, Fadlullah, sich rühmte, durch die

vier Zusatzbuchstaben des Persischen das arabische Alphabet auf die volle Zahl von 32 Lettern erweitert zu haben. Wenn der Buddha an 32 Haupt- und achtzig Nebenzeichen erkannt wird, so deutet das auf die Wichtigkeit der »glücklichen« Acht hin.
Man darf ferner an die 32 Spielkarten denken, die so weit verbreitet sind und der Anzahl der Schachfiguren entsprechen. Auch im Mongolischen findet man die Überlieferung im Märchen von Ardschi-Bortschi Khan, daß 32 Holzfiguren auf 32 Stufen stehen, wohl angeordnet wie beim Spielbrett. Die Kabbala kennt die 32 Wege der Weisheit, die entstehen aus der Verbindung der zehn Sefiroth und der 22 hebräischen Buchstaben; sie werden im Sefer Jezira mit den 32 Zähnen in Verbindung gebracht. Als Maß findet sich der Malter, der 32 Einheiten umfaßt (ursprünglich von »Gemahlenem«, wie der Name zeigt).

Die 33 Stufen der Freimaurerei. Die verschiedenen Ritualsysteme, unter Einbeziehung der Frauenlogen der USA, sind hier dargestellt.
Lithographie von Everit Henry, Ende 19. Jahrhundert

33 Es folgt 33, die Zahl der Vollendung, besonders wichtig in der christlichen Tradition, da Jesus 33 Jahre auf Erden lebte, wie David 33 Jahre regierte. Auch ist das ideale Alter der Seligen im islamischen Paradies 33 Jahre. Dantes Einteilung seiner *Divina Commedia* in dreimal 33 Gesänge hat einen tiefen zahlenmystischen Sinn: sie ist ein Hinweis auf das Leben Jesu und führt hin zu 99, die, eins unter der absoluten Vollendung, auf Gott hindeutet. Ein ähnlicher Gedanke unterliegt dem islamischen Rosenkranz mit seinen 33

Dreiunddreißig ist die Zahl der Lebensjahre Jesu. So findet sich auf diesem mazedonischen Fresko, das Christus im Himmel thronend zeigt, ein Kranz von 33 Ebenbildern. Klosterkirche von Lesnovo, 1349 n. Chr.

Perlen, die ein Drittel der »Schönsten Namen Gottes« repräsentieren.
Als Zahl der Vollkommenheit erscheinen auch in der indischen Mythologie 11 × 3 = 33 Götter oder auch ihr Vielfaches. Dagegen scheint die Zahl im Keltischen mit Zauber verbunden zu sein: der böse MacRoith bleibt 33 Jahre bei Simon Magus.

*

36 36 hat, wie 27, eine arithmetische Bedeutung. Plutarch hat darauf hingewiesen, daß es ein Produkt der ersten Quadratzahlen Vier und Neun ist und gleichzeitig die Summe der ersten drei Kubikzahlen 1 + 8 + 27. Ferner kann man es sowohl als quadratische Zahl, nämlich 6 × 6, wie auch als rechteckige Zahl, nämlich 4 × 9, ansehen. Die 36 ist ferner – als ein Vielfaches von Zwölf – mit der Astronomie verbunden: jedes Bild des Tierkreises hat drei Sonderaspekte, die sogenannten Dekane, die also 36 ausmachen.
Die Rolle der 36 in China dürfte auf die ihr innewohnende Neun zurückgehen – sie ist eine umfassende, ordnende Zahl, und der erste Kaiser hatte, wie die Sage weiß, ein Reich von 36 Provinzen, das von 36 Fremdvölkern umgeben war. Als Maßzahl erscheint die 36 auch im Angelsächsischen: ein *truss* waren 36 *pound*, ein *load* (Ladung) bestand aus 36 *trusses*.

*

39 39 ist eine »Untertreibung« der wichtigen Rundzahl Vierzig. Besonders in der jüdischen Tradition wurde die 39 wichtig, weil sie es ermöglichte, die als obere Grenze geltende Vierzig zu vermeiden. Man stellte zu Beginn unserer Zeitrechnung eine Liste von 39 Hauptarbeiten auf, die man am Sabbat nicht verrichten durfte, da Sabbatverletzung Strafe durch Steinigung nach sich gezogen hätte, und später wurden jeder dieser 39 Hauptarbeiten noch 39 Unterarbeiten hinzugefügt. Gemeint sind natürlich 40, aber so war die Gefahr vermieden, das umfassende Gebot mitzuzählen. Das gleiche gilt für Schläge zur Bestrafung – vierzig Schläge sind ein Höchstmaß, und um dieses nicht zu überschreiten, erlaubt man nur 39. Ein gutes Beispiel hierzu ist der Paulusbrief (2. Kor. 11, 24), wo der Apostel schreibt, er habe von den Juden fünfmal vierzig weniger einen Streich erhalten: das heißt, er ist fünfmal durch Schläge gezüchtigt worden.

Vierzig
Vorbereitung und Vollendung

40 Warum hatte Ali Baba mit vierzig Räubern zu tun? Und warum dauert die Fastenzeit vierzig Tage?

Vierzig ist unter den höheren Zahlen die interessanteste und ist weit verbreitet, vor allem in der islamischen und dort wiederum besonders in der persisch-türkischen Welt. Astronomisch gesehen dürfte das Interesse an ihr mit dem 40tägigen Verschwinden der Plejaden zusammenhängen, das in Babylon beobachtet wurde und das mit der Regenzeit, mit Stürmen und Überschwemmungen zusammenfiel – der 40tägige Regen bei der Sintflut erinnert daran. Wenn die Plejaden aus ihrem »Exil« zurückkehrten, wurde das Neujahrsfest gefeiert. Bis in die Gegenwart hat sich die Sitte erhalten, das Wetter an bestimmten Tagen auf Perioden von vierzig Tagen vorherzusagen: wenn es dann regnet, so regnet es vierzig Tage lang. Das gilt nach alten Bauernregeln für den 8. Juni, den 2. Juli und den 1. September.

Man kann die Vierzig auch als Zusammensetzung aus den achtundzwanzig Mondstationen und den zwölf Tierkreiszeichen erklären; und die vierzig Blöcke in Stonehenge, die als Pfeiler verwendet wurden, ebenso wie der Durchmesser des dortigen Tempelkreises mit seinen vierzig Schritten deuten auf astralen Ursprung hin. (Die Verbindung von achtundzwanzig Königen oder Bischöfen mit zwölf anderen Persönlichkeiten, um die Vierzig zu vervollkommnen, findet man häufig in der britisch-

germanischen Tradition; sie mag vielleicht eine solche Kombination widerspiegeln).
Eine andere astronomische Erklärung für die Wichtigkeit der Vierzig sind die vierzig Aspekte des Saturns, des biblischen Sterns Judas. Daneben kann man eine biologische Rolle der Vierzig annehmen: die Schwangerschaft wurde in siebenmal vierzig Tage eingeteilt, und in jedem dieser Abschnitte erkannte man wesentliche Veränderungen des Embryos.
Die Vierzig ist von Beginn an eine Zahl des Schicksals. Das Alte Testament berechnet das Menschenleben in idealer Form als $3 \times 40 = 120$ Jahre, und viele der israelitischen Könige haben der Überlieferung nach vierzig Jahre regiert (z. B. Salomo). Die Zeit vom Exodus bis zur Erbauung des Tempels beträgt zwölf Generationen zu vierzig Jahren = 480 Jahre, eine Zahl, die sich dann in der Zeit der babylonischen Gefangenschaft wiederholt. Man hat hier Spuren des altorientalischen Himmelsjahres sehen wollen (so Mahler).
Die mittelalterliche christliche Exegese fand zahlreiche Anspielungen auf die Vierzig – von der 40jährigen Wüstenwanderung Israels über die vierzig Tage der Sintflut; von den vierzig Tagen, die Moses auf dem Berg weilte, bis zu den vierzig Tagen, die Jesus in der Wüste zubrachte. Auch die Grabesruhe Christi dauerte vierzig Stunden, um, wie Honorius sagt, die vier Teile der Welt, die durch den Dekalog tot waren, neu zu beleben. Aus der 40stündigen Grabesruhe hat sich die katholische Andacht der Vierzig-Stunden-Gebete vor der Monstranz entwickelt.
Da Vierzig ein *numerus abundans* ist, eine Zahl, die man durch 1, 2, 4, 5, 8, 10 und 20 teilen kann, deren Summe 50 ist, ergab sich Raum für neue Spekulationen: so können die vierzig Tage Fasten vor Ostern auf das irdische

Leben bezogen werden, während die fünfzig Tage zwischen Ostern und Pfingsten auf die Ewigkeit deuten: gutes irdisches Leben führt zur ewigen Ruhe.
Augustin sah in der Vierzig das Produkt von Vier = Zeit mal zehn = Wissen: die Vierzig lehrt uns, dem Wissen entsprechend zu leben. Sie weist auch auf das diesseitige Leben, in dem wir uns in der Welt plagen müssen, um dann des Trostes teilhaftig zu werden, den das vierzigtägige Wandeln Christi auf Erden zwischen Auferstehung und Himmelfahrt verheißen hat. Man könnte die Vierzig auch als Erfüllung des Gesetzes (Zehn) durch die vier Evangelien ansehen.
Die Vierzig ist ganz allgemein die Zeit des Wartens und der Vorbereitung, wie aus den biblischen Gruppierungen von vierzig Tagen oder Jahren klar wird. Wenn der Talmud das kanonische Alter des Menschen mit Vierzig festsetzt, so bedeutet es, daß dann der Verstand voll entwickelt ist.
Es ist bekannt, daß Muhammad seine erste Offenbarung im Alter von etwa vierzig Jahren empfing – ein Alter, das in der Tat nicht nur dem Sprichwort nach, sondern psychologisch oft eine bestimmte Wende in der Entwicklung der Persönlichkeit darstellt, wie Biographien bedeutender Männer zeigen.
Unser »Schwabenalter«, in dem der Schwabe erst gescheit wird, ist daher zu erklären; ebenso sehen die türkischen Redensarten »Nach Vierzig Laute spielen«, d.h. im vorgerückten Alter noch etwas Schwieriges anfangen, oder »Mit Vierzig blöde, wirklich blöde«, im Alter von Vierzig einen gewissen Wende- oder Abschlußpunkt für die Entwicklung.
Die Wichtigkeit der Vierzig in der islamischen Tradition, die frühere Gedanken aufnimmt, kann aus dem Koran

und der Tradition ersehen werden, wo die Vierzig oft als Frist für Trauer, Aktivität, Abwarten erscheint. Die volkstümlich-mystische Überlieferung weiß, daß Adams Lehm von Gott vierzig Tage lang geknetet wurde. Der Überlieferung nach wird, wenn das Weltende naht, der Mahdi vierzig Jahre auf Erden bleiben, und bei der Auferstehung ist der Himmel für vierzig Tage mit Rauch bedeckt. Die Auferstehung dauert vierzig Jahre.
Vierzig Tage ist im Islam wie im Judentum eine Periode der Reinigung: Wöchnerinnen bleiben vierzig Tage unrein; die Trauer dauert vierzig Tage, und am Ende beider Perioden werden bestimmte Riten abgehalten. Diese Bedeutung der Vierzig lebt bei uns noch in der (vierzigtägigen) *Quarantäne* nach.
Auch sollen Tiere vorm Schlachten für vierzig Tage mit besonders reinem Futter gefüttert werden, und man soll alle vierzig Tage sein Haar und seine Nägel schneiden. Es ergibt sich von selbst, daß eine solch wichtige Zahl zur Rundzahl wurde, und so findet man in der islamischen Folklore eine Unmenge von Gruppen von Vierzig. Da gibt es Paläste mit vierzig Säulen und Helden mit vierzig Pferden; Märchenmütter gebären vierzig Kinder oder vierzig Töchter auf einmal. Der Held hat vierzig Abenteuer zu bestehen, schlägt vierzig Gegner oder findet vierzig Schätze. Häufig erscheinen vierzig Märtyrer (so auch in der christlichen Tradition, besonders in Anatolien), und vierzig Helden sind am Grabe des Propheten in Medina gefallen. Muhammads Vetter und Schwiegersohn Ali, der erste Imam der Schia, hatte vierzig Jünger, und die Gruppe der *arbaʿīn* (arabisch), *chihil* (persisch) oder *kĭrklar* (türkisch), der »Vierzig«, spielt eine wichtige Rolle in der Hierarchie der islamischen Mystik. *Kırklara karĭşmak,* »sich unter die ›Vierzig‹ mischen«,

heißt dann im Türkischen »unsichtbar werden«, »völlig verschwinden«.
Vierzig ist auch eine wichtige Rundzahl für Zeitangaben: die Hochzeitsfeste der türkischen Helden dauern gewöhnlich vierzig Tage und vierzig Nächte, und die Zahl von vierzig Tagen oder Jahren kommt oft im Sprichwort vor. Der mittelalterliche arabische Gelehrte Damiri sagt, wenn ein blauäugiges Kind für vierzig Tage von einer abessinischen Amme gesäugt werde, würden seine Augen schwarz, und ein Beduinensprichwort lautet: »Wer vierzig Tage mit Feinden umgeht, gehört zu ihnen.« Wer vierzig Tage das Morgengebet unter der Moscheelampe verrichtet, wird Khidir, den heiligen Führer der Sucher, sehen; und im Scherz sagt Nasiruddin Hodscha, daß man einmal in vierzig Jahren dem Rat seiner Frau folgen soll. »Einmal in vierzig Jahren« heißt im Türkischen in der Tat »Einmal im Leben«. Und mit jemandem eine Tasse Kaffee zu trinken, schafft eine freundliche Beziehung für vierzig Jahre.
Kann man einen hartgesottenen Sünder bessern? Nein: »Wenn man einen Hundeschwanz auch vierzig Tage in ein Rohr steckt, wird er doch nicht grade«. Und man fragt auch: »Ist es nicht besser, einen Tag ein Hahn zu sein als vierzig Tage ein Huhn?«
Türkische Folklore kennt ungezählte Redensarten, in denen die Bedeutung der Vierzig als große Rundzahl vorkommt: unser Tausendfüßler ist dort ein *kĭrk ayak*, »Vierzigfüßler«, und ein reicher Mann oder Grundbesitzer ist »mit vierzig Schlüsseln« versehen. »Die Katze von vierzig Häusern« ist jemand, der überall verkehrt, während »die Klinke von vierzig Türen« ein »Hans Dampf in allen Gassen« oder ein aufdringlicher Mensch ist. Um eine sehr lange Arbeit zu vollbringen, »mußt du Brot aus

vierzig Öfen essen«, und wer sich allzu leicht verkauft, »schlägt neun Purzelbäume für vierzig Heller«. *Kĭrklamak*, etwas vierzigmal tun, heißt einfach »häufig tun«. Der mittelalterliche Araber glaubte, daß derjenige, der vierzig Wochen lang jeden Mittwoch in den *ḥammām*, das Bad, ging, alle Reichtümer der Welt gewinnen würde. Und noch in der Neuzeit hofften unverheiratete Mädchen in Bagdad, durch vierzigmal am Wochenende vollzogenen Besuch der drei Hauptmausoleen der Stadt einen Mann zu bekommen.

Die Vierzig hat in der islamischen Tradition noch eine andere wichtige Funktion: sie ist der Zahlwert des Buchstabens *m*, mit dem der Name des Propheten Muhammad beginnt. Dadurch ist sie überall in der Mystik die typische Prophetenzahl und weist auch auf die vierzig Stufen hin, die den Menschen von Gott trennen; denn der Unterschied zwischen dem himmlischen Namen des Propheten, *Aḥmad*, und dem Wort *Aḥad*, »Einer«, d. h. Gott, ist nur ein *m*, das ist Vierzig.

Aus dieser religiösen Rolle der Vierzig erklärt es sich, daß die Muslime besonders gern vierzig Worte des Propheten *(ḥadīth)* gesammelt haben, die *arbaʿin* oder »vierzig Traditionen«. Man fand ein Wort des Propheten: »Wer aus meiner Gemeinde vierzig *ḥadīth* über die Religion auswendig lernt, den wird Gott mit den Gelehrten und Gesetzesgelehrten auferwecken«. Man konnte vierzig Aussprüche des Propheten über ein bestimmtes Thema zusammenstellen, oder solche, die auf vierzig Genossen des Propheten zurückgehen, oder die in vierzig Orten gesammelt, oder von vierzig Leuten mit gleichem Namen tradiert waren – kurz, es gab die verschiedensten Formen, in denen man solche Vierziger-Gruppen zusammenstellen konnte.

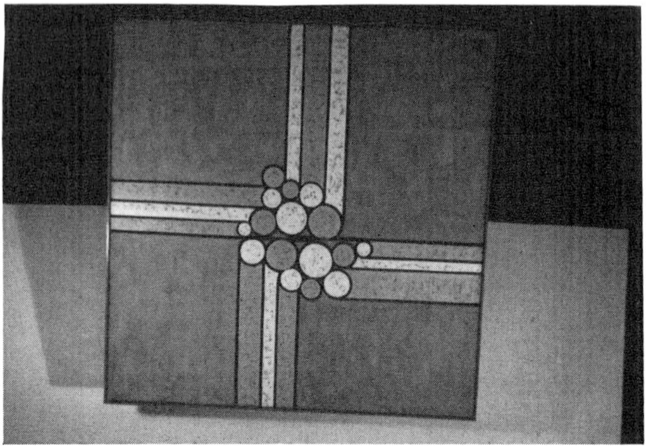

Der Buchstabe »M«, der im Arabischen den Zahlwert »Vierzig« hat, findet sich verschlüsselt in einem Gemälde des pakistanischen Malers Shemza.

Ähnlich verfuhr man auch mit Sprüchen des Kalifen Ali, oder mit Versen aus Dschelaluddin Rumis *Mathnawī*. Doch auch in der profanen Literatur findet sich eine verwandte Tendenz: Geschichten von vierzig Papageien oder vierzig Weziren sind ebenso beliebt in der persisch-türkischen Welt wie Anordnungen von Geschichten in Vierziger-Gruppen.

Die alte Vorbereitungszahl Vierzig erscheint prominent in der islamischen Mystik: die Zeit von vierzig Tagen ist besonders wichtig für den Sufi, denn die vierzigtägige Klausur führt ihn durch ständige Meditation näher zu Gott, und oft haben die islamischen Mystiker solche *tschilla,* vierzigtägige Klausuren, vielfach wiederholt, so daß es bei Nachrufen auf besonders fromme Männer heißt, daß sie bei ihrem Tod die vierzigste Klausur vollendet hatten.

Und gerade schreibt mir ein amerikanischer Jesuit, um sich für langes Schweigen zu entschuldigen: »Das letzte Jahr war das schwierigste Jahr meines Lebens – aber was sonst hätte ich erwarten sollen? Es war schließlich mein vierzigstes! Und Er läßt einen nicht aus einer *tschilla* kommen und noch denken, man könne alles selber tun – oder?«

Der persische mystische Dichter Fariduddin 'Attar hat in seinem *Muṣībatnāma* die Erfahrungen des Meditierenden in diesen vierzig Tagen der Klausur poetisch interpretiert, und nicht umsonst ist das arabische Lehrwerk des mittelalterlichen Theologen Ghazzali, die »Wiederbelebung der Wissenschaften der Religion«, in vierzig Kapitel eingeteilt, deren letztes vom Verhalten des Frommen beim Tode spricht.

Die vierzigfache Wiederholung von religiösen Formeln, vor allem solchen, die sich auf den Namen des Propheten Muhammad beziehen, galt in mystischen Kreisen als besonders wirkungsvoll.

Ein anderer Aspekt der Vierzig im Islam ist, daß die offiziell vorgeschriebene Armensteuer, *zakāt,* ein Vierzigstel des Vermögens beträgt.

Der Vierzig wohnt in der Tat eine besondere Anziehungskraft inne; sie weist, laut Augustin, auf die *integritas saeculorum,* die Gesamtheit der Zeiten, hin. Wenn man in ihr keine Einflüsse alter Mondmythen sehen will, so kann man die Zahl Vierzig auch als eine »verklärte« Tetraktys (so Paneth) ansehen, nämlich als die Summe von $1 \times 4 + 2 \times 4 + 3 \times 4 + 4 \times 4$, in der ideale pythagoräische Maße gelten.

Zweiundvierzig bis Sechsundsechzig

42 In gewisser Weise mit der Vierzig verbunden ist die Zweiundvierzig, die sechs Wochen, die wiederum oft als Ruhe- oder Vorbereitungszeit gelten. Christliche Theologen mochten in der Zweiundvierzig die Stationen der Israeliten von Ägypten bis zum Sinai sehen, die dann in der Inkarnation Christi in der 42. Generation nach Abraham wiederum manifestiert sind, oder sie sahen die Sechs der Werke mit der Sieben der Ruhe (am Sabbat) multipliziert und fanden hier eine Anspielung auf die irdische Kirche, die in der Hoffnung auf

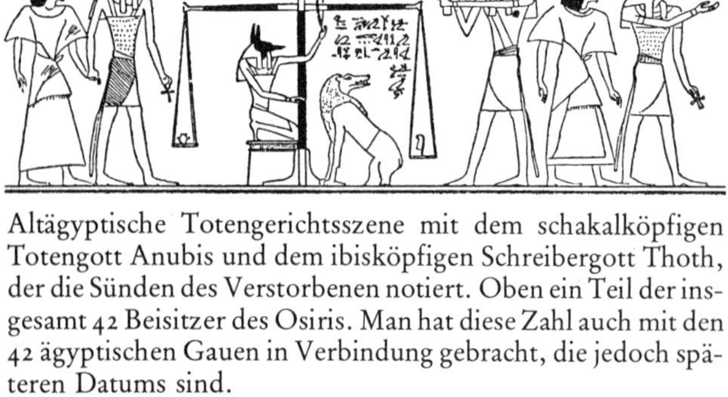

Altägyptische Totengerichtsszene mit dem schakalköpfigen Totengott Anubis und dem ibisköpfigen Schreibergott Thoth, der die Sünden des Verstorbenen notiert. Oben ein Teil der insgesamt 42 Beisitzer des Osiris. Man hat diese Zahl auch mit den 42 ägyptischen Gauen in Verbindung gebracht, die jedoch späteren Datums sind.

die ewige Ruhe lebt. Doch ist 42 auch Gerichtszahl: 42 Totenrichter kennt das ägyptische Totenbuch, und 42 Sünden zählt es auf. Das Alte Testament weiß, daß 42 Kinder von Bären zerrissen wurden, weil sie einen Propheten verspottet hatten (2. Kön. 2, 33), und Jehu tötet 42 Brüder des Ahasya. Ja, noch in Schillers *Maria Stuart* heißt es: »Ihr habt euch dem Gericht der 42 unterworfen, Lady!«

*

46 Die 46 dagegen, die Zahl des Tempelbaus (Joh. 2, 20) weist auf den Leib Christi hin, der nach 46 × 6 = 276 Tagen nach der Empfängnis in die Welt trat. Aus dem Zahlwert des griechischen Wortes *Adam,* nämlich 1 + 4 + 1 + 40, wurde ebenfalls die 46 für den menschlichen Aspekt Jesu gewonnen.

*

49 49, das Quadrat der heiligen Sieben, ist die Zahl der Tage nach der Auferstehung, nach denen der Heilige Geist auf die Jünger ausgegossen wurde. Da man aber Anfang und Ende mitzählte, spricht man von den fünfzig Tagen, *pentecoste,* Pfingsten. Auch das Wochenfest am fünfzigsten Tag nach dem Passah feiert den Bund zwischen Gott und Israel in ähnlicher Weise. Die Zahl war aber schon vorher religiös wichtig, sie deutete als 7 × 7 + 1 auf die Ruhe Gottes: so ist das fünfzigste Jahr das *Jobel*jahr, verändert zu *Jubel*jahr (Lev. 25, 10) in dem alle Fehde ruht – der große Sabbat der Schöpfung.

50 Da der 50. Psalm eine Sündenklage enthält, spielt Fünfzig in der Allegorese auch auf Reue und Vergebung an – waren doch die zehn Gebote darin enthalten, denen die fünf Sinne nicht immer gerecht werden können.
Natürlich spielt die Fünfzig im Dezimalsystem eine wichtige Rolle und erscheint als unbestimmte Rundzahl sowohl in der griechischen wie in der irischen Tradition. Wenn Hesiod von fünfzig Nereiden spricht, so ist das eine unübersehbare Menge, ebenso wie die fünfzig Söhne des Priamos, die Danaiden, die Rinder des Helios oder die Schweine des Eumaios. In der irischen Folklore erscheint häufig die drei mal fünfzig als große Rundzahl, ob es nun 3 × 50 Königinnen oder allgemein Frauen sind, oder 3 × 50 Kühe, Schweine und anderes Getier. Auch die Tafelrunde von König Arthur bestand aus fünfzig bzw. 150 Rittern. Dieser schwebenden Rundzahl gegenüber bedeutet die Fünfzig im alten Rom das Alter, in der der Mann keinen Kriegsdienst mehr zu leisten braucht.

*

52 52 erinnert uns an unsere Wocheneinteilung, spielt aber eine unvergleichlich viel wichtigere Rolle im präkolumbischen Amerika. In einer komplizierten Operation, die für Orakel verwendet wurde, wurden die Bilder des Dreizehner-Systems neben die des Zwanzigersystems gestellt, wodurch nach 260 Tagen die Anfangskonstellation erreicht wurde. Jedoch stimmt nur alle 52 Jahre der Jahresbeginn mit der ursprünglichen Anordnung überein. Das war dann die Zeit eines hohen Festes, eines völligen Neubeginns des Lebens. Die Wichtigkeit der 52 zeigt sich auch in dem az-

tekischen Brettspiel, das 52 im Kreuz angeordnete Felder hat.
In der abendländischen Überlieferung hat man versucht, die 52 Wochen aus den numinosen Zahlen Vierzig und Zwölf zusammenzustellen.

*

55 Kaum jemand denkt jetzt noch an die Zahl 55, die aus arithmetischen Gründen als Summe aller Zahlen zwischen Eins und Zehn interessant ist und in verschiedene Elemente (28 + 12 + 10 + 5) zerlegt werden konnte, was sie für Spekulationen verwendbar machte.

*

60 Mit Sechzig erreichen wir eine der zentralen Zahlen der antiken Systeme, die noch immer unser Leben beeinflußt, wenn wir an die Minuten, Sekunden und vielerlei andere Gruppen von Sechzig denken, bis hin zum Schock, dem alten Maß vornehmlich für Eier, das ursprünglich von Setzen der Kornhaufen (= schocken) kommt.
Sechzig war für das babylonische System die erste große Zahl, die als Einheit gerechnet wurde und konnte leicht geteilt werden: die Teilbarkeit durch 30, 20, 15, 12, 10, 6, 5, 4, 3, 2 machte Sechzig zu einer sehr praktischen Zahl. Man schrieb die Eins als kleinen Keil, die Sechzig als großen: sie ist »die große Eins«. Infolgedessen ist Sechzig auch die Zahl des höchsten Gottes, des Himmelsgottes Anu. Ihre Beziehung zu den 360 Graden des Kreises und ihre Verwendbarkeit in geometrischen Konstruktionen

wie dem gleichseitigen Dreieck mögen eine Rolle gespielt haben, als Babylon das Sexagemimalsystem entwickelte. Aber auch in China ist Sechzig die Zahl des Lebenszyklus, mit dem das Leben des einzelnen eigentlich aufhörte. Griechenland kannte Sechzig als Rundzahl, und Platos Hochzeitszahl, $60^4 = 12960000$, ist auf der Sechzig aufgebaut. 60^4 ist auch ein Weltjahr, nämlich 360×3600 Jahre. Jeder Welt-Tag hat 36000 Jahre unserer Zeitrechnung. Plutarch behauptet, Krokodile legten sechzig Eier, bebrüteten sie sechzig Tage, und lebten sechzig Jahre, und er meint dazu: »Das ist das erste Maß für die, welche sich mit Himmelserscheinungen beschäftigen.«

Die Tatsache, daß sich Sechzig aus $3 \times 4 \times 5$ zusammensetzen läßt, hat viel Raum für mystische Spekulationen gegeben; selbst die Kaaba in Mekka ist kürzlich von dem amerikanischen Musikwissenschaftler und Numerologen McClain in Beziehung zu den Proportionen der sumerischen Arche (60^3) oder deren Verdoppelung, der Zahl des heiligen Berges, interpretiert worden.

Auf mehr weltlichem Boden bewegen sich die talmudischen Spekulationen über ein Sechzigstel: Feuer ist $1/60$ der Hölle, Schlaf $1/60$ des Todes, ein Traum $1/60$ des Prophetentums.

*

64

Wenn die Acht schon eine glückliche Zahl ist, wieviel mehr muß das für ihr Quadrat, die 64, gelten! In der Tat finden wir die 64 in mannigfachen Formen, die fast alle etwas mit Spiel und Schicksal zu tun haben. 64 Kunstfertigkeiten soll der Mann nach indischer Lehre beherrschen, 64 sind aber auch die Liebeskünste, die im *Kamasutra* gelehrt werden. »Infolge der achtfachen Verschiedenheit der Kombination der acht Arten der Umarmungen, Küsse, Nägelmale und Bißwunden, des Beilagers etc. ergeben sich acht Achter, also 64.« (R. Schmidt). Auch die in zehn Abschnitte zerfallenden Gesänge des Ṛgveda führen den Namen »die Vierundsechzig«. Gleicherweise wird von den »64 Vergnügungen des Schiva« gesprochen –: man muß sich dabei auch die im indischen Bereich so wichtige Rolle der Sechzehn, die hier vervierfacht auftritt, ins Gedächtnis rufen. Vielleicht kommt es, weil die 64 die Spielform par

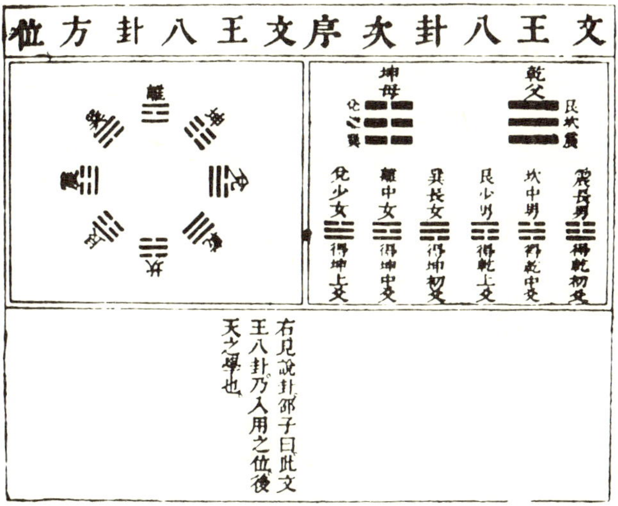

Aus acht »Trigrammen«, paarweise zu allen erdenklichen Kombinationen zusammengefügt, bauen sich 64 »Hexagramme« auf: eine rein zeichenhafte Beschreibung des Universums und zugleich ein in sich geschlossenes Kategoriensystem, das die Welterfahrung der Chinesen ausdrückt.

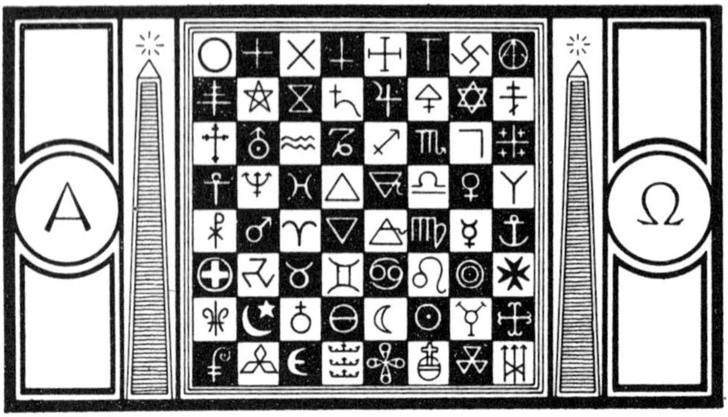

Die 64 Felder des Schachbretts als Arsenal magischer Zeichen – von Alpha bis Omega, von A bis Z.

excellence ist, daß auch das aus Indien stammende Schachspiel 64 Felder hat. Als vollständige Ausschöpfung der sechsfachen Kombination der graden und ungraden Zahl erscheint dann im Chinesischen das *I Ging* mit seinen 64 Hexagrammen, in denen die Vielfalt der Zeit und Welt eingefangen werden kann.

Schon Leibniz hat Parallelen zwischen den 64 Hexagrammen und seinem binären System der »Dyadik« gesehen. Nach Martin Schönberger* nimmt das jahrtausendealte chinesische Weltsystem des *I Ging* die mathematische und naturphilosophische Erkenntnis des *Genetischen Code* (mit seinen 64 Tripletts, die zur Beschriftung des langkettigen Moleküls DNS verwendet werden) vorweg.

* Martin Schönberger, Verborgener Schlüssel zum Leben – Weltformel I Ging im genetischen Code. München 1973

66

Die 66 kennt man hierzulande hauptsächlich als Kartenspiel, aber als mystische Zahl ist sie wichtig in der islamischen Überlieferung, da sie den Zahlwert des Wortes *Allāh* darstellt. Man braucht sie – wie ähnliche Zahlen – nicht nach ihrem eigentlichen Wert zu erklären, sondern sieht sie gern, wie Margarete Riemschneider richtig bemerkt, als Verdoppelung oder Quadratzahlen: 66 ist, visuell gesehen, 2 × 6, ja sogar 6 × 6. Das zeigt sich vor allem in der türkischen Schriftkunst, wo der Buchstabe *wāw*, mit dem Zahlwert Sechs, oftmals als Doppel-*wāw* geschrieben, seit dem frühen 18. Jahrhundert oftmals in dekorativen Inschriften verwendet wird und entweder als 66, d.h. *Allah*, oder als 6 + 6 gelesen werden kann und dann auf die zwölf Imame der Schia hinweist.

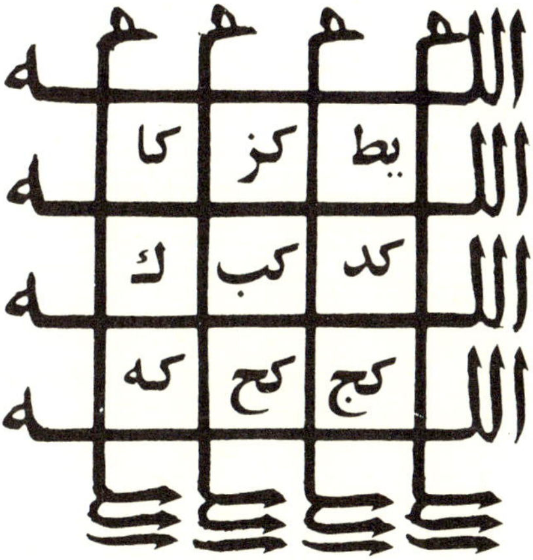

Ein magisches Quadrat aus dem Islam, das die Zahl »66« ausdrückt: vertikal, horizontal oder diagonal gelesen. Die Qualität »66« entspricht dem Zahlwert des Wortes ALLAH, aus dem das Quadrat geformt ist. Damaskus, 19. Jahrh.

Das doppelte arabische *wāw* (w) als Sinnbild der Sechsundsechzig »ALLAH«. Der arabische Buchstabe *wāw* hat den Zahlwert 6. Seit dem 18. Jahrhundert wird er im türkischen Bereich gern doppelt, in phantasievollen Formen, geschrieben. Außer »66« kann er hier auch »12« (d. h. zweimal Sechs) bedeuten und damit die 12 Imame bezeichnen.

Siebzig und Zweiundsiebzig
Reiche Fülle

70

Daß die Siebzig einen gewissen kabbalistischen Wert hat, ist nicht überraschend, ist sie doch das Zehnfache der heiligen Sieben, gewissermaßen ihre Großform. »Unser Leben währet siebzig Jahre...« sagt der Psalmist, und im Alten Testament gibt es ganze Gruppen von Siebzigern, beginnend mit den siebzig Männern, die mit Moses auf den Sinai ziehen, über siebzig Könige und siebzigjährige Gefangenschaft in Babylon. In dieser letzteren Bedeutung spielt der Aspekt der Trauer, den die Siebzig manchmal hat, hinein – trauerte man nicht siebzig Tage um Moses? Und Jesaia drohte Tyrus, es werde vergessen sein für siebzig Jahre. Siebzig oder 72 Gelehrte sollen das Alte Testament auf Befehl des ägyptischen Königs Ptolomäus II ins Griechische übersetzt haben, wonach die griechische Version noch heute als Septuaginta bekannt ist. Was immer ihre wirkliche Anzahl war – als besonders hervorragende Gelehrte *mußten* sie in einer Gruppe von Siebzig oder Zweiundsiebzig auftreten.

Adam kannte der Legende nach siebzig Sprachen – was alle Sprachen der Welt bedeutet; und gleicherweise rezitierte der Prophet Muhammad in der Gegenwart Gottes bei seiner Himmelsreise den Koran siebzigmal, wie er auch siebzigmal um Vergebung gebeten haben soll.

Eine besonders hübsche Spielerei mit der Siebzig findet sich im späteren Midrasch, wo ein weiser Spruch sagt: »Wer beim Wein besonnen bleibt, der hat die Einsicht

von siebzig Weisen; denn Wein, *yayin*, zählt [dem Buchstabenwert nach] Siebzig, und Geheimnis, *ṣōd*, zählt Siebzig – geht der Wein hinein, geht das Geheimnis hinaus.«
Die Siebzig, an sich schon eine Großzahl, wird dann noch weiter vervielfacht: 70000 Schleier trennen Gott von seinen Geschöpfen, und die Lichtessenz Muhammads soll nach mystischer Lehre 70000 Jahre am Baum der Erkenntnis gehaftet haben.

*

72 Doch viel wichtiger als die Siebzig ist die Zweiundsiebzig. Sie stellt ein Fünftel des Kreisbogens dar und ist so in gewisser Weise mit der heiligen Fünf verbunden. Schon in alter Zeit wußte man, daß der Frühlingspunkt der Sonne sich in zweiundsiebzig Jahren um einen Grad im Tierkreis verschiebt.
Durch diese Beziehung zum Kreisbogen und zur Fünf, Sechs und besonders Zwölf, dazu auch zur Acht, wurde 72 eine beliebte Symbolzahl. Die mittelalterlichen Kabbalisten wußten, daß Jahwes Name entweder 72 Buchstaben hatte, oder daß die Gottheit 72 Namen besaß. Das schloß man aus Exod. 14, 19–21, wo jeder der drei Verse, der von der Vernichtung der die Israeliten verfolgenden Ägypter spricht, 72 Buchstaben hat: Gott errettete sein Volk durch Seinen »Großen Namen«. Die 72 Glöckchen am Obergewand der Priester (Exod. 28, 17–21) wiesen die christlichen Exegeten auf die 72 Jünger hin, die das Evangelium in den 72 Sprachen verkünden sollten und von denen jeder für einen Gottesnamen steht. Man konnte die Zahl der Jünger auch anders erklären: sie sollten in den 24 Stunden des Tages und der Nacht die Trinität verkünden (3 × 24).

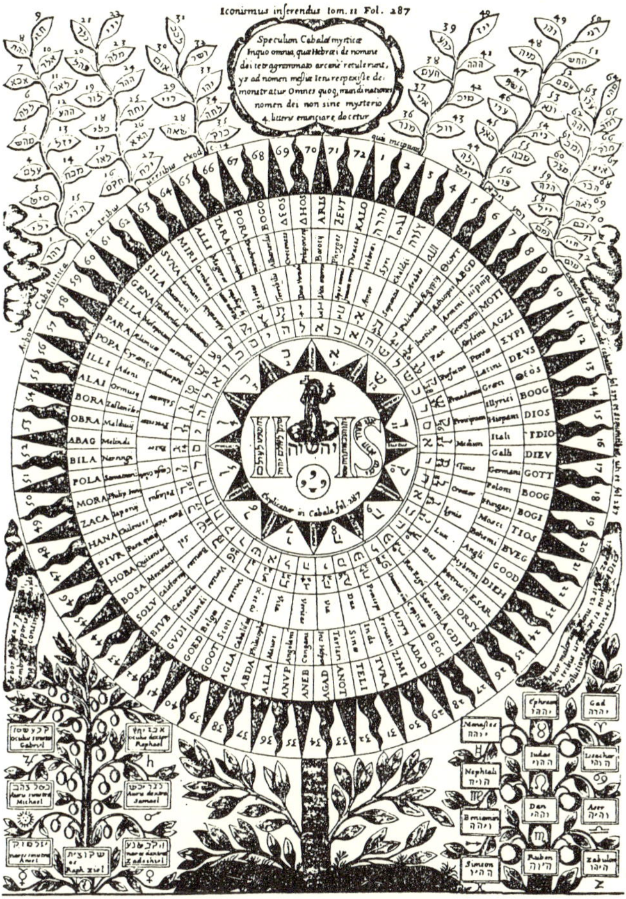

Die 72 Namen Jahwes in der Figur einer Sonnenblume, nach jüdischer Mystik: »In 72 Lichtern erhebt sich die Krone aller Heerscharen« (Sohar). Diagramm aus Athanasius Kircher, Oedipus Aegyptiacus, Rom 1652

72 wird zu einer Zahl der umfassenden Vielheit, oft im religiösen Bereich. China kennt 72 Heilige, und man weiß von 72 Bischöfen im Manichäismus wie bei den Katharern in der Provence. Gleichermaßen kennt die islamische Tradition 72 Märtyrer von Kerbela, und in der Religion der Yeziden hat Adam 72 Zwillingspaare als Kinder.

Bekannt ist die Überlieferung, daß es 72 oder 73 Sekten im Islam gibt, von denen die eine »die gerettete Gruppe« ist – ein Gedanke, der auch poetisch ausgeformt wurde, so von Hafiz, der vom Streit der 72 Religionsgemeinschaften singt, um die er sich nicht mehr kümmert.

Die islamische Tradition weiß, daß David die Vögel bezauberte mit den 72 Tönen seiner gesegneten Kehle, und bis in die Märchen der 1001 Nächte erscheint diese Zahl als Symbol der Fülle, die aus verschiedenen Elementen besteht (nicht einer einfachen Vielheit, wie etwa die Fünfzig).

In der chinesisch-zentralasiatischen Kultur ist die 72 wichtig; denn sie ist das Produkt von neun (Provinzen) und acht (Himmelsrichtungen) und ist damit ebenso vollkommen wie glückverheißend. Daher soll auch Konfuzius 72 Jahre gelebt und, wie Jesus, 72 Jünger gehabt haben.

Die türkische Vorliebe für die 70 und 72 dürfte teils aus islamischer, teils aus zentralasiatischer Tradition stammen; sie hat dazu geführt, daß türkische Schriftsteller des

Rechte Seite: Die 72 Jünger des Konfuzius, der nachweislich 72 Jahre alt wurde und der Legende nach ebenso viele Schüler gehabt haben soll wie Jesus (für jeden der 72 Namen Gottes einen).
Altchinesische Steinabreibung

萬世師表
至聖先師孔子之神位

Mittelalters die Zahl von Helden und Abenteuern gern auf 70 bzw. 72 aufgebläht haben.
Doch findet man die 72 auch in Europa: Die keltische Legende spricht von 72 Kapellen des Gralstempels, so wie auch der Empfangssaal in der Burg von Persepolis 72 Säulen hatte. Für die Etrusker bedeutete das 72. Jahr das eigentliche Lebensende, während ziemlich allgemein die Anzahl der Länder in der Welt mit 72 angenommen wurde – analog zu den 72 Sprachen. Die germanische Sage erzählt, daß Wolfdietrich ein Riesenweib 72 Meilen weit getragen habe, und Adam von Bremen fand in Uppsala nach dem neuntägigen Fest 72 Opfer hängen. Wie im türkisch-chinesischen Bereich ist auch hier die 9 × 8 erkennbar. Aus nicht-symbolischer Schau kann man darauf hinweisen, daß 72 im Handel eine Verbindung vom Schock und dem Dutzend war.

Bis zum zehntausendfachen Glück

84 Die indische Tradition hat eine besondere Vorliebe für die 84, die dann in der Regel vertausendfacht auftaucht: König Aschoka baute 84 000 Stupas für die Reliquien des Buddha; der Weltberg Meru ist 84 000 Maßeinheiten hoch, und viele Könige regieren 84 000 Jahre lang. Ja, das Zahlsystem der Jains legt die Zahl von 8 400 000 zugrunde. Ob es sich hier um die Verbindung der glücklichen Acht mit der Zwölf handelt, oder ob man wiederum eher vom Visuellen ausgehen und die Acht in den vier Weltgegenden sehen soll, ist schwer zu entscheiden.

*

99 99 erscheint in der Regel als der absoluten Einheit entgegengesetzt, oder vielmehr, als noch nicht ganz vollkommen. Jeder kennt die Geschichte von dem *einen* verlorenen Schaf, das dem Besitzer wertvoller war als die 99 anderen. 99 deutet auch auf die Ordnungen der Engel hin, die auf Gottes Einheit weisen, und so ist es auch mit den 99 Schönsten Namen Gottes im Islam, die alle nur die im hundertsten Namen beschlossene All-Einheit von ferne andeuten. Übrigens gibt es im Islam auch, parallel zu den Gottesnamen, 99 Namen des Propheten Muhammad. Die alte Kirche las das Wort AMEN (1 + 40 + 8 + 50) als 99 – in der islamischen Überlieferung (mit *ī* statt ē) würde es 101 ergeben. – Als Hundert minus eins wird 99 auch eine umschreibende Zahl: der Dichter verlangt 99 Küsse und noch ei-

Die »Muhammadanische Rose«. Rechts oben die 99 Schönsten Namen Gottes, links oben die 99 Namen des Propheten. Türkische Miniatur, 1708

nen (so Imrulqais in Arabien im 6. Jahrhundert), und der altarabische Held Schanfara, der geschworen hat, hundert Feinde zu töten, wird vom neunundneunzigsten erschlagen, doch verletzt er mit einem seiner Knochensplitter noch im Tode den hundertsten tödlich.

*

100 Im Dezimalsystem ist Hundert die große Rundzahl, die Erfüllung, (als Quadrat von Zehn) das »vollkommene Gute« der hellenistischen Welt. »Hundertmal« bedeutet einfach »oft«: »Ich habe dir das schon hundertmal gesagt.« Der Chinese meint treffenderweise mit dem Ausdruck »Hundert Münder« die ganze ausgedehnte Familie (die er zu versorgen hat). Die hundert Pfund des Zentners, *centenarium*, gehen auf die alte Dezimaleinteilung von Maßen und Gewichten zurück, doch auch hier ist die exakte Summe nicht immer wichtig – ein Zentner konnte nämlich in verschiedenen Gebieten verschiedene Gewichte – bis zum Großhundert, nämlich 120 – haben, und der *centurio,* der römische Hauptmann, hatte nicht immer genau hundert Soldaten zu befehlen, ebenso wenig wie der mamlukische *Amīr mi'a,* »Herr über hundert« immer ganze hundert eigene Soldaten besaß.

*

101 Da Hundert eine hohe Rundzahl ist, kommt der 101 eine besondere Bedeutung zu: sie ist, wie die 1001, eine Unendlichkeitszahl: 101 mal wiederholt man religiöse Formeln, wie etwa den Segen für den Propheten Muhammad, und in Indo-Pakistan war es Sitte, der Braut 101 Stücke Kleidung und 101 Platten Geschenke mitzugeben.

*

108 108, das Produkt von 12 × 9, erscheint in der hinduistischen und buddhistischen Tradition und ist vielleicht (neben seinem echten Wert) aus der vielverwendeten Achtzehn abgeleitet. Es gibt 108 *gopis*, Hirtinnen, mit denen der Gott Krischna tanzt, und in erweiterter Form kennt man 108 000 Stufen der Wiedergeburt. Für die Buddhisten ist es die Zahl der Arhats, aber auch der Perlen des Rosenkranzes, sowie der Bände der tibetischen heiligen Schriften, des Tanjur und des Kanjur. Bei der Beisetzung eines Prinzen oder einer Prinzessin sollten 108 Lamas anwesend sein.

*

120 120 wurde schon als »Großhundert« erwähnt; es erscheint aber im Alten Testament in einer wichtigen Stelle (1. Moses 6, 3) wo es sich auf die Lebensspanne bezieht, und noch heute kann man in jüdischen Kreisen den frommen Wunsch hören: »Sound-so – er möge leben bis 120 Jahr!...«.

*

144 144 stellt das *Gros*, das »dicke Dutzend« dar, also die Vervielfachung der heiligen Zwölf, wie sie im religiösen Bereich vor allem aus der Offenbarung Johannis (14, 1–5) bekannt ist.

153 Rätselhaft erscheint zunächst die 153, die im Johannesevangelium als Zahl der von den Jüngern gefangenen Fische auftaucht (Joh. 21,11). Die mittelalterlichen Theologen haben sich sehr bemüht, ihr Geheimnis zu finden und konnten sie auf die Siebzehn zurückführen, die ja Gesetz (Zehn) und Gnade (Sieben) enthält. Als 3 × 3 × 17 und als Summe aller Zahlen von Eins bis Siebzehn konnte die 153 in der Tat zu einem guten Symbol für die Beziehungen zwischen Gesetz und Gnade, zwischen Trinität, Gesetz und Ruhe werden. 153 bedeutet dann, nach Augustin, die Fülle der Gläubigen aus aller Welt, die von den »Menschenfischern« für das Gottesreich gewonnen werden. Aber auch einfach mathematisch ist die 153 interessant, da man sie auflösen kann als $1^3 + 5^3 + 3^3$.

*

216 Von höheren Zahlen sind die 216 Glückszeichen auf dem Fußabdruck des Buddha zu erwähnen, das Produkt der Zahlen Acht und 27.

*

240 Dagegen hat die 240 nur eine praktische, aber keine mystische Bedeutung: Karl der Große ließ 240 Denarii aus einem Pfund Silber schlagen, und bis vor kurzem setzten sich das englische Pfund noch immer aus 240 Einheiten, nämlich 20 Schilling zu je 12 Pence, zusammen.

*

248 Die Kabbala weist der 248 einen bedeutenden Platz zu, da sie den Zahlwert der Anfangsworte der fundamentalen religiösen jüdischen Aussage des Eingottglaubens, *schma' Israel,* »Höre, Israel« darstellt, und den 248 Gliedern des menschlichen Leibes entspricht, deren jedes von einem Buchstaben dieses Einheitsbekenntnisses durchdrungen werden soll.

*

270 Dagegen steht 270 im Sohar für die Welt oder das Gericht, denn es entspricht dem Zahlwert von *ra'*, »böse, übel«.

*

300 300 erscheint in biblischer Überlieferung als eine mit Heldentum verbundene Zahl: Abisai war das Haupt der Dreißig, er schwang seinen Speer über 300 Erschlagene (2. Sam. 23), und auch Gideon ist mit 300 Helden verbunden. Als eine große Rundzahl dürfte es im *Quinze Vingts,* 15 × 20, stehen, dem Spital, das Ludwig der IX im frühen 14. Jahrhundert in Paris für 300 Blinde bauen ließ: hier kommt die alte französische Zwanzigerzählung wieder klar zum Vorschein (15 × 20 = 300).

*

313 Warum die Zahl der Propheten vor Muhammad ausgerechnet 313 betragen haben soll, kann man nicht mit normalen Mitteln erklären (obgleich es auch hier zahlenmystische Versuche gibt).

318 Etwas einfacher ist es mit den in der Bibel erwähnten 318 Knechten Abrahams, von denen ein einziger bei Namen genannt ist – das ist Eliezer, dessen Name als Zahlwert in der Tat 318 ergibt.

*

360 Daß 360 eine wichtige Zahl ist, wird niemanden verwundern, da sie die Zahl des Rundjahres und der Bogengrade des Kreises ist. Daher findet man z. B. 360 Altarsteine in einem vedischen Tempelritual. Die Mondzahl 27 verhält sich zur Sonnenzahl 360 wie 1:13 1/2, und das war durch die Jahrhunderte, mit leichten Schwankungen, das Wertverhältnis zwischen dem Sonnenmetall Gold und dem Mondmetall Silber.

*

432 432 in seiner Vertausendfachung erscheint als gewaltige Zeitangabe: zehn Urkönige herrschten 432000 Jahre vor der Flut und, ein Mahayuga, eine »Große Zeit« im Indischen besteht aus 4320000 Jahren, die sich leicht erreichen lassen, wenn man 432000 zunächst mal vier, dann mal drei, dann mal zwei und schließlich mal eins nimmt, was die absteigende Länge der mythischen Zeitperioden darstellt, und so die Tetraktys 4 : 3 : 2 : 1 : = 10 erhält. Die Basiszahl ist natürlich 108.

*

666 Eine Zahl, die die Phantasie von Generationen genährt hat und noch immer diskutiert wird, ist die 666 der Apokalypse (Off. 13, 18). Praktisch jeder Name kann so ausgedeutet werden, daß seine

Quersumme schließlich 666 ergibt, und ob man 666 auf einen römischen Kaiser oder auf die größte Gefahr des eigenen Zeitalters bezieht – alles erscheint möglich. Typisch ist die gegensätzliche Deutung der Zahl durch zwei Numerologen des 16. Jahrhunderts, Michael Stifel und Petrus Bungus. Stifel, der Protestant, bezog die Zahl auf Papst Leo X, während Bungus, der Katholik, in ihr eine Anspielung auf Luther sah. Doch hatte er noch eine ganze Reihe von anderen Möglichkeiten zur Hand, von denen sich eine – nicht verwunderlich in seiner Zeit – auf Muhammad *(Mahometus)* bezog.

*

1000 Wie im Dezimalsystem zu erwarten, ist 1000 die große, umfassende Zahl, »Tausend Jahre sind vor Dir wie ein Tag«, singt der Psalmist, und der Gläubige wird getröstet: »Ob auch Tausende fallen zu deiner Rechten und Zehntausende zu deiner Linken ...«. Wenn der Chinese jemand am Geburtstag »tausend Lenze« wünscht, so ist es genau so, als wenn man *many happy returns* sagt. Wir sehen die Tausend in typischen Namen, wie Tausendfüßler oder Tausendschönchen; der in allen Sätteln gerechte Tausendsassa ist ebenfalls Teil dieser Gruppe.

*

1001 Die Überschreitung der Großen Summe mit 1001 wird – wie im Falle von 41 und 101 – dann praktisch zum Ausdruck für »unzählig, unendlich«. Ob wir nun an die *Binbir kilise,* die »ungezählten (1001) Kirchen« in Anatolien denken oder an das be-

Links: Innentitel zur zwölfbändigen deutschen Ausgabe von *Alf laila wa-laila* (Tausendundeine Nacht), der bekanntesten orientalischen Märchensammlung, Leipzig 1907/08. Rechts: Innentitel zur zweibändigen deutschen Ausgabe von *Hezār-o-yäk rūz*, der davon ganz verschiedenen persischen Kollektion: Tausendundein Tag. Die identischen Titelzeichnungen von Marcus Behmer spiegeln die Verschiedenheit der Sammlungen nicht wider.

kannteste Beispiel, die 1001 Nacht – die Zahl führt uns in ungemessene Weiten, selbst wenn man versucht hat, in ihr einen Hinweis auf das Siebeneck und Verbindungen zwischen den Primzahlen Sieben, Elf und Dreizehn zu sehen.

*

10 000

Logisch in der Dezimalserie ist dann, daß Zehntausend eine Art obere Grenze bildet: zehntausend Jahre in China bedeutet »Unsterblichkeit«, und die »zehntausend Dinge« sind alle erdenklichen Dinge. Aber wenn wir von den Oberen Zehntausend sprechen, denken wir an eine genau abgegrenzte Gruppe elitärer Personen.

*

Indien einerseits, die Maya und Azteken andererseits haben mit weit größeren Summen gerechnet und sie ihrem System einverleibt – die Länge indischer Zeitangaben in Mythen und Märchen ist ja bekannt, kann aber hier nicht im einzelnen verfolgt werden. Das gleiche gilt für die buddhistische Zählart, in der unvorstellbare Mengen erscheinen. Man hat versucht (so die Theosophen unter Führung von Annie Besant), Beziehungen dieser Zahlen zu den Zahleneinheiten moderner Physik herzustellen, doch gerät man damit in die Welt unsicherer Spekulationen.
Wir können uns hier nicht in solche Zahlenspekulationen verlieren, ebenso wenig, wie wir Rezepte für Zahlenmagie kennen. Die Menschen haben jahrtausendelang das Geheimnis der Zahlen zu enträtseln gesucht, haben sie

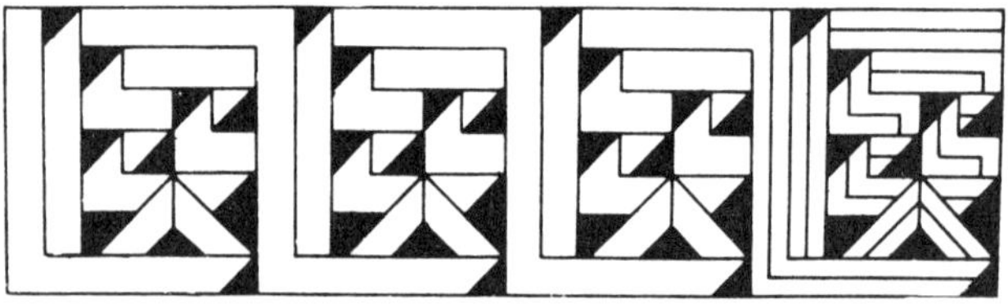

Das Zeichen »Zehntausend« als stilisierter, sich schlängelnder Wasserlauf. Nach Laotse: »Aus Eins wird Zwei, aus Zwei wird Drei, aus Drei werden zehntausend Dinge«. Daher symbolisiert diese Zahl die unendliche Vielfalt des Universums – und die Unsterblichkeit.

gebraucht und mißbraucht, und sie haben nichts von ihrer Faszination verloren.
Vielleicht am schönsten ist diese Faszination ausgesprochen von Le Corbusier, der im *Modular 2* schreibt: »Hinter der Mauer spielen die Götter. Sie spielen mit Zahlen, aus denen das Universum gebildet ist.«

Franz Carl Endres (1878–1954) begann als Lehrer für Taktik und Kriegsgeschichte an der Münchener Kriegsakademie, wurde 1912 Professor für Strategie an der türkischen Generalstabshochschule in Konstantinopel (Istanbul). Den Ersten Weltkrieg machte er zunächst als Generalstabschef der 5. türkischen Armee mit, zog sich in Palästina 1915 eine schwere Malaria zu – und wurde zum überzeugten Pazifisten. Er arbeitete fortan als Journalist. Als der Nationalsozialismus aufkam, verfocht er Demokratie und Menschenrechte, mußte außer Landes gehen und siedelte sich in der Schweiz an; dort, in Freidorf bei Muttenz, starb er im Frühjahr 1954.
Verfaßte u. a. »Die Türkei« (1916), »Die großen Religionen Asiens« (1949); »Die Zahl in Mystik und Glauben der Kulturvölker« (1935) überarbeitete er 1951 und gab sie u. d. T. »Mystik und Magie der Zahlen« neu heraus.
Annemarie Schimmel, Professor für Indo-Muslim Culture an der Universität Harvard, hat es unternommen, Endres' frühes Standardwerk von Grund auf neuzubearbeiten und auf den jüngsten Stand vergleichender Kulturforschung zu bringen.
Die in vielen Sprachen bewanderte Orientalistin wurde 1922 in Erfurt geboren, machte mit 16 Jahren Abitur, studierte in Berlin Arabistik und Islamkunde und promovierte als Neunzehnjährige. Sie habilitierte sich 1946 in Marburg, erwarb einen zweiten Doktortitel – in Religionsgeschichte –, wurde 1954 an die Universität Ankara berufen, lehrte dort 5 Jahre als Professor für Religionsgeschichte, wurde 1961 als apl. Professor für Arabistik und Islamkunde an die Universität Bonn berufen und kam 1967 nach Harvard. Viele ihrer Bücher wurden Standardwerke, so »Mystical Dimensions of Islam« (1975, auf deutsch 1985), »Rumi« (1978), »Muhammad« (1981).

Anhang

Anmerkungen

1. [S. 123] Richtig ist, daß der Planet Venus für eine Synode nur 583,92 Tage braucht. 2919,6 Tage braucht Venus also für fünf Synoden.

2. [S. 138] Gemeint ist hier die Bedeutungszuschreibung der sieben Tage der Woche im Christentum, die innerchristliche *Legitimation* der siebentägigen Woche, die als Zeiteinheit jedoch schon viel länger bestand. Die siebentägige Woche ist ca. 500 Jahre älter als das erste Buch Mose. Bereits 1600 vor Chr. wurde sie in Babylon eingeführt, um die sieben hohen Gottheiten der Wandelsterne (Sonne, Mond und die fünf mit freiem Auge sichtbaren Planeten) zu ehren. Das übernahmen die Griechen, die Römer und später die Germanen, nicht ohne ihren eignen Göttern in den Namen der Wochentage ein Denkmal zu setzen. Der Ursprung der Siebentägigkeit kann aber auch mit dem nahezu siebentägigen Abstand der Mondphasen in Zusammenhang stehen, oder – bei den Juden – mit der Heiligkeit der Zahl Sieben.

3. [S. 210] Eigentlich sind es 14 Kreuzwegstationen, aber Jesus stirbt in der zwölften, und die letzten beiden bestehen aus Abnahme und Begrabung des Leichnams.

4. [S. 214] Im alten China (jedenfalls vor Chr.) gab es *keine* unserem Tierkreis entsprechende Unterteilung des Himmels. Es gab zehn himmlische Zeichen, gebildet aus Sonne und Mond, kombiniert mit den fünf Elementen. Mit den fünf Elementen wurden die fünf Gegenden des Himmels beschrieben: Osten, Süden, Westen, Norden und die Mitte des Himmels. Daneben gab es 12 *irdische* Zeichen, gekennzeichnet durch 12 Tiere. Diese wurden später, wahrscheinlich in Anlehnung an den Westen, in den Himmel projiziert. Nach dem auch in China gebräuchlichen Mondkalender wechseln Jahre mit 12 und 13 Monaten. Ein Zusammenhang zwischen der Zahl 12 und den Monaten ist in diesem Fall unwahrscheinlich.

5. [S. 253] Der siderische Mondumlauf beträgt genaugenommen nicht nur 3 x 9, also 27 Tage, sondern 27,32 Tage.

6. [S. 253] In 28 Tagen sind die vier Phasen des Mondes noch nicht ganz vollkommen. Eine Mondsynode dauert 29,53 Tage.

Literatur zur Zahlensymbolik

Allgemeine Werke über Zahlenmystik und -magie

Mrs. M. L. Ahmad, *Christian Names and their Values.* London 1930. Ein Versuch, den numerologischen Wert von Vornamen zu deuten.

R. F. Allendy, *Le symbolisme des nombres.* Paris 1921. Eine kenntnisreiche, allgemeine Einführung in das Problem.

Mrs. L. D. Ballieth, *Nature's Symphony, or Lessons in Number Vibration.* Atlantic City 1911. Versucht, Entsprechungen von Buchstaben, Tönen, Farben usw. zu gewinnen.

E. T. Bell, *Numerology.* New York/London 1933/1946. Der amerikanische Mathematiker wendet sich scharf gegen Zahlenmagie, wie sie in den USA wieder sehr lebendig wurde.

Ernst Bindel, *Die geistigen Grundlagen der Zahlen.* Stuttgart 1958.

Erich Bischoff, *Die Mystik und Magie der Zahlen.* Berlin 1920. Eine kurze Einführung; Anleitung zur Herstellung von Zahlenquadraten usw. mit einer »systematischen Symbolik der Zahlen von 1 bis 4320000«.

Walter Blankenburg und Willem Enders, *Zahlensymbolik.* In: Musik in Geschichte und Gegenwart (MGG), Ergänzungsband. Kassel 1979, Sp. 1971–1978. Überblicke über die Zahlensymbolik in der Musik, mit reichen Literaturangaben.

Oskar von Bressendorf, *Zahl und Kosmos.* Augsburg 1930.

D. G. Brinton, *The Origin of Sacred Numbers.* American Anthropologist 7, 1894, 168–73.

Petrus Bungus, *Numerorum Mysteria.* Bergamo 1599. Reprint Hildesheim 1982.

Boanerges B. Castro, *O simbolismo dos numeros na Maçonaria.* Rio de Janeiro 1977. Über Zahlensymbolik bei den Freimaurern.

Cheiro, *Das Buch der Zahlen.* Freiburg [6]1981. Ein sehr erfolgreiches Buch aus okkultem Zahlenverständnis, mit dem Originaltitel »Book of Numbers«.

Jean Chevalier/Alain Gheerbrant, *Dictionnaire des symboles.* Paris 1969.

Jodocus Clichtovaeus, *De mystica numerorum significatione.* Paris 1513. Reprint in Vorb. bei Georg Olms, Hildesheim.

E. S. Crawley, *The Origin and Development of Number Symbolism.* In: Popular Science Monthly 51, 1897, 524–34.

Franz Dornseiff, *Das Alphabet in Mystik und Magie.* Leipzig [2]1925. Die klassische Studie über Buchstabenmagie und verwandte Gebiete.

Keith Ellis, *Magie der Zahl.* Ihre Rolle in Natur, Kunst und Alltag. München 1979. Englisch: *Numberpower.* London 1977.

F. Feldmann, *Numerorum Mysteria.* Archiv für Musikwissenschaft 1957, 102–127.

Dorothea Forstner OSB, *Die Welt der Symbole.* Innsbruck/Wien/München [2]1967.

Walther Friedjung, *Vom Symbolgehalt der Zahl.* Wien 1968. Ein etwas konfuses Buch, das interessante mit absurden Bemerkungen verbindet.

Martin Gardner, *The Numerology of Dr. Matrix: the Fabulous Feasts and Adventures in Number Theory,*

Sleight of Word, and Numerological Analysis. New York 1967.
Matila C. Ghyka, *Philosophie et mystique de nombre.* Paris 1952.
A. H. Hara, *Number, Name and Color.* London 1907.
Friedrich Heiler, *Erscheinungsformen und Wesen der Religion.* Stuttgart 1961. Das Kapitel »Die heilige Zahl« in dieser umfassenden Religionsphänomenologie ist sehr reichhaltig, mit wichtigen Quellenangaben.
L. Baron von Hellenbach, *Die Magie der Zahlen als Grundlage aller Mannigfaltigkeit.* Leipzig 1910. Enthält vielerlei Zusammengewürfeltes.
Athanasius Kircher, *Arithmologia sive de abditis numerorum mysteriis.* Rom 1665. Reprint in Vorb. bei Georg Olms, Hildesheim.
Hermann Kissener, *Lebenszahlen: die Logik von Buchstabe, Zahl und Zeit.* München 1974. Versuch, verschiedene numerologische Ansätze zu vereinigen.
Hugo Kükelhaus, *Urzahl und Gebärde.* Grundzüge eines kommenden Maßbewußtseins. Berlin 1934, Zug ³1980.
Robert Lawlor, *Sacred Geometry.* London 1982
Selmar Lüttich, *Über bedeutungsvolle Zahlen.* Jahresbericht Domgymnasium Naumburg 1891. Eine vielseitige und recht interessante Schrift.
Otto Marx, *Die Zahlen in der Volksheilkunde des schlesischen Raumes.* Breslau 1934. Eine willkommene Untersuchung zur praktischen Anwendung des Zahlenzaubers.
E. G. McClain, *The Myth of Invariance.* The Origin of the Gods, Mathematics and Music from the Rg-Veda to Plato. New York 1976

–, *Meditations Through the Quran.* Tonal Images in an Oral Culture, York Beach 1981
Beide Werke des Musikologen McClain enthalten anregende Gedanken, verlieren sich aber in schwer nachzuvollziehende Spekulationen.

L. Merich, *Magie der Zahlen.* Der Mensch und seine Glücks- und Unglückszahlen. Büdingen 1952. Eines der zahlreichen numerologischen Populärwerke.

A. T. de Nicolás, *Meditations Through the Rg-Veda.* Four-dimensional Man. Stony Brook 1978. Interessant, aber höchst spekulativ.

Numbers, In: ERE 9, 406-17. Drei Abschnitte über Zahlen: Einleitung, Arische Zahlenanwendung, Semitischer Gebrauch.

Number Games and Other Mathematical Recreations. In: Encyclopedia Britannica 1974, vol. 13, 345-57. Ein amüsanter und lehrreicher Artikel.

Ludwig Paneth, *Zahlensymbolik im Unbewußten.* Zürich 1952. Studie eines Jungianers über Zahlen im Traum und den Charakter der Zahlen. Scharfe Auseinandersetzung mit Freudscher Traumanalyse.

H. Reifstahl, *Ontische Studien.* In: Beiträge der Humboldt-Gesellschaft Bd. 4, 1983, S. 155 ff. Deutung der ersten Zahlen vom philosophischen Standpunkt aus.

Margarete Riemschneider, *Das Geheimnis der numinosen Zahl.* München 1966.

Anita Riess (Hrsg.), *Psychologie der Zahl.* München 1973.

Annemarie Schimmel, *Zahlensymbolik.* In: Religion in Geschichte und Gegenwart (RGG), 3. Aufl. Bd. 6, Tübingen 1962, Sp. 1861–1863.

–, *Numbers.* In: Encyclopedia of Religion, New York (im Druck).

W. Schulz, *Gesetze der Zahlenverschiebung im Mythos.* In: Mitteilungen der Anthropologischen Gesellschaft 40, Wien 1910.

Schwarz-Winkelhofer/H. Biedermann, *Das Buch der Zahlen und Symbole.* München 1975.

P. Sergescu, *Histoire du nombre.* Paris 1953.

Jules Silver, *Deine Glückszahl. Eine moderne Zahlenmagie.* Genf 1976 (auch als Goldmann-Taschenbuch Nr. 10868 erschienen)

Ariel Y. Taylor, *Numerology Made Plain: The Science of Names and Numbers and the Law of Vibration.* Chicago/New York 1930.

Albert Freiherr von Thimus, *Die harmonikale Symbolik des Alterthums.* Köln 1868. Eine grundgelehrte Arbeit, die sich im 1. Teil »der esoterischen Zahlenlehre und Harmonik der Pythagoreer in ihren Beziehungen zu älteren griechischen und morgenländischen Quellen« widmet, und im 2. Teil u. a. auf die kabbalistischen Symbole des Buches Jezirah eingeht.

Guy Trevoux, *Lettres, chiffres et dieux.* Monaco 1979.

Roy P. Walton, *Names, Dates and Numbers: What they Mean to You.* New York 1914.

W. W. Westcott, *Numbers: Their Occult Powers and Mystic Virtues.* London 1902.

Werner Zimmermann, *Geheimnis der Zahlen.* Engelberg/München 1948.

Zahlen und Ziffern

Willi Hartner, *Zahlen und Zahlensysteme bei Primitiv- und Hochkulturvölkern.* In: Paideuma II, 1941–43, 268–326. Eine erstklassige Einführung in das Gebiet.

Georges Ifrah, *Histoire universelle des chiffres.* Paris 1981.

J. Lipton, *An Exaltation of Larks.* New York 1977. Amüsantes über die für Tiere angewandten Zählwörter.

Karl Menninger, *Zahlwort und Ziffer.* 1958. Engl. Übersetzung *Number Words and Number Symbols,* Cambridge, Mass. 1969. Ein ebenso reichhaltiges wie interessant geschriebenes Buch über die verschiedenen Typen der Zählmethoden in aller Welt, mit guter, weiterführender Bibliographie.

M. Schmidt, *Zahl und Zählen in Afrika.* In: Mitteilungen der Anthropologischen Gesellschaft 45, Wien 1915, 165–209.

Alter Orient

Emma Brunner-Traut, *Ägypten.* In: Enzyklopädie des Märchens. Erster Band. Berlin 1977

Da Liu, *I Ching Numerology, based on Shao Tung's Classic Plum Blossom Numerology.* San Francisco 1979.

Wolfram Eberhard, *Lexikon chinesischer Symbole.* Köln 1983. Artikel ›Zahlenmystik‹ und einzelne Zahlen.

A. Glathe, *Die chinesischen Zahlen.* In: Mitteilungen der Deutschen Gesellschaft für Natur- und Völkerkunde Ostasiens, 36, Tokio 1932.

Marcel Granet, *Das chinesische Denken.* München 1963 (Originaltitel *La Pensée chinoise,* Paris 1934).

Alfred Jeremias, *Das Alte Testament im Lichte des Alten Orients.* Leipzig ³1916

–, *Handbuch der altorientalischen Geisteskultur.* Leipzig 1913.

Eduard Mahler, *Das Himmelsjahr als Grundelement der altorientalischen Chronologie.* In: ZDMG 60, 1906, 825–38.
K. Sethe, *Von Zahlen und Zahlworten bei den alten Ägyptern.* Straßburg 1916.
Edward Washburn-Hopkins, *The Holy Numbers of the Rig-Veda.* In: Oriental Studies. Boston 1894, 141-59.
–, *Numerical Formulae in the Veda and their Bearing on Vedic Criticism.* In: JAOS 16, 1896.

Antikes und spätantikes Denken

O. Arndt, *Zahlenmystik bei Philo.* In: ZRG 19, 1967, 167–71.
O. Becker, *Das mathematische Denken der Antike.* Göttingen 1957.
Armand Delatte, *Etudes sur la littérature pythagoricienne.* Genf 1974.
G. Germain, *Homère et la mystique des nombres.* Paris 1954.
Matila C. Ghyka, *Le nombre d'or: rites et rhythmes pythagoriciens dans le développement de la civilisation occidentale.* Paris 1976.
Karl Kérenyi, *Pythagoras und Orpheus.* Zürich ³1950.
A. Ludwich, *Zahlsymbolik der griechischen Sakralbauten.* Programm Königsberg 1914.
W. Röd, *Geschichte der Philosophie.* Bd. I: Von Thales bis Demokrit. München 1979. Hier ist das Kapitel über Pythagoras und die Pythagoräer besonders aufschlußreich.
K. Staehle, *Die Zahlenmystik bei Philo von Alexandrien.* Leipzig/Berlin 1931.

J. Stenzel, *Zahl und Gestalt bei Plato und Aristoteles.* Leipzig 1924.

J. Vasconcelos, *Pítagoras: una teoría del ritmo.* Mexico City 1921.

Biblische Zahlenmystik

Frederik B. Bond, *Gematria.* A preliminary investigation of the Cabala contained in the Coptic Gnostic books, and of a similar Gematria in the Greek text of the New Testament: showing the presence of a system of teaching by means of the doctrinal significance of numbers, by which the holy names are clearly seen to represent aeonial relationships which can be conceived in a geometric sense and are capable of a typical expression of that order. Reprint with new notes. London 1977.

Oskar Fischer, *Der Ursprung des Judentums im Lichte der alttestamentalischen Zahlensymbolik.* Leipzig 1917.

–, *Orientalische und griechische Zahlen.* Leipzig 1918. Versucht, bestimmte Zahlen bestimmten Ereignissen zuzuordnen. So ist 13 der Yahwefaktor, der sich angeblich überall in der Bibel erkennen läßt.

–, *Auferstehungshoffnung in Zahlen.* Leipzig 1920. Hier wird versucht, die Zahl 127 als Licht- und Auferstehungszahl überall im Alten Orient wiederzufinden.

D. Friesenhahn, *Hellenistische Wortzahlenmystik im Neuen Testament.* Leipzig 1935. Reprint Amsterdam 1970. Eine außerordentlich gründliche Studie des Themas.

A. Heller, *Biblische Zahlensymbolik.* Reutlingen 1936.
E. Kautzsch, *Zahlen bei den Hebräern.* In: RE 21, 598 ff.
Friedrich Weinreb, *Zahl, Zeichen, Wort. Das symbolische Universum der Bibelsprache.* Reinbek bei Hamburg 1978 (rowohlts deutsche enzyklopädie, Bd. 383).

Jüdische Tradition

R. Gruber Fredmann, *The Passover Seder.* Philadelphia o.J.
Ernst Müller (Hrsg.), *Der Sohar.* Das Heilige Buch der Kabbala. Köln 1982.
Numbers, Symbolic and Rhetorical Use. In: Encyclopedia Judaica, Jerusalem 1971.
H. Reichstein, *Praktisches Lehrbuch der Kabbala.* Berlin ^{5}1954.
Gerschom Scholem, *Zur Kabbala und ihrer Symbolik.* Zürich 1960/Frankfurt 1973.
J. Trachtenberg, *Jewish Magic and Superstition.* New York 1974.
Zohar. The Book of Enlightenment. Transl. and Introduction by Daniel Chanan Matt, preface by Arthur Green. New York/Toronto 1983.

Mittelalterliche Zahlenallegorese

H. J. Blüm, *Der Altdeutsche Exodus.* Strukturuntersuchungen zur Zahlenkomposition und Zahlensymbolik. Amsterdam 1974.

D. Brooks, *Number and Pattern in the 18th Century Novel.* London/Boston 1973.

Christian Butler, *Number Symbolism.* (Ideas and Forms in English Literature 1), London 1970. Bringt zahlreiche interessante und anregende Beispiele zur Zahlenmystik im allgemeinen und in der englischen mittelalterlichen Literatur im besonderen.

Susan L. Clark, *The Poetics of Conversion: Number Symbolism and Alchemy in Gottfried's Tristan.* Bern/Las Vegas 1977.

Ursula Großmann, *Studien zur Zahlensymbolik des Frühmittelalters.* In: Zeitschrift für katholische Theologie 76, 1954, 19-54.

E. Hellgardt, *Zum Problem symbolbestimmter und formalästhetischer Zahlenkomposition in mittelalterlicher Literatur.* München 1973.

Vincent F. Hopper, *Medieval Number Symbolism.* New York 1938. Eine ausgezeichnete, glänzend geschriebene Einführung in mittelalterliches Zahldenken, mit besonderer Berücksichtigung Dantes.

A. Knapptisch, *St. Augustins Zahlensymbolik.* Programm Graz 1905.

W. Knopf, *Zur Geschichte der typischen Zahlen in der deutschen Literatur des Mittelalters.* Diss. Leipzig 1902.

P. Kretschmar, *Mittelalterliche Zahlensymbolik und die Einteilung der Digesten-Vulgata.* Berlin 1930.

K. Langesch, *Komposition und Zahlensymbolik in der mittelalterlichen Dichtung.* In: Albert Zimmermann (Hrsg.), *Methode in Wissenschaft und Kunst des Mittelalters.* Berlin 1970, 106-51.

Mensura. Maß, Zahl, Zahlensymbolik im Mittelalter. Hrsg. Albert Zimmermann. 2 Bde. Berlin u. New

York 1983/84 (= Miscellanea Mediaevalia Bd. 16/1 und 16/2).
Heinz Meyer, *Die Zahlenallegorese im Mittelalter.* München 1975. Die umfassendste Studie dieser Art, die auch andere Versuche auf diesem Gebiet gründlich analysiert und reiches Material zusammenträgt.
Russell A. Peck, *Number as Cosmic Language.* In: Caroline D. Eckhardt (Ed.), *Essays in the Numerical Criticism of Medieval Literature,* 15-64. Lewisburg 1980. Überblick über die neuplatonische Tradition mittelalterlicher Zahlensymbolik und Analyse der englischen Traumvision »Pearl«.
E. Reichmann, *Die Herrschaft der Zahl.* Quantitatives Denken in der deutschen Aufklärung. Stuttgart 1968.
A. Schmitt, *Mathematik und Zahlenmystik Augustins.* Festschrift der Görres-Gesellschaft, Köln 1930, 533-66.
Burkhard Taeger, *Zahlensymbolik bei Hraban, bei Hincmar – und im »Heliand«?* Studien zur Zahlensymbolik im Frühmittelalter. München 1970.
Thibaut de Langres, *Traité sur le symbolisme des nombres: un aspect de la mystique chrétienne au XIIe siècle.* Texte critique et traduction par René Deleflie. Langres 1978.
F. Tschirch, *Die Bedeutung der Rundzahl Hundert für den Umfang mittelalterlicher Dichtungen.* In: Gestalt und Glaube, Festschrift für Oskar Söhngen, Witten/Berlin 1960, 77–88.

Wilhelm Ahrens, *Studien über die magischen Quadrate der Araber.* In: Der Islam 7, 1917, 186 ff.
Gotthelf Bergsträßer, *Zu den magischen Quadraten.* In: Der Islam 13, 1923, 227.
John K. Birge, *The Bektashi Orders of Dervishes.* London 1937.
A. Casanova, *Alphabetes magiques arabes.* In: Journal *Asiatique* 19, 1921, 37–55; 1922, 250–62.
Henry Corbin, *Le livre du glorieux de Jabir ibn Hayyan.* In: Eranos-Jahrbuch 18, 1950, 47–114.
Gerhard Doerfer, *Die türkischen Elemente im Neupersischen.* Bd. IV. Wiesbaden 1975.
Ignaz Goldziher, *Über Zahlenaberglauben im Islam.* In: Globus 80, 1901, 31 f.
–, *Über umschreibende Zahlenbezeichnungen im Arabischen.* In: ZDMG 49, 1895, 210-17.
Abdulbaki Gölpĭnarlĭ, *Tasavvuftan dilimize geçen deyimler ve atasözleri.* Istanbul 1977. Enthält auch Ausdrücke, die mit der magisch-mystischen Verwendung von Zahlen zusammenhängen.
Toufic Fahd, *La divination arabe.* Paris 1970. Eine Übersicht über arabische divinatorische Methoden.
F. W. Hasluck, *Christianity and Islam under the Sultans.* Oxford 1929. Wichtig für die Zahlen 40, 7 und 12 im byzantinisch-türkischen Gebrauch.
Clément Huart, *Textes persans relatifs à la Secte des Houroufis.* Leiden/London 1909.
Max Horten, *Die religiösen Vorstellungen des Volkes im heutigen Islam.* Halle 1917. Enthält u.a. eine immer noch anregende Studie mystisch-magischer Praktiken.

Rudolf Kriss/H. Kriss-Heinrich, *Volksglaube im Bereich des Islam.* Wiesbaden 1960/1962. Besonders der zweite Band enthält zahlreiche Ausführungen über die magischen Quadrate, Numerologie usw.

Yves Marquet, *La philosophie des Iḫwān al-Ṣafā.* Algier 1973. Enthält u.a. eine eingehende Studie der Numerologie bei den Lauteren Brüdern von Basra.

Ulrich Marzolph, *Die Vierzig Papageien.* Wiesbaden 1983. Geht dem Motiv der vierzigfältigen Erzähltypen im Islam, besonders im Persischen, nach.

–, *Typologie des persischen Volksmärchens.* Beirut/Wiesbaden 1984. Enthält zahlreiche Beispiele, bes. zur Drei, Sieben und Vierzig.

Irène Mélikoff, *Nombres symboliques dans la littérature epico-religieuse des Turcs d'Anatolie.* In: JA CCL 1962, 435-46. Behandelt in erster Linie die Rolle der 17 in schiitisch gefärbten volkstümlichen türkischen Werken.

Seyyed Hoseyn Nasr, *An Introduction to Islamic Cosmological Doctrines.* Cambridge, Mass. 1964. Einführung in die Kosmologie der islamischen Welt.

Mehmet Önder, *Mevlevilikte »18«.* In: Türk Folklor Araştırmaları 85, 1956. Eine kurze Studie über die 18 im Mevlevi-Orden.

Hans A. Winkler, *Siegel und Charaktere in der muhammedanischen Zauberei.* Berlin 1930. Wichtiges Werk über die magischen Quadrate u.ä. im Islam.

Zu den einzelnen Zahlen

ZWEI, VIER UND FÜNF

Monika Buchmann, *Zwei + Zwie = ?*. In: Neue Zürcher Zeitung März 1984. Eine reizende Skizze der zweifachen Bedeutung der Zwei.

A. W. Buckland, *Four, as a Sacred Number*. In: Journal of the Anthropological Institute 25, 1895, 96-102.

E. E. Geil, *The Sacred 5 of China*. Boston/New York 1926.

Martin Knapp, *Pentagramma Veneris*. Basel 1934. Die Entdeckung des Pentagramms als der aus den Venusumlaufdaten abgeleiteten Figur.

DREI

A. E. Abbot, *The Number Three: Its Occult Significance in Human Life*. London 1963.

W. Deonna, *Trois, superlatif absolu*. In: L'Antiquité Classique 23, 1954, 403-28.

A. Brieger, *Die urchristliche Trias Glaube, Hoffnung, Liebe*. Diss. Heidelberg 1925.

G. Dumézil, *L'idéologie tripartite des Indo-Européens*. Brüssel 1958. Sucht die dreigegliederte Struktur im indogermanischen Denken und Handeln aufzuweisen.

A. Dundes, *The Number Three in American Culture*. In: Dundes (Ed.), *Every Man His Way*. Englewood Cliffs 1968. Eine höchst interessante Studie über das Vorherrschen dreigliedriger Strukturen in der modernen nordamerikanischen Alltagskultur.

K. J. Erben, *O dvojici a o trojici v bájesloví slovanském.* In: Časopís Musea Královstvi Českého 31, 1857, 268–86, 390–415. Über das Vorkommen von Zweier- und Dreierstrukturen in slowakischen Volkstraditionen.

Peter Gerlitz, *Außerchristliche Einflüsse auf die Entwicklung des christlichen Trinitätsdogmas.* Diss. Marburg 1960.

F. Göbl, *Formen und Formeln der epischen Dreiheit in der griechischen Dichtung.* Stuttgart 1935.

René Guénon, *La grande triade.* Paris 1957. Sucht das Zusammenwirken von Himmel, Erde und Mensch und andere triadische Strukturen, vor allem im Rückgriff auf chinesische Symbolik, zu erklären.

H. Goudy, *Trichotomy in Roman Law.* Oxford 1910.

R. F. Günther, *Worauf beruht die Vorherrschaft der Drei im Menschen?* In: Nord und Süd 142, 1912, 313–25.

Willibald Kirfel, *Die dreiköpfige Gottheit.* Bonn 1948. Eine Studie des Bonner Indologen über das in Indien und auch sonst weit verbreitete Phänomen der dreiköpfigen Götter.

E. B. Lease, *The Number Three, Mysterious, Mystic, Magic.* In: Classical Philology 14, 1919, 56–73.

A. Lehmann, *Dreiheit und dreifache Wiederholung im deutschen Volksmärchen.* Leipzig 1914.

Max Lüthi, *Drei, Dreizahl.* In: Enzyklopädie des Märchens, Sp. 851–68. Umfassende Analyse des Themas.

Raimund Müller, *Die Zahl Drei in Sage, Dichtung und Kunst.* Programm Teschen 1903. Eine umfassende Studie, die weite Verbreitung verdient hätte.

D. Nielsen, *Der dreieinige Gott in religionshistorischer Bedeutung.* 2 Bde., Kopenhagen 1922, ^{2}1942.

L. L. Paine, *The Ethnic Trinities and their Relations to the Christian Trinity.* Boston/New York 1901.

Wolfgang Philipp, *Trinität ist unser Sein.* Hildesheim 1983. Eine umfassende Untersuchung, die erst mehr als 30 Jahre nach ihrer Entstehung gedruckt ist. Philipp geht hier auf das alles Leben durchdringende Prinzip der »dreifachen Ergriffenheit« ein und erreicht erstaunliche Ergebnisse.

Kurt Quecke, *Die Lehre von den drei Körpern Buddhas, trikāya.* Diss. Marburg 1948.

H. Chr. Schöll, *Die drei Ewigen.* Jena 1936. Eine Untersuchung über germanischen Bauernglauben.

J. L. Seifert, *Sinndeutung des Mythos: Die Trinität in den Mythen der Urvölker.* Wien/München 1954.

Nathan Söderblom, *Vater, Sohn und Geist unter den heiligen Dreiheiten.* Tübingen 1909. Eine der ersten theologischen Studien, die die allgemein in der Religionsgeschichte verbreitete Trinität zum Thema haben.

B. Stade, *Die Dreizahl im Alten Testament.* In: Zeitschrift für alttestamentalische Wissenschaft, 1906, 124 ff.

T. A. Strand, *Tri-Ism: The Theory of the Trinity in Nature, Man and his Works.* New York 1958.

Georg Stuhlfauth, *Das Dreieck.* Die Geschichte eines religiösen Symbols. Stuttgart 1937.

E. Tavamer, *Three as a Magic Number in Latin Literature.* In: Transactions of the American Philological Ass. 47, 1916, 117-43.

Heinrich Usener, *Dreiheit.* In: Rhein. Museum für Philologie 58, 1903, 1-47, 161–208, 321–62.

SECHS, SECHZIG

F. Hermann, *Die Sechs als bedeutsame Zahl.* In: Saeculum 14, 1963, 141–169.

O. Neugebauer, *Zur Entstehung des Sexagesimalsystems.* Abh. Ges. Wiss. Göttingen, math.-phys. Kl. NF XIII, 1–27.

SIEBEN

F. von Adrian, *Die Siebenzahl im Geistesleben der Völker.* In: Mitteilungen der Anthropologischen Gesellschaft 31, Wien 1901, 255 ff.

Ernst Bindel, *Die Zahl Sieben in der Rosenkreuzerströmung.* In: E. B., Die geistigen Grundlagen der Zahlen, Stuttgart 1958.

F. Boll, *Hebdomas.* In: Pauly-Wissowa, *Realenzyklopädie des klassischen Altertums,* XIV 2, 2547–2578.

J. Curtis, *A Dissertation upon Odd Numbers, particularly Number 7 and Number 9.* London 1909.

J. H. Graf, *Die Zahl Sieben.* Basel 1917.

J. Hehn, *Siebenzahl und Sabbat bei den Babyloniern und im Alten Testament.* Leipzig 1907.

–, *Zur Bedeutung der Siebenzahl.* In: Abhandlungen zum Alten Testament, Festschrift für Karl Marti. Gießen 1925, 128 ff.

Friedrich Heiler, *Die Siebenzahl der Sakramente.* In: Eine Heilige Kirche 15, 1933, 5–10.

Mohammed Moin, *Taḥlīl-i Haft Paikar-i Niẓāmī.* Teheran 1338 sh/1959. Eine umfassende Studie der Siebenzahl in der persischen und islamischen Überlieferung, zum besseren Verständnis von Nizamis Epos, »Die sieben Bilder« (oder »Schönheiten«).

F. Röck, *Die Götter der sieben Planeten.* In: Anthropos 14-5, 1919/20.

W. H. Roscher, *Die Sieben- und Neunzahl in Kult und Mythologie der Griechen.* In: Abh. der Sächsischen Gesellschaft der Wissenschaften, phil.-hist. Kl. 21, Nr. 4, 1903.

–, *Die hippokratische Schrift von der Siebenzahl.* Paderborn 1913.

Jean-Paul Roux, *Les chiffres symboliques 7 et 9 chez les Turcs non musulmans.* In: RHR 168, 1965, 29-53.

S. Seligmann, *Das Siebenschläfer-Amulett.* In: Der Islam 5, 1915, 370 ff.

Desmond Varley, *Seven – the Number of Creation.* London 1976. Ein Versuch, das gesamte Leben in Siebenerrhythmen zu sehen, mit einer interessanten Sammlung von Beispielen, doch im Resultat nicht befriedigend.

O. Zöcker, *Siebenzahl in der Bibel.* In: RE 18, 310 ff.

ACHT

Franz J. Dölger, *Symbolik der Achtzahl (Taufoktogon).* In: AuC, 1934, 153–187.

W. Schulz, *Das System der Acht im Lichte des Mythos.* In: Memnon, IV, 1910.

P. A. Underwood, *The Fountain of Life.* In: DOP 5, 1950, Appendix B: »The Six and the Eight in Baptisteries and Fonts.«

NEUN

A. Kaegi, *Die Neunzahl bei den Ostariern.* In: Phil. Abhandlungen für Schweizer-Sidler. Zürich 1891, 50 ff.

F. Röck, *Neunmalneun und Siebenmalsieben im Alten Mexiko.* In: Mitteilungen der Anthropologischen Gesellschaft, Wien 1933.

W. H. Roscher, *Enneadische Studien.* In: Abh. Sächsische Gesellschaft der Wissenschaften, phil.-hist. Kl. 26, 1907, 1. Versuch einer Geschichte der Neunzahl bei den Griechen.

K. Weinhold, *Die mystische Neunzahl bei den Deutschen.* In: Abh. Berlin, Akademie der Wissenschaften, phil.-hist. Kl. 1897, 2. Eine sehr eingehende und kaum zu übertreffende Studie über die Rolle der Neun im germanischen Bereich.

ZWÖLF UND DREIZEHN

Ernst Böklen, *Die »Unglückszahl« Dreizehn und ihre mythische Bedeutung.* Leipzig 1913. Eine gründliche Studie der verschiedenen Verwendungen der 13 in den Traditionen der Welt, und die Austauschbarkeit von 12 und 13 in vielen Mythen und Märchen.

J. H. Graf, *Über Zahlenaberglauben, insbesondere die Zahl 13.* Bern 1904.

H. Mehlein, *Dreizehn.* In: RAC 4, 313–33.

Otto Weinreich, *Lykische Zwölfgötterreliefs.* Heidelberg 1913.

–, *Triskaidekadische Studien.* Gießen 1916.

VIERZIG UND GRÖSSERE ZAHLEN

Jean Deny, *70–72 chez les Turcs.* In: Mélanges Louis Massignon I. Damaskus 1956, 395–416. Eine hauptsächlich statistische Erhebung, wie gewisse mittelalterliche Autoren alles um die 70 gruppierten.

Abdulkadir Karahan, *Aperçu général sur les »Quarante ḥadīths« dans la littérature islamique.* In: Studia Islamica 4, 1955, 39–55.
–, *Türk-Islam edebiyatında Kırk hadis.* Istanbul 1950. Eine grundlegende Studie über die Verwendung der 40 im türkisch-islamischen Bereich, aus der sich die Neigung entwickelt, Traditionen des Propheten Muhammad in Gruppen von 40 einzuteilen.
Eduard König, *Die Zahl 40 und Verwandtes.* In: ZDMG 61, 1907, 913-17.
Otto Rescher, *Einiges über die Zahl 40.* In: ZDMG 65, 1911, 517–20. Ein kurzer, aber sehr interessanter Aufsatz zu volkstümlichen Verwendungen der 40 im Islam.
W. H. Roscher, *Die Zahl 40 im Glauben, Brauch und Schrifttum der Semiten.* In: Kgl. Sächsische Gesellschaft der Wissenschaften, phil.-hist. Kl. 27, 1908, 93–138.
–, *Die Tesserakonden und Tesserakondenlehren der Griechen und anderer Völker.* In: Berichte der Sächsischen Gesellschaft der Wissenschaften 61, 1909, 17.
–, *Die Zahl 50 in Mythus, Kultus, Epos und Taktik der Hellenen und anderer Völker.* In: Abh. der Sächsischen Akademie, phil.-hist. Kl. 33, 1917
P. Saintyes, *Deux mythes évangeliques. Les douze apôtres et les 72 disciples.* Paris 1938. Über die Anwendung der Zahlen 12 und 72 in der frühchristlichen Überlieferung.
Moriz Steinschneider, *Die kanonische Zahl der muhammedanischen Sekten und die Symbolik der Zahlen 70–73.* In: ZDGM 4, 1856, 145–70.
H. J. Weigand, *The 72 Languages of the World.* In: Germanic Review 17, 1942, 241–60.

Bildnachweis

Überraschenderweise befindet sich die Ikonographie zur Zahlensymbolik noch in den Anfängen; kaum eins der zahlreichen Bücher zur Numerologie geht näher auf die bildhaften Entsprechungen in der Kunstgeschichte ein. Einzig in der Mediävistik gibt es dafür Ansätze. So hat Johannes Rathofer kürzlich, in einer Untersuchung des Goldenen Evangelienbuches Heinrichs III., die von symbolhaften Zahlen bestimmte und gegliederte Ordnung dieses Codex nachgewiesen (referiert innerhalb des Kölner Universitäts-Colloqiums »Mensura – Maß, Zahl, Zahlensymbolik« und 1984 in den *Miscellanea Mediaevalia* (Band 16,2) veröffentlicht.

»Was ist das schwerste von allem? / Was dir am leichtesten dünket: / Mit den Augen zu sehen, / was vor den Augen dir liegt.«

Mit diesem Xenion Goethes, das sich auf die geheimnishafte Verbundenheit von Weisheit und Zahl besonders gut anwenden läßt, beginnt das bedeutende Spätwerk des Basler Kulturhistorikers Wolfram von den Steinen: »*Homo Caelestis* – Das Wort der Kunst im Mittelalter« (2 Bde., Bern 1965). Was der Bildband dort zur Anschauung bringt, wird im Textband dank intensiven, lebenslangen »Lesens« erschlossen. Einige der eindrucksvollen Bildbeispiele Wolfram von den Steinens – hier die Bildtafeln V bis VIII – haben wir mit freundlicher Genehmigung des Francke Verlages abgedruckt. Den Staatlichen Museen zu Berlin verdanken wir die Wiedergabe

des Bildes »Ischtar-Tor des Nebukadnezar II.« (Seite 231).
Wir haben uns auch sonst um eine Akzentuierung des Bildteils bemüht. Für Mittelalter und Renaissance wurde der kulturgeschichtliche Atlas »Deutsches Leben der Vergangenheit in Bildern« (2 Bde., Jena 1908) herangezogen – vermehrt um Einblattdrucke des 16. und 17. Jahrhunderts nach den Bestandsaufnahmen von Dorothy Alexander/Walter L. Strauss (3 Bde., New York 1977) und Wolfgang Harms (München 1980). Für Mystik und Barock wurden teils Originalausgaben eruiert, teils Dokumentationen wie »Geheime Figuren der Rosenkreuzer« (1785/88) und der Rastatter Ausstellungskatalog »Athanasius Kircher« (1981).
Die östliche Zahlensymbolik speist sich aus Wolfram Eberhard, »Lexikon chinesischer Symbole« (1983) und V.-F. Weber, »Koji Hó-ten« (2 Bde., Paris 1923), aus dem Sammelwerk »Das Licht des Ostens«, hrsg. Maximilian Kern (1925) und Heinrich Zimmer, »Indische Mythen und Symbole« (1972). Für die Maya-Bildbeispiele waren Wolfgang Cordan, »Mexiko« (1955) und der Katalog der Sammlung Ludwig »Altamerika« (1975) maßgeblich. Die islamischen Kalligraphien entstammen der Sammlung Annemarie Schimmel, die kabbalistischen Diagramme meiner Judaica-Bibliothek. Für einige singuläre Stücke, wie der Gedenkmünze Leibniz' (aus G. W. Leibniz, Zwei Briefe über das binäre Zahlensystem und die chinesische Philosophie, Belser-Presse 1968), danken wir herzlich für die Genehmigung, sie auch in diesem Kontext zu veröffentlichen.

Ulf Diederichs

Erklärungen der Bildtafeln

I Schöpfer, der die Welt nach Maß, Zahl und Gewicht mißt. Farbige Miniatur aus einer französischen Bibelhandschrift des 13. Jahrhunderts. Bezieht sich auf Sprüche Salomo, Kap. 11,21. »Alle Wesen haben Gestalten, weil sie Zahlen haben«, lehrte auch Augustin; »nimm ihnen diese und sie werden nichts sein. Woher anders sind sie also als von dort, woher die Zahl ist. Steckt doch in ihnen so viel Essenz, wie sie abgemessen sind« (De libero arbitrio, Liber II).

II Dürers Melancholia aus dem Jahre 1514 ist mit geheimen Symbolen durchwirkt. Es ist ein Bild saturnischer, doppelgesichtiger Prägung, das eine Wendezeit in Dürers Leben ausdrückt. Das magische Quadrat auf der rechten oberen Ecke ist ein sog. Jupiterquadrat. Als solches wendet es das ins Positive, was unter saturnischem Aspekt negativ erscheint. Das gleiche Jahr war das Todesjahr von Dürers Mutter. Ihr Sterbedatum ist in das magische Quadrat hineingeheimnist: der 17. 5. 1514. Welche inneren Spannungen Dürer damals in sich austrug, machen die gleichzeitig entstandenen Blätter »Ritter, Tod und Teufel« und »Hieronymus im Gehäus« deutlich. »Es ist das Antlitz des alten Saturn, das uns anblickt; allein wir haben ein Recht, darin auch Dürers Züge wiederzuerkennen« (Panofsky/Saxl). Der Stich »Melancholia« war für Kaiser

Maximilian bestimmt, der selbst als »saturnfürchtig« galt; dieses Blatt sollte ihm gegen Schwermut und Düsternis helfen.

III »Alles ist durch geheime Knoten verbunden.« *Omnia nodis arcanis connexa,* so lautet der Wahlspruch des Barockgelehrten Athanasius Kircher, der 1665 eine »Arithmologia sive de abditis numerorum mysteriis« schrieb und darin als erster die magischen Quadrate untersucht hat. Hier das Titelkupfer aus »Magnes« (Rom 1641), das – in der Mitte beginnend mit dem *Auge Gottes* – voll der kreisförmigen Symbole ist, sich rundend zu einem Lebensbaum. Ein Band, auf dem Kirchers Wahlspruch steht, verbindet die Symbolkreise.

IV Omnia ab uno – alles Leben kommt von dem Einen und durch den Einen. Durch den Hauch Gottes wird der Mensch erschaffen. Mosaik aus der Kathedrale Monreale (Sizilien), 12. Jahrhundert.

V Die vierte Posaune, die das Weltende ankündigt. Miniatur aus der Apokalypse von Saint-Sever (Gascogne), nach dem Wort der Apokalypse, Kapitel acht: »Und der vierte Engel stieß in die Posaune, und zerschlagen wurde ein Drittel der Sterne, so daß der dritte Teil von ihnen sich verfinsterte... Und ich hörte die Stimme eines Adlers, der mitten über den Himmel flog und mit lauter Stimme sprach: Weh, weh den Erdenbewohnern.« Die vier abgemagerten Bäume unten deuten den Zustand auf Erden an; wenn die siebte Posaune bläst, hört alles Leben auf.

VI Sechs sechsflüglige Cherubim singen vor IHM, der über dem Tempel thront, ihr Dreimalheilig. Miniatur aus einer alttestamentalischen Handschrift des

Bamberger Domschatzes, um 1000. Darstellung der Vision Jesaja, Kap. 6: »... Und einer der Seraphim flog zu mir und hatte in der Hand eine Kohle, die er mit der Zange vom Altar genommen, und berührte meinen Mund und sprach: Sieh, berührt hat dies deine Lippen, und deine Schlechtigkeit wird getilgt und deine Sünde gereinigt werden.«

VII Die Rückgewinnung der vollkommenen Zehn (Aufstieg zum himmlischen Reich). Miniatur zum Hohen Lied, Reichenauer Schule um 980. »Vor dem Thron des Herrn wachen, jeweils in symbolischer Dreizahl, die Ordnungen der himmlischen Hierarchie. Neun sind es im ganzen. Aber *zehn* war des Schöpfers goldene Zahl, die durch den Sturz Luzifers einst zerbrach und nun durch die geheiligten Menschen aufgefüllt werden soll. Wie das zugeht, zeigt die Vision dieses Bildes. Da kommen unten von links die Jungfrauen, von rechts die Frauen mit ihren Kindern – auch hier die Dreizahl. Von der Mitte her steigen, paarweise nun, die Männer auf, Laien und Geistliche, und an der Spitze steht eine Knabenschar. Angeführt sind sie alle von der reichgeschmückten Ecclesia (Kirche), der ein geflügelter Bote zur Seite steht« (Interpretation Wolfram von den Steinen).

VIII Die Vierundzwanzig Ältesten beten das Lamm an. Nordfranzösische Miniatur um 870, nach dem Wort der Apokalypse, Kapitel 4: »Und sieh, ein Sitz war im Himmel hingestellt, und auf dem Sitz saß einer... Und rund um den Sitz gab es 24 Sessel, und auf den Thronen saßen 24 Älteste, mit weißen Kleidern angetan und goldenen Kronen auf ihren Häuptern«.

Namen- und Sachregister